Minerva Shobo Librairie

子どもとつくる
教育方法の展開

湯浅恭正/福田敦志
[編著]

ミネルヴァ書房

まえがき

　21世紀も20年を経て，日本の学校と教育実践は大きな変化の時期にさしかかっています。教師の教育実践を支えてきたこれまでの理論と方法の枠組みでは理解できにくい子どもたちの発達の状況，また学校卒業後に子どもたちが生きていく世界の不安定な状況（それは子どもたちの生活の基盤である家族を取り巻く生活の不安定さでもある），そして教育実践の担い手である教師の働き方や生活の不安定な状況など，学校と教育実践を取り巻く大きな変化の状況をどう捉え，これからの展望をどのように拓いていくのかが問われています。

　2020年に入って日本はもとより，世界は新型コロナウィルス禍の中にあります。子どもたちを含めて私たちの生活の基盤が根底から揺らいでいます。先に述べた多様な不安に追い打ちをかけ，これからの展望さえ見いだせないかのような状況が進んでいます。しかし，こうした時だからこそ，同じ時代を生きている子ども，そして保護者・地域とともに，これからの教育方法に何を問いかけることが大切なのかを探ることが求められています。

　以下に力点を置いた本書は，新型コロナウィルス禍の時代にこそ私たちに求められる教育方法の知の在り方を示すことができるものだと考えます。

1　今の時代に求められる教育方法のエッセンスを紡ぐ

　本書はこの問いに応えるために，今日の学校と教育実践をどのようなスタンスで捉えるのか，その論理を追究しようとしました。教育実践をスタンダードな枠組みの中で展開する状況が多く見られる今日の教育方法を問い直して，今求められる授業指導や生活指導の理論のエッセンスを提起しています。若い教師はもちろん，ベテランにとっても，状況に対応できる即戦力と目に見える教育実践の成果が求められる時代です。それだからこそ，内外の教育方法の理論や実践とともに，福祉的なマインドにも視野を広げて，今の時代の学校教育に

求められる教育方法のエッセンスを紡ぐことが大切だと考えます。

2　なぜ「子どもとともにつくる教育方法」なのか

　本書のテーマを「子どもとともにつくる教育方法」としたのは，時代の大きな変化の時だからこそ，子ども（保護者）の思い・声を丁寧に聴き取り，ともどもに時代の今と行方を探究していこうとするからです。同時代を生き，そして未来に生きる子どもたちとともに今の生活とこれからの生活課題を問い続ける場としての学校をつくるための広い視野と教育方法が求められています。もちろん，「子どもとともに」というテーマは，「なんでもありの自由な学校」を意味するものではありません。日々を暮らしている生活者としての子どもたちの声に応答するという教育の責任を放棄するのであれば，子どもを含めて私たちの生活を覆っている新自由主義の世界に学校が染まってしまうからです。

3　教育実践という創造的な営みを「生き甲斐」にする

　本書は，これまでの教育実践を担ってきた多くの教師が退職されてきている今，何を拠り所にして教育実践を進めていくのか，その具体的な指針を提起しようとしました。特に現代の学校に求められる実践と研究のテーマ群を精選し，それぞれのテーマに込められた教育方法の知と技と観をわかりやすく示しています。そして，ICT 活用など新しい教育方法が次々に開発される時代だからこそ，それらを踏まえて教育実践を主体的に展開していくことの大切さ，教育実践という創造的な営みを「生き甲斐」として引き受けようとする教師の生き方の意義など，教師論の基盤に触れた提起が試みられています。

　本書の執筆者は，それぞれ教育方法学について個人の研究テーマをもって精力的な研究を進めている方々です。その研究関心を基盤にしつつ，共通するのは「子どもとともにつくる教育方法」の在り方です。これからの教師を目指す学生の方々，そして今日の学校を問い直そうとされている先生方にとっての

「テキスト」として編集しましたが，各章のテーマで展開されている内容は，学校と子どもたちが置かれている「テキスト－文脈」を問い直そうとする「コンテキスト」としての意味をもっています。実践と研究の参考の一助になれば幸いです。

　ミネルヴァ書房の浅井久仁人氏には，企画から刊行まで貴重なご教示をいだたき感謝申し上げます。

　2021年7月

湯浅恭正

子どもとつくる教育方法の展開　**目　次**

まえがき

序　章

子どもたちとともに学ぶ展望の灯を見つける

1　時代状況と応答する教育方法

（1）時代を見つめてきた教育方法

　学校で教師が多様な教育方法を用いて子どもたちに働きかけること，それは日々繰り返される日常の営みである。公刊された教育実践記録に示されているドラマのような教育方法がいつも見られるわけではない。朝の会や授業での説明や指示・評価は，日常的に使われている教育方法である。

　しかし，この日常の世界で教育実践を創造的に切り開いてきた教師たちは，子どもとともに生きている時代状況と応答し，教育実践の方向を指し示してきた。その一例は，しばしば取り上げられてきた無着成恭の「山びこ学校」であり，そこで駆使された生活綴方的教育方法は，「子どもを学習づくりと歴史・社会づくりの主体として位置づける思想と理論」を示したものだと言える（奥平 2016：17）。

　一方，学習指導要領は，制度レベルの教育課程（カリキュラム）として「生活体験か科学への方向づけか」という教育内容の対立，「おちこぼれ」の子どもと「ゆとりと体験学習」，個性の尊重と新学力観，総合的学習，そしてグローバル化社会と資質・能力の形成等，いくつもの時代を経て，数多くの主張がなされてきた。それぞれの主張には，教育内容だけではなく，教育方法の開発が試みられてきた。

　先に指摘した無着成恭をはじめとした教師たちによる時代状況への応答の姿勢と，学習指導要領におけるそれとの違いは何かを考えながら，現在から未来に生きる教師は何を軸にして時代状況と応答していけばよいのかを模索することが必要である。その際，本書に先立って刊行した著書に立ち帰ってみること

はけっして無駄ではなかろう。

（2）学校を取り巻く基盤と教育方法

　21世紀の初めに刊行した『教育の方法——明日の学びを演出する』（山下政俊・湯浅恭正編，ミネルヴァ書房，2001年）では，その時代の学びを支える共生のシステムとして総合的学習や情報教育の展開が指摘され，また教師像としては，社会的政治力やジェンダーをめぐる課題への立ち位置，子ども集団における異質・共同の課題が特徴づけられていた。そして，21世紀の初めからほぼ10年を経て刊行した『新しい時代の教育の方法』（山下・湯浅編，ミネルヴァ書房，2012年）では，学力とリテラシーや情報教育などの課題とともに，特別ニーズ・ケア・貧困といった子ども状況の分析，それに対応する教師の成長の在り方が取り上げられてきた。

　ここからうかがえるように，先行の著書では，21世紀に入ってからの社会状況とそこでの子ども・教師・学校が置かれている基盤に注目した議論を進めてきた。一方では制度としての学習指導要領という国家が提起する教育方法を視野に入れ，他方では，全国の学校が意識的に取り組んできた教育方法の開発や民間教育研究団体の研究成果を基礎にした教育方法を念頭に，21世紀初頭に必要な教育の行方を展望したものであった。

　こうして子どもや教師・保護者の生活・社会の分析と教育への権利主体としての政治的知見に深く立ち入って検討し，そこから得られた示唆をもとにして，学校に求められる教育方法を具体的に提起してきた。そこには1985年の「学習権宣言」，1989年の「子どもの権利条約」など，20世紀の国際的な問題提起が，教育方法論の枠組みに大きな影響を与えたことを忘れてはならない。

　なお，1980年代には「教育技術の法則化」と呼ばれる流れが全国に広がり，教育方法学の議論はそこに傾斜していった。教育への愛情などのロマンを語る時代から，現実の子どもが「動き出す姿」を求めて，いつでもだれでも使える技術を共有する傾向が強まった。教育政策として「実践的指導力」の育成が強調されたのも，「法則化」による教育方法への志向が背景にあったと言える。

　日本の戦後を代表する教師たちも，具体的な教育技術を重視した。しかし，

教育技術の一つひとつは，教育（学校）を取り巻く社会分析と政治的文脈の検討を背景にして導き出されることを見逃してはならない。特に民間教育研究団体が提起した教育方法をめぐっては，いつも論争の対象となり，あるときには「子どもを操作の対象として見ているのではないか」という批判もなされたりした。こうした論争・批判の中で，何を教育方法は大切にするのか，教育観・子ども観が鍛えられていった。本書の各章で展開する教育方法論は，こうした文脈での提起であり，教育方法の過去と今，そして未来への展望を拓く課題を提起している。

2　「子どもとつくる教育」へ

（1）「発達する存在」と「社会をつくる存在」

　本書のタイトルに示した「子どもとつくる教育方法」を考えようとするのは，発達の問い直しを試みようとするからである。今求められているのは，子どもを未発達・未成熟の存在ではなく，社会参加に開かれた存在として理解しようとする立場である。もちろん，学齢期での教育実践の課題は，発達課題を鮮明にして生活する力を育てていくことにあるが，それは単に社会への適応という発達観ではなく，大人とともに社会を形成していくための知性と人格を形成していくことを意識するからである。

　このように考えると，今の社会を基礎づけている時代と教育の課題は何かを改めて確かめておかなくてはならない。この点で，宮崎は「狩猟・農耕・工業・情報→新しい社会における教育と教育学の課題は，社会システムの総体を対象化し，その方向を判断できる主体の形成」が求められているという（宮崎2018a）。こうした主体形成に必要な教育方法の開発がこれからの課題となろう。

　発達とは何かは，教育方法学研究の基本課題の一つだが，園原が指摘したように，環境への適応ではなく，体制への批判的なものを旨とすることに留意したい（園原 1979：31）。今日の主権者教育の流れにつながる議論は，生きている体制の状況を批判的に捉え直す社会形成の力の育ち（発達）を目指すものとして注目したい。

さらに，今日の社会状況を捉える上で，「規律訓練型」の社会から「環境管理型」のそれへと移行してきている点も見逃すことはできない（山本 2015）。この移行は社会分析論としてすでに指摘されてきているが，特に生活指導の場面での「ゼロ・トレランス（不寛容）」の考え方はその典型だと言えよう。不寛容への不安をかき立てる環境が，子どもを社会に適応・順応できる身体にさせているからである。そこでは，「子どもとつくる学校社会」という発想は無視されて，教育方法は，子どもたちをソフトに管理する方針にそって使われていく。規律訓練型の教育方法とは異なって，一見，安心・安定して生活できる状況をつくり出すようではある。しかし，多様な生き方をしてきた子どもたちが生み出すであろうトラブルを契機に，それをめぐる対話や討論を通して，平和的な生活を切り開いていく力をじっくりと育てる実践を展開することはできない。

（2）子どもとともに授業文化を探究する

　新しい学習指導要領では，「主体的・対話的学び」（アクティブ・ラーニング）が主張されているが，そこに子どもとともに授業文化を探究するという考え方はどう位置づけられているのだろうか。文化（culture）は栽培という意味でもあり，授業という場を子どもたちとともに丁寧に培い，創造する教育方法の探究が求められている。

　特別支援教育が制度化されて以降，学級における発達障害の子の対応が議論され，こうした子どもたちとともに学ぶ授業の在り方が，たとえばユニバーサルデザインの授業方法として開発されてきた。発達や障害への対応を前提にしつつも，問われているのは「わかる・できる授業」の在り方を教師と子どもとが合意し，納得してつくり出す授業の文化だ。そのためには，学習の仕方を子どもとともに開発する，そして「学習のルールは変えていいのだというルール」を作り出していくダイナミックな授業の捉え方が必要になる。

　ここで留意したいのは，推奨されているユニバーサルデザインの授業方法が，ともすれば「全員の学習参加これよきもの」という考え方になりがちなことである。後に述べる自治の指導を背景にしながら，集団から孤立・排除されない

関係性の成立と発展を通して，多様な学びの要求に応答する授業文化を探究することができる。インクルーシブな授業づくり論は，子どもたちの多元的な学びの要求に応える授業展開の論理を追求してきたはずである。教科指導の授業で，子どもから教材についての多様な解釈が出されて，それをめぐる討論のある学びを展開する，それもインクルーシブ授業という現代的な課題の原点である。

　こうした授業づくりには，一つには授業の場である学級がどの子の存在も承認していく開かれた空間にならなければならない。二つには，子どもたちの自由な発想が培われ，表明できる生活に結合した教育が根底になければならない。授業指導において主体的・対話的学びが提起されているにもかかわらず，カリキュラム論では，そのマネージメント・PDCAサイクル論が主流の考え方である。そもそも主体的・対話的学びが成立すれば，それは計画どおりに進むスタンダード化した授業を超えなくてはならないはずである。

（3）子どもとともに生活をつくる

　この間，新自由主義の思想とその土台にある自己責任の考え方が子どもを含めた私たちの生活を取り巻いている。そこでは自分づくりという子どもたちの自立の課題が自己責任に委ねられ，他者とともに自立に踏み出そうとするプロセスが成立しにくい状況にある。こうした状況だからこそ，仲間を排除しがちな生活にいる子どもとともに自分たちの住みよい生活をつくる教育が求められる。

　だが，先に指摘したような「不寛容」の考え方が学校教育に進行している今，決められたルールはいくら努力しても自分たちでは変えられないのだという意識が「見えないカリキュラム」として子どもを縛っている。教師や大人が「よかれと思って決めた世界・ルール」に沿って生活するのがなぜいけないのかという空気が，学校に適応しづらい子どもたちを不安にいっそう駆り立てている。こうした生活に対して，自分たちの生活をつくり変えていく力を育てていく——その指導を通して，私たち教師も，今日の生活を支配している生き方を子どもたちとともに問い返すことができる。改めて自治の教育が問われる意味は

そこにある。

　学級活動などでディベートなど討論や話し合いについて多くの教育方法が提起されてきたが，ともするとそれが何のための方法なのかが十分に吟味されずに取り入れられてきた。宮崎は言う，「自分たちのあり方を自分たちで決めるための話し合いは自治の基本である。しかし，その話し合いが，数値の改善，効率性の向上の名のもとに行われるようになると，もはや実質的な自治とはいえない。この40年近くで失われたのは，人が生きる上で何が大切なのかをじっくりと話し合う機会である」（宮崎 2018b）。自治の指導を意識的に展開する時代が改めて求められている。

3　教育実践を創造的に展開する

（1）創造的な営みとしての教育実践

　「教育実践」という用語は，教育を主体的に展開する創造的な営みを示している。専門職としての教師の教育実践が「判断と決定」の過程だと指摘されてきた（竹内 1999）のも，広くは時代の思想と対話して何をなすべきかを判断し，決定する主体としての教師の在り方を示そうとしたものであり，狭くは学校の教師集団による教育課程・教育方法の省察，そして学級づくりや授業づくりにおいて求められる主体的な力量の意味を示そうとしたからである。

　もちろん学校は，制度的な枠組み（授業時間数等）を超えて展開するわけではない。しかし，「判断と決定」＝主体を抜きにしたルーティンの過程に寄りかかる指導は，「教育実践」の営みだとは言えない。いや，どんな教師でも，ただ指導の過程をマニュアルにそって進めているのではなく，何らかの「判断と決定」を軸に日々を過ごしている。程度の差はあれ，「教師は実践のあり方を創造的に探究し，教えることによって，そのもとで活動し，あらたな発達をかちとっていく子どもをつかみ，さらにつかみ直し続ける」というサイクルの中で生活している（茂木 1984：31）。問われているのは，「子ども理解－実践の方針－実践による成果（事実）を踏まえた子ども理解」というサイクルで展開される営みがいかに主体としてなされているかである。

　もちろん教育実践のサイクルは，子どもや保護者・教師相互の事務連絡など業務として展開する中で成立している。それを前提にして，日々の指導の方針とその総括の過程を意識化するところに教育実践の意義がある。教師に必要な「実践的指導力」の形成が，単に指導方法に熟達するという意味に矮小化されてはならない。「判断と決定に支えられた創造的なサイクル」の中で「指導力」は鍛えられるからである。

　今日は教育実践のエビデンスが問われる時代である。もちろん，教育実践がその創造性を強調するあまり，恣意的・主観的な営みに留まってよいわけはない。しかし，考えてみれば学級づくりや授業づくりにおいて意図した指導方針が変更を迫られることはよくみられるものだ。そこには，教師の願いや意図と，生活や学びの主体である子どもが要求する思い・願いとの矛盾が「エビデンス」として示されているのではないか。だからこそ，指導方針を省察して，「子どもとともにつくりだす学級や授業の方法の探究」に教師（集団）は挑むのではないか。効果が上がることだけに囚われて，それを指導のエビデンスだと考えることから解放されて，教室に見られる子どもたちの姿から発して，子どもとともに生活と学びをつくる探究の楽しさを実感することが今求められている。教師の生き甲斐を支えるのは，こうした探究の過程であり，それをつくり出すことができる教育実践の自由である。

（2）教育方法を開く共同

　いじめや不登校，さらに虐待等の課題が盛んに指摘されるにつれ，子どもや保護者の個人情報の保護・管理が問われている。そのために以前にもまして教育方法を駆使して子どもの指導に当たる専門職である教師の倫理的感覚・人権意識が求められるようになった。

　こうした点への留意を前提にしつつ，今問われているのは，子ども理解を踏まえた教育方法の情報を共有する姿勢である。特別なニーズのある子どもだけではなく，多くの子どもたちが抱える自立への不安を理解するには，学校内での教師の共同が問われている。とりわけ養護教諭を含めた多様な専門職と共同して取り組む体制づくりが必要となる。そこにはたとえば，養護教諭という職

務を越境して，子ども理解と教育の方法を探究する共同の世界に踏み出す姿勢が課題となる。

　また，学校や家庭，そして第3の空間と言われている学童保育の場での子どもを全体として捉え，生活や学習への要求を捉えようとするからである。学童保育の場での子どもの姿には，学校や家庭での生活の質が示されている。いつも快い生活を送っているわけではない子どもたちの思いに寄り添い，そこから安心で平和的な生活をつくり出そうとする学童保育の指導員の教育方法には，学校や家庭での支援の在り方へのヒントが示されているはずである。他方，学校で工夫されている多様な教育方法の知見を学童保育の場に活用することも必要になろう。こうした多様な場で試みられている教育方法が相互に交流され，開かれていくことが，子どもの自立をめざす教育の在り方への展望を見いだす鍵になる。

　こうして共同の世界をつくる姿勢は，教師の主な舞台である学校での教育方法を創造的に探究する中で鍛えられていく。「子どもとともに」という思想を体験として身につけていく教師でなければ，地域や家庭に開かれた教育を展開することはできない。そして，こうした教師の在り方は，現職を離れてからも，地域の子育てネットの中心として子どもに生活する力を育てる仕事に結びつくことになろう。実際，生活指導を中心にして学校の教育実践・教育方法を探究してきた教師たちは，地域生活指導と呼ばれる活動の大切な担い手になって活躍している。(1)子どもにとってどのような生活が待っているのか，ライフストーリーを構築することへの期待とともに，底知れぬ不安を抱えて生きているのが21世紀の今である。それだけに同時代を生きる生活者として，子ども（保護者・地域）とともに平和的な世界をつくる教育方法の探究とそれを支える教育制度の改革が問われている。

　以上，序章として本書を貫く論点を示したが，「まえがき」でも指摘したように，今，世界は新型コロナウィルス禍の中にある。それは，グローバル化した社会・経済最優先の社会という時代が象徴する現象である。それだけに，本章で指摘した「この時代と応答する教育方法はどうあるべきなのか」がいっそ

う問われている。そして，その問いかけと展望は，一人先行する世代が示せば開かれるものではなく，「子どもとともにどのような社会をつくるのか」を探ることでなければならない。そのための教育方法の姿を具体的に示す責任が私たちにはある。この責任を果たすためには，これまでの教育方法学研究と教育実践の蓄積を踏まえつつ，授業指導・生活指導という学校教育に求められる実践の理念と方法を問い直す創造的な探究活動の展開が必要になる。

　「子どもたちの生活現実」の中に今の時代の危機（クライシス）のありようを分析し，読み拓き，子どもたちとともに，この危機＝分かれ目の先にある世界を学び，見通すための展望の灯を見つけたいものである。

注

⑴　たとえば，京都府の生活指導実践をリードしてきた『Kの世界』（私家版）や北海道における地域生活指導に取り組んできた瓜屋譲の実践（「子どもたちへの幸福追求の支援とは何か？──地域の福祉実践から生活指導をとらえ直す」『生活指導』704号，2012年）を参照。

引用・参考文献

奥平康照（2016）『「やまびこ学校」のゆくえ──戦後日本の教育思想を見直す』学術出版会。

園原太郎（1979）『子どもの心と発達』岩波書店。

竹内常一（1999）「教育実践は過ちを重ねながら，正しさを貫くものである」『生活指導』546：66。

宮崎隆志（2018a）協働に基づくケア・コミュニティの意義──排除型自己形成を超えるために」日本臨床教育学会編『臨床教育学研究』6：23。

宮崎隆志（2018b）「自己形成の基盤をみんなでつくる──〈つきさっぷプロジェクト〉の経験から」『教育』870：80。

茂木俊彦（1984）『教育実践に共感と科学を』全障研出版部。

山本敏郎（2015）「環境管理型権力と生活指導」山本敏郎・鈴木庸裕・石井久雄編『学校教育と生活指導の創造──福祉社会・情報社会なおける学校と地域』学文社。

（湯浅恭正）

第 1 章

現代の子ども理解と発達の問い直し

　　第 1 節では子どもの発達に影響を及ぼす「子どもの貧困」と「学校教育における競争主義とスタンダード化」の問題を現代的課題として取り上げ，それらの現代的課題が子どもの発達にどのような影響を与えるのかを述べた。

　　第 2 節では，子どもの発達への働きかけの基盤となる子ども理解の視点について①子ども観の転換，②子どもの思いをきき，子どもと対話する，③「見えるもの・見えないもの」をつなぎ合わせて見ようと努力する，④子ども理解の視点を共有することの 4 点を述べた。

　　第 3 節では，今日の子どもの発達が阻害されている状況に対して，①他者とのつながりの中で，自己受容を確かなものにすること，②子どものまちがう権利，失敗する権利を発達に必要な権利として保障すること，③子どもの発達を脅かす現代的課題そのものを学びの対象とすることで，自分自身と自分たちの生活現実や関係世界，行動世界を転換させ，豊かに発展させる発達主体として子どもを育てることについて述べた。

　　第 4 節では，発達主体である子どもとともに「共に生きる世界」を創造する際の指導の要点について述べた。

1　現代的課題が学童期の子どもの発達に及ぼす影響

　グローバル化や人工知能（AI）に代表される科学技術の飛躍的な発展は，社会のさらなる情報化，効率化，少子高齢化などをもたらし，それに伴って私たちの生活の在り方も加速度的に変化してきた。こうした社会環境や生活環境の変化は，否応なく子どもの発達にも影響を及ぼしている。

　子どもの発達とは，他者，生活，自然，世界との複数的なつながりの中で生じた内的矛盾を他者との相互応答的な関係性を支えにして子ども自身が乗り越えていくことで，潜在的な力が引き出され，その身につけた力を行使して生き

るプロセスである。

　しかし今日，子どもの発達を促し，支える複数的なつながりの世界は危機に直面しているのではないだろうか。子どもを取り巻く課題は複雑化・多様化しているが，本節では学童期の子どもの発達に影響を及ぼす現代的な課題として特に，①子どもの貧困，②学校教育における競争主義とスタンダード化の2点に焦点を当てて，子どもの発達に及ぼす影響を明らかにしたい。

（1）子どもの貧困

　2018年の日本の相対的貧困率は15.4％，子どもの貧困率は13.5％である。さらに，「子どもがいる現役世帯」のうち，「大人が一人」の世帯員では48.1％である。2015年の貧困率と比較すると相対的貧困率は0.3ポイント減少，子どもの貧困率は0.4ポイント減少した。

　とはいえ，OECD が公表している貧困率のデータを確認すると，相対的貧困率は40カ国中の14位，子どもの貧困率は18位であり，国際的にみても日本の貧困率は高い（OECD 2020）。社会問題としての子どもの貧困は，子どもの生活基盤そのものを揺るがすということのみならず，成長と発達の過程におけるこころとからだへの影響，教育達成やライフチャンスへの影響等，さまざまなかたちでの「剝奪」として子どもに影響を及ぼす。

　子どもが貧困な状況を生きるということに関して岩川直樹は，「複合的剝奪としての子どもの貧困」と「重層的傷つきとしての子どもの貧困」という2つの視点が不可欠と指摘する（岩川 2009：14）。

　複合的剝奪とは，物質的・経済的剝奪，関係的・社会的剝奪，実存的・自己形成的剝奪の3つの次元における剝奪の相互連関の中で，生活の基底をなす諸条件や諸関係や諸能力を奪われることを意味する。重層的傷つきとは，複合的剝奪によって乳幼児期，学童期，青年期を通じて，自己自身の中に多数多様な他者からの存在否認ないし，承認不全を降り積もらせ，自己形成の重層的な傷つきをかたちづくることを意味する（岩川 2009：15-17）。

　つまり，貧困が子どもの発達に及ぼす影響として大きく3点指摘することができるだろう。

　第一は，物質的・経済的な困窮状態による生活の厳しさが壁となって多様な人々や社会とのつながりが断ち切られることで，社会的な孤立を引き起こすことである。

　第二は，社会的に孤立することで，教育達成や社会参加等の機会と経験が剥奪されることである。

　第三は，貧困が引き起こす複合的剥奪によって，乳幼児期，学童期，青年期において存在否認と承認不全という幾重にも重なった傷つき体験が生み出されることで，人間形成や発達が阻害されることである。

（2）学校教育における競争主義とスタンダード化

　国連子どもの権利委員会（以下，権利委員会）は，「日本政府第4回・第5回統合定期報告書に関する統括所見」（2019年）の中で，子どもの「生命，生存および発達に対する権利」に関わって「子どもが，社会の競争的性質によって子ども時代および発達を害されることなく子ども時代を享受できることを確保するための措置をとること」を勧告している（権利委員会 2019：5）。つまり，日本の学校，社会全体に蔓延する競争的性質によって子どもの発達の基盤となる子ども時代が奪われることで，子どもの発達が阻害されることに強い危機感を示しているのである。

　しかしながら，新自由主義的教育政策によって進められてきた教育改革は，教育における市場主義的な自己責任イデオロギーや競争原理を生み出し続け，今日の全国学力テストに代表される学力向上政策や学校のスタンダード化の動向と結びついている。それらは，競争と管理による学校，教師，子どもの統制をより一層強化しようとするものであって，子どもの発達が豊かに展開される子ども期を保障しようとするものでは決してない。

　競争主義は，排他的な能力主義と結びつきやすい。なぜならば，個人が個人的に獲得した知と技でもって他者よりいかに秀でて勝つかということに絶対的な価値が置かれるため，知や技を他者と共有し，共同するということは論外だからである。そこには，子ども相互の学び合う関係性は決して生まれないだろう。それゆえに，競争が過度になればなるほど子どもたちは排他的能力主義の

価値を内面化し，さらに，「うまくいかなかったのは自分の努力不足のせいだ」と捉える自己責任論を身にまとっていくのである。

　加えて，今日の学校現場を取り巻く問題として看過できないものは，学校におけるスタンダード化の動向である。さまざまな自治体単位あるいは学校単位で「学校スタンダード」「授業スタンダード」が提示され実践されている。

　このスタンダード化の特徴としては，① ノートの取り方，授業の受け方，板書の仕方，指導方法といった授業に関するものから，給食の食べ方，掃除の仕方といった学校での生活場面に関するものまで幅広く規定していること，② しかも厳しく規定することで学校としての指導の統一性を図ろうとし，スタンダードそれ自体が達成すべき目標として一方的に提示されていること，③ スタンダードの修正や中止は認められておらず，スタンダードから外れることは許されないことなどが挙げられる。

　子どもたちや教師たちの声を無視した学校におけるスタンダード化の動きは，一人ひとりの子どもの思いや願いから発せられる声や多様なニーズがきき取られることはなく，教師の専門性と創造的な教育実践の自由をも奪うのである。その結果として，考えない子どもと考えない教師がつくり出されていくのである。

　権利委員会は，緊急の措置を取らなければならない分野として「子どもの意見の尊重」（子どもの権利条約，第12条意見表明権）を挙げ，「自己に関わるあらゆる事柄について自由に意見を表明する子どもの権利が尊重されていないことを依然として深刻に懸念する。」と指摘しているが，学校におけるスタンダード化の傾向は権利委員会の勧告に逆行しているのは明らかであろう。

　子どもは発達の主体であり，発達は子どもの権利である。しかし，スタンダード化された強制と管理の学校システムは，① 子どもの声をきき取る場と関係性を剝奪する，② 共感的，応答的に関わる他者の存在を剝奪する，③ 規定されたスタンダードから外れること，まちがうことが許されない，④ 子どもたちの意見表明権と自己決定する力を剝奪することで，子どもたちが権利主体として発達する，つまり権利主体としての自己を生きることを阻害するのである。

2　子ども理解の視点

　子どもの発達のプロセスを自然発生的に任せるのではなく，目的意識的に働きかけることが教育である。そうだとすれば，教師は子どもの発達のプロセスにどのように働きかけるのか，その意図や目的，方法，内容を問うことが求められる。

　本節では，子どもの発達への働きかけの基盤となる子ども理解の視点について今日改めて重視したい視点を提示したい。

（1）子ども観の転換

　教育学において，「困った子」は「困っている子」と子ども観を転換することの重要性が指摘されてきた。ちょっとしたことでパニックを起こす，すぐに友だちに暴力をふるう，教師の指導が入らないなどの子どもに対し「困った子」とみてしまいがちになる。「困った子」という見方は，特定の判断基準（たとえば，学校スタンダードなど）に基づいて子どもを外側から見て評価しているに過ぎない。外からどれほど客観的に見ても，子どもの姿は見えてこないし，子どもの発達に働きかけることはできない。

　一方的に定められた基準でもって子どもを判断し，あたりまえにできるはず，わかるはずだと決めつけるのではなく，課題を抱えた子ども自身が最も「困っている」と捉えることが大切である。そのうえで，声にならない声も含めて子どもが今どのような困難さを抱えているのか子どもの声をききとり，共感的に受け止めていくことで初めて子どもが見えてくるのである。

　そのためにも，「困っていること」にまなざしを向けることが不可欠である。「困っている子」のものの見方や行動へのこだわりの理由や背景をその子ども本人と関係する周囲の子どもたちや教師（大人）が，共に考え理解し合うことが大切である。

（2）子どもの思いをきき，子どもと対話する

　子どもたちを取り巻く生活現実は，貧困，格差等，さまざまな社会的問題を抱えた構造の中で生きづらい世界となっている。「失敗したのは自分のがんばりが足りなかったせいだ」「どうせ自分なんかだめなんだ」という自己責任，自己否定に追い込まれ，友だちとの関わりを結べず，自己を肯定的に捉えることができないなどの問題を生み出している。

　友だちや教師との関係の中で，黙り込んでしまったり，暴力というかたちで思いが表現されたりする一方で，子どもはうまく表現できない自分自身の思いを「ききとられたい」というニーズをもっている。学級や学校の中で，うまく友だちとかかわりがつくれずにいる子どもとまずは教師がつながることが実践の出発点となるだろう。発達を阻害するさまざまな現代的課題の影響によってつながりが断ち切られ，孤立している子どもの「つながりの世界」を子どもと教師との関係性においてまずは取り戻すのである。つまり，子どもが今どのような世界を生きているのかについて，子どもの側から捉える視点が必要なのである。

　そのためにも，子どもの表出するさまざまな表現から，どのような生きづらさを抱えて生活しているのか，子どもの発する表現の背景にある思いや願いは何なのかを想像しながら子どもの気持ちに寄り添い，共感的に受け止め，きき取り応答していく姿勢が教師には求められる。

　虐待などの家族関係をはじめとした大人との関係性において傷つき体験を重ね，大人への不信感を抱き，拒否している子どもは少なくない。本来であれば，子どもの発達にはそれを支える他者としての大人の存在が不可欠である。

　「子どもの行為行動には必ずわけがある」という子ども理解の原則に立って関わることで，子どもは教師を信頼できる他者として認識し，教師の中に肯定的な自己を発見し，徐々に教師に対して子どもが自己の世界をひらいていくのである。

　このように，教師が指導をしていくうえで，子どもの声を「きく」ことの重要性については異論ないであろう。では，一言に「きく」といってもきき方には異なる特徴がある。大きくは3つのきき方に分類できる。

　第一には，「聞く」という行為である。この行為は，音（音声）として聞く
ことができる一方で，聞いてはいるけれども，聞き流すこともできるという特
徴が挙げられる。

　第二には，「聴く」という行為である。この行為は，「傾聴」という言葉で表
されるように，耳を傾けて聴く，注意して聴く，さらには，カウンセリングの
基本とも指摘されていることが特徴である。

　第三には，「訊く」という行為である。この行為は，相手に「たずねる」と
いうことをきく行為の本質としている点が特徴である。

　教師には，指導上の役割として，カウンセラー的な役割を担う場面があるだ
ろう。子どもの声に思いを寄せながら，共感的に傾聴するということが子ども
との信頼関係を構築していくうえでも欠かせない。しかしながら，教師はカウ
ンセラーではないので，共感的に聴くことのみに終始しているわけにはいかな
い。子どもの声を聴きながら，その内なる思いや願いを訊き，応答していくこ
とが教師には求められる。そのため，「訊く」つまり訊ねるという指導行為が
重要となる。

　教師が教育の専門家であるゆえんは，「きく」ことを丁寧に行いながら子ど
もとの対話を重ねていくことで，子ども自身の中にある発達への契機を発見す
ること，そして励まし育てることである。

（3）「見えるもの・見えないもの」をつなぎ合わせて見ようと努力する

　子ども一人ひとりの生活現実は，当然であるが異なる。子どもがランドセル
に詰め込んでくるものは「教科書だけではなく，生活の中で感じている様々な
思いや願いも一緒に詰め込んで学校に来る」ということが言われてきた。

　だから子どもを理解するということは，子どもが巻き起こす事実（＝見える
もの）とその中にある子どもの思いや願い，生活や社会的背景，成育歴や家庭
の状況，地域性，文化性など（＝見えないもの）をつなぎ合わせて意識的に見
ようと努力をすることが不可欠である。

（4）子ども理解の視点を共有する

　子どもは学校の中で複数の教師と関わり，その教師との関係性においてさまざまな姿を見せる。同様に，家庭においてもまた別の姿を見せているだろう。それゆえに，一人ひとりの教師がそれぞれの見方，つかみ方を提示し，どのように子どもを理解しているのかを話し合い検討すること，保護者とも子ども理解を共有することで，子どもの発達や課題について共通認識をつくり，子ども理解をより深めることができる。

　そのために，公式な場としての校内委員会や校内研修等での議論を充実させていくことが求められるが，多忙を極める学校現場においてそうした場を設定すること自体が難しい場合もある。だから出発点としては，気になる子どもの気になる点についての日常的な「おしゃべり」から始めてみるのである。

　困難な状況だからこそ教師同士，教師と保護者がバラバラになるのではなく，教育実践や子育ての中で抱えている困難さや苦悩がききとられ，共感し合いながら連帯していくことを志向したい。

　学校スタンダードを教職員の共通認識とすることで教育方針を一貫させる指導のあり方は，一見すると教職員を結束させているように思わせるが，「スタンダード」によってお互いの教育実践を監視して縛り付けているに過ぎず，教育実践を通してつながり合う世界ではない。大人同士が互いのつながりの世界をつくれないところでは，子どもの発達を支えるために必要な多様なつながりの世界を回復させることはできない。

　子どもにとって，発達に不可欠な他者とのつながりの世界を保障していくことは疑いの余地はないが，教育実践における自由の保障と教師の専門性を高めていくためにも子ども理解を軸にして教職員が互いに支え合い，つながり合える学校づくりを丁寧に積み重ねていくことが，今後ますます必要だと思われる。

3　学齢期の子どもの発達を問い直す

　子どもの発達とは，他者，生活，自然，世界との複数的なつながりの中で生じた内的矛盾を他者との相互応答的な関係性を支えにして子ども自身が乗り越

えていくことで，潜在的な力が引き出され，その身につけた力を行使して生きるプロセスであると第一節で述べた。今日の子どもの発達が阻害されている状況に対して，私たちはどのような教育実践を展開し，創造していくことが求められるのだろうか。

（1）他者とのつながりの中で，自己受容を確かなものにする

　現代的課題が子どもの発達にもたらす影響として人間形成の阻害を先に指摘したが，人と人との関係が結べず，社会とのつながりも断ち切られることで人間形成にとって重要な自己受容の発達が阻害されている子どもが少なくない。感情や自己に対する感覚があやふやであったり，自分という存在が混沌としていたりして，自分で自分自身を受け止められない，つまり，「実存的，自己形成的剥奪」（岩川 2009）の状態にある子どもと言えよう。

　自分自身の思いや願い，感情，身体などを自分のものとして肯定的に受け止め，それらが自己の中で統合されている感覚，すなわち「自分は自分である」という基本的な自己感覚の発達が不全であり，剥奪されているのである。

　本来は，安全で安心な生活の中で成長し発達していくことで，自己の育ちとしての自己受容が確かなものになる。子どもがどのように感じ，何を思い，願っているのかをききとり，子どもの思いに応答しながら安全で安心な生活をともにつくる他者の存在が不可欠である。

　発達に困難さを抱える子どもにとって，学校での安全で安心な生活をつくりだすための拠点として自己の存在を受けとめてくれる学級集団の存在意義は大きい。さらに，自己感覚が不確かで自己受容ができない子どもだけでなく，友だちに自分自身の思いや願いを言葉で十分に伝えられず，苛立ちや孤独感を抱えている子どもも少なくない。「うまくいかない，できない，自分はだめなんだ」といった自己否定体験の積み重ねは，自己肯定感の低さにもつながるだろう。

　だからこそ，うまくできない自己も含めて，自分自身の存在をありのままに受けとめ，認めてくれる友だちや教師の存在が不可欠である。子どもは集団の中でこそ育つという発達の原点に立ち返りたい。

友だちとの共同的な活動を通して楽しさを共有する中で，友だちの良さや違いを感じ取ることができる。さらに，頼り頼られながらお互いを認め合っていく関係性を育てることで，「あんなふうになりたいな」「すてきだな」と友だちに憧れを抱き，友だちと学び合う中で「もっとできるようになりたい」「わかるようになりたい」につながる意欲が引き出され，「自分も捨てたもんじゃない」というかけがえのない自己を発見していくことができるのである。

　競争的な環境や学校スタンダードの下では，自己の思いや考えを友だちや教師にきき取られることも，他者の思いや考えをきき取ることもない。だから，自分の思いをきき取ってもらえた，自分も友だちの思いをきき取ることができたと実感できる活動を重視したい。思いをきき取り，きき取られる交わりのある活動を友だちと経験することで自分に対して「自信」がもてるだろうし，その「自信」がバネとなることで自己認識，他者認識が豊かになり，「自分は自分である」という自己受容をより一層確かなものにしていくのであろう。

（2）子どものまちがう権利，失敗する権利を発達に必要な権利として保障する

　今日の学校における授業と生活の場は，まちがうこと，失敗することが安心して表現できる空間となっているだろうか。授業における子どもたちの様子をみていると，まちがうことに対して非常に恐れを抱いているように思われる。とりわけ，発達段階が上がるにつれて顕著に現れる傾向にある。さまざまな背景が推測されるが，その要因として，教育における正解主義とスタンダード化の動向が挙げられるのではないだろうか。

　正解主義による授業では，知の権威者としての教師が唯一無二の「正解」を握っており，一問一答のやり取りの中で教師があらかじめ想定している「正解」のみが追求されていく。そこでは，子どもの多様なものの見方，考え方，感じ方は軽視され，時には，子どもの「わからない」「できない」が叱責の対象となる。正解主義は，子どもたちの間に「正解」以外は発言できない雰囲気や関係性を生み出す。まちがったことを発言する子どもが嘲笑の的になることで，次第に子どもたちは自由に発言することをやめ，「正解」が分かった時以外は口を閉ざしていく。

　学校スタンダードの動向も同様に，スタンダードに意見することも，スタンダードから外れることも許されないため，まちがうことも失敗することも認められない。新自由主義的教育改革や競争原理と管理の中で自己責任イデオロギーを内在化させられてきた子どもたちは，「わからない」「できない」「間違う」のは自分自身が悪いのだという。競争的な能力主義的価値観のもとでは，できないということを自分自身で認めた時点で負けになる，つまり敗者になってしまうと脅迫的に考えている子どもも少なくない。

　こうして子どもたちは，分からなくて困っていても，できなくて困っていても，まちがうこと，失敗することを恐れ，避けるがゆえに「困り」そのものを他者に表現することができなくなってしまうのである。「困っている子」の「困っていること」が周囲にうまく表現できずにパニックや他者への暴言，暴力あるいは無気力な状態として表現されているのではないかと子どもに思いを寄せてみることが大切となろう。

　今日のこのような教育動向が疑いもなく推し進められていくと，子どもはまちがいや失敗を経験しながら成長し，発達していくものという基本的な発達観が失われていくことを危惧する。

　「教室はまちがうところだ」（蒔田 2004）という価値観と，「まちがいや失敗で子どもは育つ」（今泉 2003）という発達観を子どもが起こす事実を出発点として，学習と生活の中で具体化させる指導が必要だろう。

（3）子どもたちの発達を脅かし，阻害する現代的課題そのものを学びの対象とすることで，自分自身のそして自分たちの生活現実や関係世界，行動世界を転換させ，豊かに発展させる発達主体として子どもを育てる

　自然，社会，人間に関して生じているさまざまな問題に対して多くの子どもたちは「自分とは関係のない外側の世界にあるもの」としてみなしている。他人事として見ている間は，実は私や私たちの生活と結びついている切実な問題であるにもかかわらず，子どもは自分事として意識的に捉えることができない。そのため，私や私たちの生活に立ち返り，生活現実を問い直していく学びに結びついていかないのである。

たとえば，通学路の途中には田んぼがあり，稲が育てられている光景を日々目にしているにもかかわらず，小学校低学年の子どもの中に「給食で出されるご飯（白米）が何からできているのか知らない」と発言する子どもがいる。他にも，「縄をなう」という行為が具体的にどのような動作を示しているのか全くイメージできない大学生も少なくない。こうした事態は学齢期において，身近で具体的な他者や自然との関わりと行動の世界を押し広げながら学ぶ機会が欠如・剝奪されていることによって生じているのではないかと推察する。

　だからと言って，学ぶ対象は，子どもたちの身近な人や社会，自然であれば何でもよいというわけではない。当然，子どもたちが出会い，対話し，学ぶに値する「ヒト・モノ・コト」を教材として選択する必要がある。

　その際に，子どもの発達を脅かし阻害する現代的課題そのものを教材として取り上げることも重視したい。子どもの発達にとってのっぴきならない問題だからこそ，現代的課題を教材として「自然認識」「社会認識」「人間認識」を追求する共同的な学びを立ち上げながら，科学的な見方・考え方を形成するのである。

　しかしながら，科学的な見方・考え方を形成するだけでは十分ではない。発達することは，子どもの権利である。だから自分の生活，自分たちの生活に立ち返って既存の価値や生活現実を学級の仲間とともに批判的に問い，転換することで新たな生活づくりへ参加する発達主体としての子どもを育てる指導が不可欠である。

4 「共に生きる世界」を子どもとともに創造する

　他者や社会とのつながりに困難さを抱える現代の子どもだからこそ，さまざまな役割や立場の中で自分らしい生き方を選択していくためには，他者や社会とつながる世界＝共に生きる世界をつくりだしていくことをより重要視する必要がある。それゆえに，私たち教師に今求められている教育実践のあり方は，子どもの声をきき，子どもが現在生きている生活現実から出発することではないだろうか。生きづらさを抱える子どもの思いや願いをきき，トラブルや困難

を切りひらく対話は，子どもたちが他者や社会とのつながりをつくりだすうえ
での指導の基盤となるからである。

　子どもが発する，ときに乱暴とも思える言葉や行動の中には，子ども自身の
発達への要求の芽が存在している。子どもが発するメッセージをその子どもの
具体的な生活文脈の中で捉え，その意味するところを子どもとともに読みひら
くことで，子どもが求めている他者とのつながり，社会とのつながりとはどの
ようなものなのかを子どもの視点に立って問い直していくのである。

　このように，子どもたちの生活現実を教師と子ども，子ども相互が対話し，
共同して読みひらくなかで，子どもたちの必要と要求を組織しながら他者とと
もに生きるに値する世界をつくりだす際の指導の要点を2点提示したい。

　第一は，現在と未来に対する子どもの意見表明権と自己決定権を保障するこ
とである。本論で問題視してきたように学校スタンダードに代表される今日的
な管理主義は，一方的な基準を提示し従わせることを是としているために，子
どもたちが自分たちの意見を表明することや生活，文化を自分たちでつくる，
自分たちで決定するという権利と文化そのものを奪ってしまう。

　子どもの生存権と幸福追求権，すなわち，ありのままに生きる権利と幸せを
追求して生きる権利をつなぐものが教育だとするならば，一人ひとりの子ども
の「今，ここ」（＝現在）に寄り添いながら，子どもが内面にもっている「こ
うなりたい自分」「明日の自分」（＝未来）への発達要求としての意見表明権と
自己決定権を行使する力を育てるのである。

　第二は，「弱さ」を受容し，「弱さ」でつながることである。

　庄井良信は，今日の競争システムのあり方が，「強さ」を求める競争から，
「弱く」ならないことを強いられる競争に変化したことで，大人も子どもも
「弱さ」を表現することへの不安がとても強い社会を生きていると指摘してい
る（庄井 2004：22）。私たちは「強さ」でもって人とつながろうとするが，当
然「強い」ばかりでいられるはずはない。「強さ」を追求し「強さ」のみでつ
ながりを担保しようとする世界は，自分自身の「弱さ」も他者のそれも認める
ことができない。弱さを引き受けられなくなった自己は，こころとからだがば
らばらになる事態まで引き起こされてしまう。だから「強さ」でつながりを保

とうとする世界は非常に危ういのである。

　今日，子どもとともにつくり出す「共に生きる世界」とは，他者と支え合い応答し合う関係性を土台とすることで，自分一人では引き受けがたい自己の「弱さ」も自己を形成するうえで意味あるものとして受容し，表現できる世界である。そのうえで，自己の「弱さ」と他者の「弱さ」が響き合い，そこに応答的に関わることで，私たちはみせかけではない本質的なつながりの世界＝共に生きる世界をつくり出すことが可能となるのである。

　「共に生きる世界」を豊かに想像し，創造するために必要な力が多様なつながりの中で発揮され，発達の権利主体として子どもが正当に位置づけられていく教育実践が今後ますます重要になるだろう。

学習課題

（1）子どもの発達に影響を及ぼす現代的課題をピックアップし，発達にどのような影響を及ぼすのか検討してみよう。

（2）教育実践を構想する際に，発達の権利主体として子どもを育てるために必要な指導のポイントを検討してみよう。

引用・参考文献

今泉博（2003）『まちがいや失敗で子どもは育つ』旬報社。

岩川直樹（2009）「子どもの貧困を軸にした社会の編み直し」子どもの貧困白書編集委員会『子どもの貧困白書』明石書店，14-18。

埋橋孝文・矢野裕俊（2015）『子どもの貧困／不利／困難を考える』ミネルヴァ書房。

行田稔彦・渡辺恵津子・田村真広・加藤聡一（2018）『希望をつむぐ教育』生活ジャーナル。

庄井良信（2004）『自分の弱さをいとおしむ』高文研。

田中孝彦（2003）『生き方を問う子どもたち』岩波書店。

浜田寿美男（2009）『子ども学序説』岩波書店。

蒔田晋治（2004）『教室はまちがうところだ』子どもの未来社。

増山均・齋藤史夫（2012）『うばわないで！子ども時代　気晴らし・遊び・文化の権利（子どもの権利条約第31条）』新日本出版社。

渡辺恵津子（2016）『競争教育から"共生"教育へ　仲間と育ち合う教室づくりのヒント』一声社。

OECD（2020）, Poverty rate (indicator). doi: 10.1787/0fe1315d-en（Accessed on 05 July 2020）

（今井理恵）

第2章

現代の子ども理解と自立の問い直し

　思春期は，子どもにとってそれまで身近であった価値観から距離をおき独自の価値観をつくるため，不安定な時期である。そういった子どもを理解しようとするならば，目の前の子どもの声をひたすらに聞くということが重要である。人は対話を通して，自分自身にとっての意味をつくりだしていくからである。その上で，思春期の子どもへの支援・指導は，共感や衝突と共に，生き方を語り合い価値観をつくりあげる関係性が子ども集団に実現するよう支援・指導することとなる。その関係性の中での交感を通して，子どもはありたい・なりたい自分をつくる「自立＝自分づくり」へと力を溜めたり増幅したりすることが可能となる。

　現在の社会は競争と二択に単純化した世界で，子どもにも自己責任の下で同調するか排除されるかの選択をせまる。それぞれの生活背景を無視し，自立への無気力化を引き起こす社会に対して，自治（的）活動と学びを活性化することが重要である。

1　思春期の子どもの自立を支援・指導するには

（1）思春期の特徴と課題

　思春期の特徴はまず，「思春期（成長期）のスパート」と言われる身長の急激な伸びや，「第2次性徴」の発現で確認できる。この時期，身体の外側に現れる変化だけでなく，身体の内部でも著しい変化が起こっていることが近年確認されてきた。脳科学の分野では，思春期ではメタ認知能力の大きな発達と変化が（発生時期やその過程については不明であるにしても）確認されている（小池 2015）。また，性ホルモンが活発に分泌されるようになる影響で孤独感や衝動性が強まることも確認されている（西谷・藤川 2015）。

　ジャン＝ジャック・ルソー（Jean-Jacques Rousseau）は著書『エミール』に

おいて，思春期の教育についての章で，「私たちは，いわば，二度この世に生まれる。一度目は存在するために。二度目は生きるために。」（ルソー 1962：5）と述べた。この有名な句は，思春期を「人間の第2の誕生」の時期として示したものである。このように思春期は古くから「誕生」と意味づけられてきた一方で，2017年の厚生労働省による人口動態調査によると，日本の10〜14歳の死因として自殺が確認され始める時期でもある。

　身体的にも精神的にも大きく変化する不安定な時期にある子どもを理解していくことは簡単なことではない。思春期では先述したメタ認知能力の高まりとともに，自身や所属社会の価値観について客観視して評価できるようになる点でそれまでの時期とは決定的に異なる。そして，それまであたりまえのように受容してきた身近な大人の価値観から距離をおき，独自の価値観をつくる産みの苦しみの真っただ中にいる時期である。つまり，子ども自身が自分を理解できない場合も多いのである。

　それでも子どもを理解しようとするならば，子どもの声をひたすらに聞くということが重要である。というのも，人は「語る」という行為を通して，自分自身にとっての意味をつくりだしていくからである。

　ジェローム・シーモア・ブルーナー（Jerome Seymour Bruner）によれば，私たち人間は常に自分自身や自分を取り巻く世界を，過去の記憶と未来の間で，所属する文化を参照しながら物語的に把握して生きている（Bruner 2002）。そして，この物語的把握は個人の意識の中で作られるものであっても，意識の内外での他者との対話に左右されるものである（Bruner 1990）。

　このような理解を基にすれば，子どもがどのような人との関係性の中で人生・生活を語ろうとしているのか注意深く聞くことが求められる。以下，中学校教師による2つの実践記録から考えたい。

（2）思春期の子どもの自立を支援・指導するために
① 人生・生活を共に語ること

　まずは，小学校3年生から不登校気味で5年生から不登校となった真を中心とした加納による実践記録から考える（加納 2015）。本実践記録では，加納は

真の中学1年時の担任をしている。真は中学入学と同時に，抗がん剤治療中の母と自殺行為を繰り返す姉との3人で，母子寮で生活するようになっていた。父親は自己破産し，生活保護を受給するため，5年前に離別している。加納は，「真にとって仲間となりうる集団を創ろう，登校や授業を強制しない，真の歩く方向でどうすればいいかを考えていく」ことを実践方針の核とした。

　真が初めての登校後に，友人から誘われて図書準備室から美術部へ参加できた日，「今は学校に来ることが大事だから。放課後の美術部は出る，いい？」「学校に来るリズムを一定にしよう，一時三〇分ではどう？」と加納は語りかけ，真は小さな声で了解する。ここで加納は，図書準備室に来ることができていることを「大事」と意味づけ，友人のいる美術部へ向かうことを習慣化することをねらって，真にとって達成の手ごたえが半ば摑めていることを当面の目標として未来を描いた。その後も，真と母親との三者面談では母親の意見も聞きながら，図書準備室で国語のワークによく取り組んでいることをふまえて，「それなら，一学期の目標は授業に出れるようになる，でいいかな。まずは一時間。やがて，午前中から来ることが必要になってくるね。そういう感じでどう？」と提案し，真から「国語なら……」という目標を引き出している。

　もちろん，加納が真の話を聞いていくのは学校生活の目標を引き出すためばかりではない。他方で加納は，初めて真が感情を出すのを目にして驚きながら，真が感情を言語化していくのを助けていく。たとえば，6月初めに一時帰宅した姉と喧嘩し，母親に八つ当たりしてしまったと加納と母親の前で真が語る場面がある。

　「真，お母さんにもいらついちゃって悪かったって思う？」「そう……」「姉にはいい加減にしてほしいって思うけど，病気っていうのもあるからはっきり怒れない？」「そう……」「真の中に，しっかりやらなきゃっていう自分と，嫌なことしちゃえっていう自分といるんじゃない？」と聞くと真は頷く。「それが普通なんだよ。ちゃんと成長してる。でも，まだ未整理で感情だけの真もいる。親子はそういうのを受け止められるから大丈夫。どこの家でも同じ」と言うと母も「そう，大丈夫」と言う。「いろいろ経

験して，いろんな真が出てきて，やがてちょうどいい自分が出来てくるの。
それが中学時代。自分で調整できるようになるよ」という私の言葉に真は
「姉のストレスが一番と思う」「他にもあると思う。だって四月からは登校
してるでしょ。体育祭にも出ちゃったし，授業も出てる。教室でお弁当も
食べてる。すごい努力だと思う」と言うと頷く。「でも，ストレスみたい
なのも出てくると思う。今は勢いがあるから大変でもやっちゃっていい。
そのうち，今大変だと思うことが普通になってくる。そしたら，次にもっ
と大変なことがやれるようになる。そういう繰り返しで中学生って力がつ
いていくの」真も納得した感じがあった。　　　　　　　　（加納 2015：25）

　このように，加納は代弁の形を取りながら真の感情が揺れ動いていることを
肯定的に認め，真の意思を探りながらも真自身が語りだすことを根気強く待っ
ている。それだけではなく，ここで「親子はそういうのを受け止められるから
大丈夫。どこの家でも同じ」と母親の前で語り，母親から「そう，大丈夫」と
いう言葉を引き出すことで，新しい親子の関係性を 3 人で共同してつくる契機
としている。語ることはそれまでの生き方を整理するだけでなく，新たな生き
かたを共同で模索し，つくりだす営みとなりえる。

② 生き方を共につくりだす友人関係

　先に紹介したように，加納が実践方針の核の第一に挙げているのは，「仲間
となりうる集団を創ろう」である。加納が真と（時には母親も含め）対話を重
ね，家族との関係性づくりを支援しているだけでは，思春期の自立に向けて充
分であるとは言えないだろう。なぜなら先述したように，「正しい」とされて
きた大人の価値観に疑問をもち，批判的検討を重ねながら新たな価値観の世界
をつくっていくことは思春期の子どもの課題であるからだ。そして，その達成
は個人作業によるものではなく，自らが仲間だと認識する人々と行うものであ
る。
　加納は，小学校から真の友人だった綾・眞知・愛が美術部に入部したこと
（且つ加納も美術教師であったこと）から，真にも美術部入部を持ちかけ，美

術部をホームにしようとする。ここでのホームとは，真を一方的に援助し応援するだけのものではない。たとえば，眞知が授業中に男子から意地悪く責められ，共に美術部員であるユリから男子の立場で笑われたことにショックを受けて，真のいる図書準備室に一時避難してきた7月のある日のことである。加納は，この場面を「真を交えて考え合うチャンス」と捉え，美術部での話し合いを設ける。ユリが「だって，家でつらい……。親が勉強を強いる。兄や姉も私を頭が悪いという。クラスの男子がブスだという」と泣きながら自分のつらさを訴えることに対して，真は「眞知に一緒になって言うのは変！」「だからといって眞知にそういうことをして良いってならない！　甘えてる」と意見を述べる。この出来事の後，真たちはよく話し合いをするようになった。1月終わりの真の登校をめぐる会議では，どのように登校することが真にとって良い形の登校なのかについて意見を出し合い，真はそれらを吟味しながら「私のいける限界は昇降口まで。やります」と宣言できるようになっている。

　このように，「仲間をつくる」とは，批判も要求もされない関係性を用意することではなく，安心して自身と仲間の生き方を吟味しあえる関係性をつくっていくことである。このような関係性となってからは，他の美術部のメンバーにとっても，真という存在が保護の対象ではなく，共に自身の価値観を見直し合う対等な存在になったと言えるだろう。

　ここで不登校をめぐる別の実践について取り上げる（兼田 2017）。本実践記録では，幼稚園・小学校時代から不登校で，洗濯・食事・簡単な掃除などを担いながら二人の兄とうつ病の母とともに暮らす絵里子に中学校2年生から卒業まで寄り添ったものである。兼田は，「最も集団から離れている絵里子へ，みんなで呼びかけ取り組むことが，一人ひとりの自立を促し，今の閉塞した社会を変えることと意識し実践構想を立てた」。以下，兼田と絵里子の2人だけによる語りは割愛し，絵里子と友人関係の関係性の変化に焦点を当てる。

　2年生に進級した当初は，ゲームを中心とした学年レクや芝生ランチといった楽しい活動であれば，小学校が同じであった同級生の呼びかけに応じて参加し，参加ができると長く留まろうとすることから「友だちの存在を求めているのだ」と兼田は分析する。そのため，「学校で豊かな生活体験を積み，仲間と

のつながりをつくり，深め」させたいという願いから，放課後にクレープづくりを企画して，クラスの女子8名と絵里子とつながりのある男子3名とともに成功をおさめた後は，お菓子づくりの会を幾度か行った。しかし，絵里子は2年生最後の日に，「行きたいけどムリ，行けへん」と泣く。その場面について，兼田は次のように記録している。

> 絵里子はフリースクールに居場所を見つけ，大きな集団からは足が遠のいていった。二年生最後の学級じまいの日，「行きたいけどムリ，行けへん」と涙を流した。思春期に突入し，「周囲からどう見られているか」と強く意識しはじめた絵里子は，お菓子づくりの会に参加するメンバーを減らしたいと言うようになった。三月のチョコレートづくりの会では，H男を中心とする少数の仲間とともに一年を締めくくった。　（兼田 2017：37）

　兼田が記録しているように，「周囲からどう見られているか」を強く意識するようになることは思春期の子どもの特徴である。そして，多くの場合，互いの共通点を確認することで安心を得られる小集団を求めるようになる。兼田は多人数での学年レクなどの機会を提供する一方で，同じく不登校であったF子と接点をつくろうとした。

　その後，絵里子とF子が共に遊んだり高校見学に連れ立って行けたりしたのは，どちらも不登校だったからという安直なものではない。どちらも動物が好きで将来の職業に動物と関わることをイメージし，ペットカフェの職業体験や高校見学でのトリマー講座を楽しんで受講することができた。また，高校見学の帰りの電車でF子が「お母さんが悪いねん。あいつ家のこと放ったらかして，何もしよらへん。近所に助けてもろうてたら，今度はそこへ行くなとか言いよる」と愚痴を吐いた。もちろん最初の接点をつくる段階では，絵里子にF子を職業体験に参加するよう呼びかけてほしいことを相談したり，絵里子がいなくてがっかりしていたF子の様子を絵里子に伝えたり，と兼田は積極的に働きかけている。しかしながら教師である兼田の仲介は徐々に必要なくなっていく。それは，生活の共通点が少しずつ見つかっていく過程である。

さて，お菓子づくりの会を小集団にしたいという絵里子の意向を受けて，放課後は絵里子と和やかに過ごせる女子3人，男子4人のメンバーで活動するようになった。この小集団も絵里子にとって重要である。確かに，F子と連れ立って学校外でも活動できるようになったが，共通点によってつながった2人きりの関係性では異なる価値観に対して吟味をせずに排他的になりやすい。不登校傾向，母子家庭，家庭不和など一部に重なりがありながら，違いがあって当然である集団（この小集団で最もわかりやすい差異はセクシュアリティであろう）にいることは，それぞれが自身にとって「あたりまえ」であった価値観を見直す契機となる。さらに，相互批判のできる関係性にあれば，より具体的に自身の言動について考えをめぐらし，これまでとは異なる言動のできる自分に出会うこともあるだろう。

　そのような意味で，先述と重なるが，衝突することは忌避すべきでなく歓迎できる側面がある。そして，衝突しても関係性を維持しようと挑戦できるには，同じようにそれぞれの異なる考え方を大切にしながら関係性を維持したいと考えている友人が集団内にいるという信頼が必要である。その信頼をつくりだしていくのが活動となる。ここでの活動とは，用意されている楽しい体験を消費していく類のものではない。たとえば，どのようなことをしたいのかという意見を出し合いアレンジしていける余地のあるもの，入手可能な物や時間・場所の制約から役割分担や進行を工夫しなければならないものなど，お客様ではいられず，それでもやってみたいと思えるものでなければならない。このような面倒さを含む活動は，その面倒さゆえに，その集団オリジナルの世界をつくりだすことができる。

　思春期，特に中学生は進路と向き合わなければならない時期である。しかし，それは単に就職への路を選ぶというのではなく，加納の実践記録や兼田の実践記録にあらわれていたとおり，それまでの生育環境やこれからの生き方を考えることと共にある。そのような時期を支援・指導していくためには，共感や衝突と共に自分の生き方を語り合い価値観をつくりあげる関係性が大人に対してのみならず，子ども集団の中にも必要である。その関係性の中での交感を通して，ありたい自分・なりたい自分をつくる「自立＝自分づくり」へと力を溜め

たり増幅させたりすることが可能となっていくのである。

2　自立を阻害する社会環境

　2018年の PISA（国際学習到達度調査）では，全国の国公私立高（183校）の１年生6100人を対象として「生徒の生活（人生）にとっての学校生活」(What School Life Means for Students' Lives) についても調査された。思春期の自立に関わる調査結果として，「人生の意義」に関する調査結果がある。質問項目は，「(1)自分の人生には，明確な意義や目的がある」「(2)自分の人生に，満足のいく意義を見つけた」「(3)自分の人生に意味を与えるのは何か，はっきり分かっている」，の３点である。これらに，「まったくその通りでない」「その通りでない」「その通りである」「まったくその通りである」の４つの選択肢から回答する。結果として，全ての質問項目で「まったくその通りでない」「その通りでない」と答えた生徒の割合は，世界各国の中で群を抜いて多かった。もちろん，「人生の意義」とは何を指しているのか，という点も重要である。しかしながら，生活満足度の調査結果とあわせて考えると楽観視できるものではない。

　「生活満足度」の調査は，「まったく満足していない」から「十分に満足している」まで10段階あるスライダーバーの目盛から選択させるものであった。2015年調査では，PISA リテラシーの高い国ほど生活満足度が低くなることが世界的な課題とされ，日本はそれが顕著な国であった。2018年調査では，この状況は悪化しており，その悪化率は世界第２位である（生活不満足度は世界６位→４位）。

　子どもの生活環境については，たとえば2019年の子どもの権利委員会の総括所見で，生命・生存および発達に対する権利について，「(a) 子どもが，社会の競争的性質によって子ども時代および発達を害されることなく子ども時代を享受できることを確保するための措置をとること」が勧告されている。

　日本の学校社会では，長い間，「よい学校に行けば，よい職場に就職できる」という言説を多くの大人が信じ，学校知の獲得量や適用速度などに基づいた受

験競争に勝ち残るよう，机に向かって教科書とノートを広げるように子どもを追い立ててきた。本田（2005）によると，同規格の大量生産に基づいた産業構造が変化するにつれ，競争の規準が乱立している。ただ規準が増えただけでなく，コミュニケーション力や創造力，協同力といった各人の個性・生き方に関わり，人々が同じように習得することが困難と考えられてきたものに重きが置かれるようになっていることがそれまでの競争とは異なっている。AIの発達が顕著になった現在では，日本ではAIに人事評価の一部を担わせようとしていたり，中国ではAIの信用格付けスコアを社会の保障システムに組み込んだりしている。そのような中で問題となっているのは，被評価者の点数がどのような計算式で導き出されているのかが，導入者にも分からないことである。つまり，競争はしなければならないけれども，もはや何を競争しているのか分からない状況が社会にできつつある。

　このように学校を含めた社会での競争は無明の中で激化の様相を呈しているが，競争の規準が乱立化してきたころから，（多くの場合トップダウンにより決められた）規則を一律に守らせようとする考え方が強まっている。たとえば，国連は2019年の幸福度ランキングで日本を58位に位置付けたが，人生の選択の自由度について「政治や社会による規則が日本人の幸福感を低めている」と批判的に報告している。

　社会で競争と規則が徹底されるのは，新自由主義の出現・浸透による不都合の出現に対して新保守主義が補完的に機能しているためと考えるのが一般的である（山本 2015a）。つまり，競争が徹底されていき，人々がそれぞれの利益を最優先に考え行動したり，社会的弱者に対して自己責任論を展開したりするようになると，社会での共同的な関係性は保たれなくなってしまう。それに危機感を覚える人々が，規則により人々を縛ることで社会のまとまりをつくろうとしていると理解できる。

　もちろん，学校社会も例外ではない。日本の学校では，21世紀に入ってから，分かりやすいもので言えば，子どもに対してはゼロ・トレランスに基づいた懲戒処分，教師に対しては学校スタンダードや授業スタンダードによる指導の一律化と給与に反映する人事評価の導入が広まっている。山本（2015b）による

と，このような規則の運用は環境管理型権力の発動として理解される。それは直接的に規則を守るよう迫るのではなく，規則を守らないことによるリスクを周知することによって，被管理者が能動的に規則に沿った行動を選ぶように仕向けるものである。環境管理型権力が支配的になると，教師たちにどの子どもに対しても同じように授業したり指導したりすることが合理的であると示されるので，教師と子どもの対話の機会が抑圧される状況が生み出される。

　さらに，学校社会での抑圧的な状況の広まりを後押ししているものに，道徳のヒドゥン・カリキュラムがある。たとえば，小学校低学年の道徳教材である「かぼちゃのつる」は，周りの忠告を聞かずにつるを伸ばしていき車に轢かれたかぼちゃが泣き，「お日さまは，あいかわらず，ぎんぎらぎんぎら，てりつけていました」と物語が終わる。同じく低学年を対象とした「ぽんたとかんた」という教材では，ぽんたとかんたというキャラクターが禁止されている場所にある秘密基地へ遊びに行かないと決心して公園で遊んでいると「きもちのよいかぜがほほをなでていきました」と物語が終わる。どちらの教材でも，子どもがどのように行動するとよいか考えるまでもなく，「正しい」行動が示される。このような結果を示さずに授業で議論をしていけば，「つるを伸ばしたいというなら朝顔のように添え木を立てよう」という意見や，「週末に大人と一緒に遊びに行こう」というアイディアが子どもから出てくるかもしれない。それらの可能性をあらかじめ封じ，単純な善悪の世界だけが示されている。

　極端な二択の世界で同調／排除がせまられるのは，管理者−被管理者，大人−子どものように権力が見えやすい空間においてばかりではない。2007年には「KY（空気を読めない）」が流行語になり，同時期に，土井（2008）によって，誰かを攻撃する姿を見せあうことで仲間であることを確認しあうコミュニケーションが，子どもの中で展開されていることが指摘された。昨今，空気に同調できない子や敵と認定された子が簡単に除外できるシステムがあらかじめ用意されているインターネット環境はこの問題を助長する。

　以上のような環境のもとでは，先述の加納実践や兼田実践にあったような，時には相互批判を交えながら生き方について語ることが難しくなる。それぞれの生活背景に目を向けていては，極端な二択の世界で答えを選択することがで

きないからである。現在の社会環境は，子どもがそれぞれに応じた指導・支援を得ることや，同年代集団との間で生き方を探る語り合いを困難にする。すなわち，さまざまな生活を背負っている子どものそれぞれの自立を阻害する社会環境が日本に広がっている。

3 自立と自治

　このような社会状況に対して，必要なのは自治（的）活動である。お仕着せのルールにいかに適応するか見張り合うようなものでなく，一人ひとりが自身の生活を吟味しながら，必要とする世界のあり方について集団で語りあい，実際に行動していくことが新しい自分自身を発見し吟味することにつながっていくのは，兼田実践でのお菓子の会で確認した通りである。また，生徒会（児童会）活動等で学校外の社会と接点をもちながら自治（的）活動を展開することも考えたい。たとえば，ある宮城県立高校では，前年度までは水飲み場増設を要求することを最初から諦めていた教職員や生徒が，生徒会執行部の丁寧な調査活動と広報によって生徒総会での討議に参加するように変化した（佐々木 2016）。要求が大人社会によって正当に扱われ，受け入れられればもちろん生徒の喜びや達成感は大きくなる。けれども，その前段階，つまり要求が通るかどうかわからない段階で，生徒が無気力状態を脱し生徒総会に参加したことを重視したい。要求を調査して組織化することは，一人ひとりの要求に対して応答することである。アンケートをして終わりとしない，丁寧な調査とその広報が無気力な人々の参加を呼び込んだのではないだろうか。

　もちろん，自治（的）活動について，いきなり子どもたちに全て任せることは無謀である。中村（2013）のように，最初は教師主導で何を問題として話し合いをするのかを示し，いずれは子どもたちが生活の課題を発見し集団的に解決できるよう伴走する必要があるだろう。その際には，子ども間で生活背景を無視した関係性が築かれようとしていないか気をつけておきたい。それはしばしば，人格に対するレッテル貼り・キャラ付けとしてあらわれるが，教師が無関心であれば社会的弱者に集中する「いじり」が見過ごされることがありうる

（長野 2007）。この点について，子どもも同じように意識化するためには，学びが必要である。

　社会の矛盾について学ぶことで所属する集団を相対的に把握したり（原田 2015），新たなルールをつくったりするように（柏木 2014），学びと自治（的）活動とを結びつけて理想の世界を描くことと，そこで生きることを語り合うことが豊かな自立につながっていく。

学習課題

（1）子どもの自立を支える「語り」に着目し，教育実践記録を分析してみよう。
（2）子どもの幸福追求を阻害する社会の課題とその影響について具体的に考え，
　　そのような社会状況を変えようとしている人々の取り組みを調べよう。

引用・参考文献

柏木修（2014）「マイノリティーの権利が守られる学年に！」『生活指導』714：8-17。

兼田幸（2017）「支え合いながら自立へ向かって～絵里子と歩んだ二年間～」『生活指導』730：34-41。

加納昌美（2015）「真」『生活指導』718：22-29。

小池進介（2015）「脳の思春期発達」笠井清登他編『思春期学』東京大学出版会，131-143。

佐々木忠夫（2016）「『水飲み場増設』，県を動かした生徒会」『高校生活指導』201：22-29。

土井隆義（2008）『友だち地獄』ちくま新書。

原田真知子（2021）『「いろんな人がいる」が当たり前の教室に』高文研。

長野仁志（2007）「卒業アンケートは何を物語るか…」『高校生活指導』173：34-37。

中村弘之（2013）「話し合えば分かり合える」『生活指導』708：14-21。

西谷正太・藤川慎也（2015）「思春期のホルモン変化」笠井清登他編，上掲書，101-112。

本田由紀（2005）『多元化する「能力」と日本社会──ハイパー・メリトクラシー化のなかで』NTT 出版。

山本敏郎（2015a）「教育改革と生活指導の課題」山本敏郎他著『学校教育と生活指導

の創造─福祉社会・情報社会における学校と地域』学文社，7-22。

山本敏郎（2015b）「環境管理型権力と生活指導」同上書，23-38。

ルソー著，今野一雄訳（1962）『エミール』〈中〉，岩波文庫。

Bruner, J. S.（2002）*Making Stories: Law, Literature, Life*, Farrar Straus & Giroux.（岡本夏木ほか訳（2007）『ストーリーの心理学──法・文学・生をむすぶ』ミネルヴァ書房。）

Bruner, J. S.（1990）*Acts of Meaning*, Harvard University Press.（岡本夏木ほか訳（1999）『意味の復権──フォークサイコロジーに向けて』ミネルヴァ書房。）

（上森さくら）

第3章

子どもが生きる世界から学級づくり・
生活指導を問い直す

　権力的で暴力的な関係の網の目が張り巡らされ，包摂と排除の分断線
が引かれ直し続ける世界の中を子どもたちは生きている。それゆえにこ
そ，「子どもが生きる世界から学級づくり・生活指導を問い直す」こと
は，子どもたちを傷つけ続けているそうした世界を子どもたちと共に組
み替え，「生きるに値する社会」を共に創造していくという実践構想が
求められる。

　こうした実践構想を具体的に展開していく上で重要となるのは，子ど
もたちが安心して揺れながら「もう一人の自分」を選び取ることができ
るように，一人ひとりの子どもへの指導と子ども集団への指導を統一的
に展開していくことである。

　個人指導と集団指導の統一的展開を構想しうるようになるために，子
どもの発達課題や集団の発展課題を分析する視点や，学級や学校におい
て「生きるに値する社会」を創造するための「対話・討論・討議」の指
導の視点について考えてみよう。

✦ 子どもが生きる世界を見つめる鍵

（1）包摂と排除の分断線

　2000年代当時，「困った子」，すなわち「教師や真面目に頑張っている子ども
たちに迷惑をかける子ども」は，厳しく叱責されたり教育的な働きかけを放棄
されたりしても仕方のない子どもであるという価値観が学校を覆っていた。換
言するならば，学校で当たり前とされる種々の事柄に適応できない子どもをい
かに統制するかが焦眉の課題となり，統制し得ない場合は教育の対象ではなく
医療や司法福祉の対象となるのを当然視する価値観が支配的になる情勢があっ
た。

　こうした情勢下にあっては，子どもの行為の理由に想いを馳せ，その子ども

の声にならない声に耳を傾けながら，然るべき教育的な応答を模索するという営みは不要なものとして退けられる。学校という組織の一員として振る舞うことは支配と統制の担い手として生きることと同義となり，子どもの声に応答する教師として生きることが否定され続けるという事態が生じていたのである。こうした情勢の中で，「困った子は困っている子」という標語が良心的な教師たちを励ましていた（湯浅編 2008）。この標語は，「困っている（から助けてほしい）」という子どもたちからの呼びかけに応答するといった，教師としての「当たり前」を教師たちに思い出させ，教師として生きることを改めて決意させ，励ますちからをもっていた。

　しかしながら，今や「困っている子」へ応答することは，かつて以上に困難な状況にある。種々の「スタンダード」が各学校へ浸透し，子どもたちが「落ち着いている」状態にあることが至上命題となってきている。ここでは，「落ち着いている」状態の内実が問われることも，その状態を生み出した方法が問われることもない。仮に，子どもたちの声を丁寧に聞き取りながら「落ち着いている」状態を生み出し得たとしても，「そんな『丁寧な』関わりはわたしにはできない」「そんなまわりくどいことをせずとも，押さえつけてしまえばよいのだ」という同僚たちからの圧力によって，子どもたちの声を聞き取ろうとする教師が孤立させられてしまう状況すら生み出されている。

　ここには，多数の者が暗黙の前提としている価値観や規則を受け入れたり，その価値観や規則に基づいた秩序が求めるように振る舞ったりすることができて初めて，既存の集団に包摂されることが許されるという力が働いている。この包摂への圧力は，教師であってさえ例外なく降りかかる。この圧力に耐えることができなかったり，抗ったりしようとする者は，子どもたちも教師たちも排除の対象となる。すなわち，子どもたちが生きる世界は，包摂と排除の分断線が幾度となく引かれ直し続ける世界となっているのである。

（2）権力的かつ暴力的な関係の網の目のなかを生きる子ども

　包摂と排除の分断線が引かれた世界は，抽象的で観念的なものではなく，具体的で実践的な世界である。誰しもが，「あの子に逆らっては生きていけない」

という恐怖心と過剰なまでの警戒心を教室のなかで抱いたことは一度ならずあるはずである。また、「できない」「汚い」とされる子どもたちを蔑む雰囲気に同調しつつ、自分が蔑まれる側に陥ることへの恐怖に慄きながら、かりそめの安心にしがみついていたこともあろう。あるいは、何かの拍子に蔑まれる側に陥ってしまい、出口の見えない暗闇の中で絶望し、生きることを諦めようとしたことさえあったかもしれない。このように、包摂と排除の分断線が引かれた世界は、権力的かつ暴力的な関係の網の目が張り巡らされている世界でもある。

　言うまでもなく、こうした権力的かつ暴力的な関係は、子どもたちの些細で、かつ日常的な振る舞いを通して緊密に張りめぐらされていく。この振る舞いの背後にあるのは、自己責任論の影響を強く受けた狭量な個人主義の思想であり、その思想を受け入れたことに由来する排除の思想である。この思想をもつ者は、具体的には「自分さえよければそれでいい」「『できない』のは自己責任」「『できない』だけでなく、さらに他人に迷惑をかけるような輩は排除されて当然である」等々の考えをもつに至る。こうした考えをもち始めた者は陰に陽にその考えを発信して共鳴する者を増やしたり、周りの子どもたちを萎縮させたりしていく。

　狭量な個人主義や排除の思想をもつ者の登場は、子ども集団に対して以下のような影響を与えることになる。一つには、現状への適応を当然視する雰囲気を生み出し、その現状を変革しようとする者や現状のなかで形成されている秩序を乱そうとする者を一律に適応し得ない者として蔑み、そのことを通して当該の集団をきわめて緊張度の高い状態へと変質させていく。二つには、現状のなかで形成されている秩序を乱すどころか、破壊しかねない者への排除の圧力を先鋭化させていく。三つには、常に他人の視線を気にし、互いに自分がどのように見られているかが最大の関心事になるような集団の状態をつくりだし、精神的な苦しさを身体化させずにはいられないような子どもたちを増加させていく。このような影響が強まれば強まるほど、排除されていく者が顧みられることはなくなり、その存在は忘却されていく。他方で、集団に包摂されていけばいくほど自分自身への関心のみが肥大化していき、他者がどのような状況にあろうと無関心になっていくのである。

（3）包摂される者と排除・忘却される者との出会い直し

　包摂と排除の分断線が引かれ直し続ける世界にあっては，自らの実感に即して「おかしいな」と疑うことは異端の位置に自らを置くことにつながるがゆえに，落ち着かないモヤモヤとした感情も，考えようとする意志をも自ら封じ込めていかざるを得ない。その結果ますます，多数の者が暗黙の前提としている価値観や規則を「善」であるとして疑わない風潮が強固に生み出されていくこととなる。このことは同時に，対等平等な仲間のなかでの約束事の方が大人から伝えられる価値観や規則よりも優先される少年期的な子どもの世界に参加する機会と経験を，子どもたちから奪うことにもつながっていく。他方で，暗黙の前提とされる価値観や規則に適応できず，排除され忘却されていく子どもたちは，そもそも対等平等な仲間と共に在る機会も経験も奪われているのであり，その意味で発達保障の対象とさえされない状況に追いやられていく。すなわち，暗黙の前提とされる価値観や規則に由来する秩序に包摂される者も，その秩序から排除され忘却される者も等しく，少年期の発達課題に挑戦する機会と権利を奪われているのである。

　だが，この状況は絶望ではない。むしろこうした状況にこそ実践の鍵があり希望があると，この国の少なくない教師たちは考えてきた。この世界に包摂されている者も排除され忘却されている者も等しく発達可能性が否定されている存在であるならば，暗黙の前提とされる価値観や規則に適応できない子どもは，子どもや大人たちを傷つけ続けている既存の世界への異議申し立てを身体全体で表現している存在に他ならないからである。子どもたちのこうした異議申し立てに応答し，子どもたちを傷つけ排除する価値観や規則を改めて吟味し直しながら，それぞれの子どもたちの事情に応じた発達への挑戦を保障する新たな規則を創りだし，互いの存在を慈しむような価値観を構築する営みを子どもたちと共に積み重ねていく。こうした営みの積み重ねのなかで，この国の教師たちは学級づくりや生活指導の実践思想や思考形式を練り上げてきたのである。

　ここで改めて，学級づくりや生活指導に関する定義を確認しておこう。生活指導とは，「ひとりの人間的に生きてありたいという存在要求に応答して，その人が必要とし，要求している生活と生き方・在り方を共同してつくっていく

営み」であり（『生活指導事典』，3頁），「生活と生き方・在り方」の共同創造を追求する概念であるがゆえに，学校教育に留まらず，矯正教育や福祉，看護の世界においても大切にされてきた概念である。学級づくりは，こうした生活指導の一領域をなすものである。生活指導の定義に即して学級づくりの定義を試みるならば，それは，学級に所属する一人ひとりの子どもたちの「人間的に生きてありたい」という存在要求に応答し，一人ひとりの子どもたちが必要とし，要求している生活と生き方・在り方を子どもたち自身が教師とともに共同してつくっていく営みであると表現することができよう。ここで注目すべきは，生きるに値する社会として学級を創造していく営みに子どもたちと教師がともに参加していくことで，子どもたちも教師自身も人間として高まり合っていくという実践構想である。ここには，子どもたちを教育の対象として扱うのではなく，共に育ち合う生活者として向かい合うという人間観が現れてもいるのである。

2 いま，ここから始める学級づくり・生活指導の視点

（1）「もう一人の自分」を支え，自己内対話へと誘う

　時には他人を傷つけ，場合によっては自分さえも傷つけようとする振る舞いや，奇声を発したり他人から嫌悪される行動をくり返したりするような，容易には理解し難い振る舞いは，多くの者には唾棄すべき否定的な行為として受けとめられよう。それにもかかわらず，この国の少なくない教師たちは，そうした振る舞いは，子どもたちを傷つけ続けている既存の世界に対するその子どもたちなりの異議申し立ての表現であると捉えようとしてきた。こうした思想ないし子ども観を象徴する表現として，教師たちは「否定の中に肯定をみる」ことを教育実践の合言葉として大切にしてきたのである。

　「否定」的な行為のなかに見いだされる「肯定」は，子どもたちの「もう一人の自分」として発見される。「わたしも『わかった』『できた』という実感を味わいたい」「わたしにも『わかる』『できる』ように教えてほしい」と願う「もう一人の自分」は，往々にしてその願いとは真逆の行為とともに表現され

る。子どもたちのこうした真逆の行為を通して為される不器用な呼びかけを子どもたちからの無自覚な「試験」として，つまり，「こんな振る舞いをしていても，先生はわたしを見捨てず，わたしの願いの実現に向けて関わろうとしてくれるのか」という呼びかけであると受けとめ，この呼びかけに対する的確で適切な応答としての指導はいかなるものであるべきかを，この国の教師たちは吟味し続けてきたのである。

　とはいえ，日々の暮らしや学校生活のなかで子どもたちが傷つけられていればいるほど，「どうせ自分は……」と自分が思い描いたようには「わかる」「できる」ようにはならないと早々に決めつけ，自分の存在を自ら否定するかのような行動に子どもたちは走っていく。このとき，教師の側にこうした子どもたちを支える見通しを描くことができていない場合，子どもの苦悩の表出に巻き込まれ，振り回され続けることとなる。そうなると教師たちは，「医療に全てを任せるべき」「福祉や司法に任せるべき」という囁きに身を委ねるようになり，結果としてその子どもへの指導を諦めていくこととなる。

　しかしながら，この国の教師たちは自暴自棄になって暴れる子どもたちのなかにさえ，「わたしも幸せになりたい」という願いをもった「もう一人の自分」の兆しを見いだそうとしてきた。場合によっては，種々の配慮を積み重ねながら，「こんなわたしでも幸せになっていいの？」というつぶやきを引き出し，「もう一人の自分」の芽を生み出そうとすることさえ行ってきた。すなわち，「否定の中に肯定を生みだす」と言い得るような働きかけを積み重ねることを通して，子どもたちに「自分は生きるに値する存在である」ことを自覚させようとしてきたのである。

　その際，教師が拠り所としたのは，子どもたちを縦軸と横軸で分析することであった。ここでいう縦軸とは，子どもたちの生い立ちを見つめることであり，横軸はそのなかで創りだしている関係性の質を見つめることである。子ども本人や保護者はもちろん，養護教諭やかつての担任教師，学童保育の指導員，場合によっては就学前に関わっていた保育士たちから当該の子どもの生い立ちを聞き取り，そのときどきに子どもたちが築いていた関係性の質を分析しながら，その子どもの傷の深さに想いを馳せつつ，どのような発達課題を乗り越えるこ

とができないまま成長してきたのかを摑むことで，その子どもの「もう一人の自分」を見いだし，育むための働きかけの手がかりを得ようとしてきたのである。

（2）子ども集団の課題を分析することを通して，個人指導と集団指導を統一的に展開する

　子どもたちに「自分は生きるに値する存在である」ことを自覚させていく上で最も大きな障壁のひとつとなるのが，言うまでもなく，子どもたちの生きる世界に権力的かつ暴力的な関係の網の目が張り巡らされていることである。この関係を子どもたち自身が組み替え，生きるに値する世界を自分たちで創造していくことができるような知恵とちからと経験を子どもたちに保障することもまた，指導を構想していく上での重要な論点となる。この課題に取り組む際に，教師たちは「学級地図」ないしは「集団地図」と呼ばれる子どもたちの関係図を描きながら，子ども集団の内実を捉えようとしてきた。

　物語や映画の登場人物の相関図のような「学級地図」を描く過程で，「AとBはなかよし」「CとDは互いに近づいていってはトラブルを起こす」という子どもの関係の在り様はもちろん，「AとBを中心とした集団が，CとDを排除するように動いている」という子ども集団の在り様もまた，具体的な出来事とともに浮かび上がってくる。このとき，最も重要なことは「なぜ，AとBは『なかよし』なのか」「トラブルになることはわかっているであろうに，なぜCとDは互いに近づいていくのか」を問うことである。こうした問題意識に基づいて「学級地図」を描き，子どもたちの関係の在り様を見つめていくとき，日々の喧騒に追われたままでは気づくことができなかった事実に出会う可能性が開かれていく。たとえば，「AとBはなかよし」に見えていたが実は「Bは常にAの言いなりになっている」だけであり，「CもDも，学級のなかで関わることができるのはお互いしかいない」「CとDがそうした状態に陥っているのは，学級全体がAの顔色を伺っているからである」といった分析が生み出されていくのである。

　ここで教師たちは，再び「なぜ」と問う。「なぜ，Aにそれほどまでの権力

が集中しているのか」「Aもまた，何かに怯えているような表情を垣間見せるのはなぜなのか」と。このような「なぜ」を問い，種々の出来事を分析しながら，「Aは，地域のスポーツ少年団のなかで激しい競争に曝されている」ことを摑み，「Aの学級での振る舞いは，スポーツ少年団で経験している『支配と服従』の関係を支配する立場で再演することで，自分の存在価値を確かめようとしているのではないか」という仮説を生み出していく。この仮説は同時に，「こうした『支配と服従』の関係に積極的に包摂されていくことで，子どもたちの多くは少なくとも自分の身の安全だけは確保しようとしているのではないか」といった，子ども集団の在り様に関する仮説をも導き出していく。この仮説から浮かび上がってくるのは，CとDを「われわれ」とは異なる存在として周縁化することによって，「支配と服従」の関係に自ら包摂されようとする子どもたちの姿である。すなわち，CとDが排除される最も根本的な原因はCとDそれ自体にあるのではなく，自分の身の安全だけを確保するために「支配と服従」の関係の維持に手を貸している集団の弱さに由来するのである。

　こうした集団分析を行うことによって，CとDに対しこれ以上傷つけられることなく，「自分は生きるに値する存在である」ことを実感させていく指導と，当該の集団の中に生み出されている暴力性の変革とを統一的に追求していく指導を，この国の教師たちは構想しようとしてきたのである。それは周りの子どもたちにCやDの苦しみや悲しみに気づかせ，同様の感情が見て見ぬふりをしてきた自分のなかにもあることに気づかせることを通して，換言するならば「わたしのなかにあの子がいる」ことを発見させることを通して，新たな共同を創造しようとする指導である。個人指導と集団指導の統一的展開ともいうべきこうした指導構想は，CとDはもちろんのこと，AやBも救い，さらには無自覚に集団の暴力性を生み出している他の子どもたちをも救う指導構想なのである。

（3）最も抑圧されている子どもの発達課題と集団の発展課題とを媒介する実践課題を提起する

　子どもたちの生きる世界に権力的かつ暴力的な関係が張り巡らされ，当該の

46

子ども集団に暴力性が色濃く浸透していたとしても，その集団の構成員に均等に種々の暴力が行使されているわけではない。前項で例示したCやDのように，やはり誰かが第一の「生贄」として措定されていくこととなる。このとき，往々にして最初に「生贄」として選ばれる子どもは，本来であれば特定の時期に挑戦しておくべき発達課題に種々の事情で挑戦することが叶わず，結果としてその発達課題を十全に乗り越えることができていない子どもである。

　たとえば，幼児期に身体が弱くて友だちと遊ぶ経験が希薄であった子どもは，友だちと簡単なルールを確かめながら一緒に遊ぶことの喜びと難しさを実感しないまま，年齢を重ねている場合がある。あるいは家族との生活のなかで種々の不幸な出来事が重なった結果，基本的な生活習慣が身についていなかったり異臭を発したりする等の既存の価値観に適応しづらい子どもまた，同様の傾向をもっていよう。こうした子どもたちは，少年期や思春期における子ども同士の関わりにおいて支障をきたす場合が少なくなく，結果として子ども集団からの排除を経験してしまう場合も，残念ながら稀ではない。

　学級における子ども集団は，こうした種々の課題を抱えた子どもたちが同居している混沌の世界である。だが見方を変えるならば，そうした集団であるからこそ，同様の発達課題を抱えたままの子どもが複数存在している可能性があるとも言えよう。とは言え，種々の課題を抱えた子どもたちが同居している子ども集団は，一緒に遊ぶことを楽しみながら，場合によってはルールを微修正しながら継続的かつ発展的に遊んでいくことができない集団であることがほとんどであろう。子ども集団の権力性や暴力性が濃密であればあるほど，一緒に遊ぶことのできない子どもを蔑み，排除することを当然とする価値観に囚われてもいよう。

　こうした集団の状況に対して，別の観点から分析してみてはどうだろうか。すなわち，この集団は，既存のルールや価値観を吟味しつつ，「秘密基地」に象徴されるような子どもの世界を自分たちの知恵とちからで構築しながら友だちの世界を拡大していくといった，少年期の発達課題を乗り越えることができていないという分析である。この分析を踏まえるならば，授業や学級生活において「ごっこの世界」を取り入れたり，決まりをつくって「誰も傷つけられな

い世界」を維持し，管理したりしようとする指導方針を導き出しうる。この実践構想は，当該の集団において最も抑圧されている子どもに幼児期の課題を再挑戦させていくことと，当該の集団に対して幼児期から少年期への移行に挑戦させていくこととを同時に展開しようとするものとなろう。

　こうした子どもの発達課題と子ども集団の発展課題を媒介する実践課題への挑戦は，当然のことながら「誰も傷つけられない世界」において行われる。正確には，「誰も傷つけられない世界」を創りだしつつ，さらにその世界を刷新しながら実践課題への挑戦がなされるのである。ここで重要なことは，「誰も傷つけられない世界」の創造およびその維持と管理を，子どもたち自身の知恵とちからで行うことができるように指導していくことである。具体的には，「活動内容や活動方法，活動に当たっての決まり等々に関する原案を作成する」こと，「提案された原案を討議し，みんなで決めて，みんなで守る」こと，「『誰も傷つけられない世界』を創造し，維持し，管理していくためには，誰も守ることができないような事柄を決定してはならない」ことを子どもたちに実際に経験させながら教えていくのである。こうした一連の指導を，この国の教師たちは自治の指導と呼び，教育の重要な一側面として大切に考えてきたのである。

　こうした実践は，子どもの生存権と発達権を侵害する問題を見いだし，その克服へと誘おうとする教師の民主的な人格を鍛えずにはいられない。すなわち，「誰もが傷つけられない世界」という，いま在るものとは異なる「もうひとつ別の世界」を教師と子どもたちとが共同して創造していく過程のなかで，教師と子どもたちとがともにより成熟した民主主義の担い手として育ち合うことを，この国の教師たちは追求してきたのである。

3 生きるに値する世界を子どもと共に創りだす

（1）「対話・討論・討議」を楽しむ文化をつくりだし，耕す

　「誰も傷つけられない世界」を「自分たちが生きるに値する世界」として創造し，その維持と管理を子どもたち自身の知恵とちからで行うことができるよ

うに指導していくに当たって、「対話・討論・討議」の作法の在り様が重要な論点となる。すなわち、「話し合いながら決めていく」過程そのものを、たとえ多くの時間を要したり途中で険悪な雰囲気になったりしたとしても楽しいものであることを実感させていくように指導していくことが、肝要となるのである。

　「話し合いながら決めていく」という営みは、教師が用意した「答え」を無批判に子どもたちに選び取らせていく営みではない。そうではなくて、「話し合いながら決めていく」営みは、その集団の構成員たちが自分たちの「夢」を実現したり、自分たちが自由になっていったりする活動なのである。では、何をこそ話し合い、決めていくのか。そのひとつは、学級における管理・経営過程への参加の在り方とその方法についてであり、その参加の内実に関する総括についてである。たとえば、掃除や片づけ、備品の管理はもちろん、下足箱やロッカーの位置、給食の配膳の仕方、係活動や学級内クラブの新設や改廃等々に至るまで、それらを吟味し、決定し、総括する作法をこの国の教師たちは指導してきた。この指導のもとで子どもたちは自分たちの願いを実現すべく、時には妥協しながらもその実現に向けて知恵を絞り、行動してきたのである。自分たちの願いは実現する可能性に開かれており、その実現は自分たちの話し合いの成否如何に関わっていることを知ってしまった子どもたちのなかで、対話し、討論し討議することを厭う者などいるであろうか。

　「話し合いながら決めていく」営みのもうひとつは、学級における遊びと文化の創造過程への参加の在り方とその方法についてであり、その参加の内実に関する総括についてである。この場合の話し合いには、「作戦会議」や「ミーティング」と名づけた方がより適切な場合も含まれていようが、いずれにせよ大切なことは、状況に合わせてルール等の改廃を論議しながら活動の質を高めていくことで、参加の意思を表明している子どもたちがその活動のなかにしっかりと没入していけるような取り組みをしていくことである。さらにこのことを通して、不参加を貫いていた子どもたちのなかに参加の意思を芽生えさせながら、子どもたちが創りだす世界に巻き込んでいけるような活動を創造していくことである。こうした活動が魅力的であればあるほど、また子どもたちにと

ってその活動がどうしてもやりたいものになればなるほど，その活動に参加している子どもたちは互いにやさしく，寛容にさえなっていくことをこの国の教師たちは知っていよう。

　「対話・討論・討議」を通して生み出される子どもたちの世界が子どもたちにとって楽しく，手応えのあるものになればなるほど，たとえば放課後の遊び集団が形成されたり，その遊び集団を見守る保護者たちのあいだに保護者同士のサークルが立ち上がったりするような実践もまた生み出されてきた（京都府生活指導研究協議会編 2013：32-41；村瀬・湯浅 2010：67-80）。学校を共通の土台としながら，そこから種々の世界が広がっていく経験を保障することを通して，子どもたちだけではなく大人たちもまた，今とは異なるもう一つ別の世界を創造する主体者として育ち合っていくのである。

（2）「揺れ」を見通しながら，指導を構想する

　本章で言及してきたような実践が功を奏し，子どもたちが積み残してしまっていた発達課題への再挑戦を促して，子どもたちの笑顔を引き出すことに成功した実践の手応えをこの国の教師たちは数多く経験してきたはずである。だが他方で，その笑顔は長くは続かず，あまつさえかつて以上に激しく揺れる子どもの姿を招来してしまった実践の経験も同じくらいあるはずである。

　このことに関わって精神科医であるサリヴァンは，「人間が一つの発達段階の敷居をまたぐ時には，それ以前に過ぎ去ったことすべてが，影響を受けやすい状態」になり，なおかつ「一つの発達段階の開始期は，その人がそれまでにこうむったものに由来する，人格の脆弱箇所をかなり傷めつけることがある」と指摘した（サリヴァン 1990：256-257）。すなわち，苦しみや悲しみを抱えている子どもの発達を的確に促せば促すほど，子どもたちは自らの人格に刻み込まれた「脆弱箇所」の痛みに耐えかねて問題行動を頻発させることがありうると，サリヴァンは指摘するのである。このとき，子どもたちの問題行動の意味を取り違えて「ココマデハイリョシテヤッテルノニ，ナンダアイツハ！」と教師自身がその子どもへの教育を諦め，切り捨ててしまえば，こうした子どもたちは自分を前向きにさせてくれた初めてかもしれない大人に裏切られるという，決

定的な傷を受けることにもなろう。

　こうした「揺れ」を見通しながら指導を構想し展開していく際に，その「揺れ」が子ども集団に与える影響を考慮に入れておくこともまた，重要な視点となる。なぜならば，狭量な個人主義や排除の思想をもつ子どもたちにとってその「揺れ」はほとんどの場合「迷惑をかける」行為となり，「揺れ」てしまった子どもたちを攻撃し，排除する口実を与えることになるからである。

　とはいえ，こうした事態を恐れるがあまりに「揺れ」が生じないように先手を打ち，子どもたちを荒れさせないようにする実践は，大きな間違いを犯すことになる。確かに，先手を打って配慮する実践は，苦しみや悲しみを抱える子どもたちからは「受けとめてもらえている」という実感に基づいて支持され，狭量な個人主義や排除の思想をもつ子どもたちからは，「自分たちの安全を当面のところ確保してくれている」という理由から支持されることとなろう。また一見穏やかな状態を生み出すがゆえに，教師集団からも高い評価を得ることさえあるかもしれない。だが，その働きかけは「迷惑をかけないならそこにいてもよい」「迷惑をかけられたら排除する」という構造そのものを変革するどころか，その構造を温存しさえするものであるがゆえに，実際のところは子どもたちの自立を疎外する実践に成り下がっている可能性すらあるのである。

　そうであるからこそ，「揺れ」を「揺れ」として受けとめ，子どもたちが安心して葛藤することができるような実践を展開していくことが，今日においてさらに重要な課題となっているのである。

（3）社会的実践主体として育ち合う方へ

　狭量な個人主義や排除の思想がわたしたちの世界を覆うようになって久しい。「いじめの撲滅」を謳いながら，いじめの構造を温存させたままで子どもたちを脅かす学校が少なくないことも否定できない。それゆえにこそ，本書の読者のなかには，自治の経験もなければ，自分の苦しみや悲しみに気づいてもらったことなども皆無であり，だからこそ苦しみや悲しみの只中にいる子どもたちの側に立って教育の営みを展開することなど不可能だと考えずにはいられない方も少なからずおられよう。

だが，安心していただきたい。

　教師という仕事が今なお魅力的でありうるのは，授業を，教室を，学校を変えようと働きかけ，子どもたちの笑顔を引き出すことに挑戦し続けることが，子どもたちと共に自身が積み残した発達課題への再挑戦をさえ可能とし，自分自身を成長させ続けていく可能性をひらくからである。自らの可能性に気づくことほど，自らを励ますものはなかろう。「働きかけるものが働きかえされる」という論理に貫かれた教育という営みは，教師という仕事を追求しようとすればするほど，教師自身を励ますのである。しかもこの営みは，わたしたちもまだ見ぬ，誰も傷つけられることのない，生きるに値する社会の形成につながっているのである。

　子どもたちと共に，生きるに値する社会を形成する冒険に旅立とう。そんなあなたを，子どもたちは待っている。

学習課題

（1）子どもたちが自らの生い立ちを語りたくなるほどの信頼を教師に寄せるようになる過程において，教師が大切にすべきことは何か，複数の視点を出しながら考えてみよう。

（2）仲間の「揺れ」を支え，「もう一人の自分」を選び取ることを励ますような子ども集団を育てていく上で大切なことは何か，複数の視点を出しながら考えてみよう。

引用・参考文献

京都府生活指導研究協議会編（2013）『「Kの世界」を生きる』クリエイツかもがわ。

H・S・サリヴァン著，中井久夫訳（1990）『精神医学は対人関係論である』みすず書房。

篠崎純子・村瀬ゆい（2009）『ねぇ，聞かせて！　パニックのわけを』高文研。

全生研常任委員会編（1971）『学級集団づくり入門　第二版』明治図書。

全生研常任委員会編（1990）『新版 学級集団づくり入門〈小学校〉』明治図書。

全生研常任委員会編（1991）『新版 学級集団づくり入門〈中学校〉』明治図書。

竹内常一他（2012）『教育と福祉の出会うところ——子ども・若者としあわせをひらく』山吹書店。

日本生活指導学会編著（2010）『生活指導事典——生活指導・対人援助に関わる人のために』エイデル研究所

ジュディス・L・ハーマン著，中井久夫訳（1999）『心的外傷と回復　増補版』みすず書房。

船越勝他（2002）『共同グループを育てる——今こそ，集団づくり』クリエイツかもがわ。

村瀬ゆい・湯浅恭正「学校における子どもの生活現実と教育方法学」（2010）日本教育方法学会編『教育方法39　子どもの生活現実にとりくむ教育方法』図書文化，67-80。

山本敏郎他著（2014）『新しい時代の生活指導』有斐閣。

湯浅恭正編著（2008）『困っている子と集団づくり——発達障害と特別支援教育』クリエイツかもがわ。

湯浅恭正他編著（2018）『インクルーシブ授業の国際比較研究』福村出版。

（福田敦志）

第4章

幼児期と学童期の学びとケア

　この章では，幼児期と学童期に共通して重要となる，ケアと一体としての学びについて学習する。ケアという言葉には，子どもの世話という意味だけでなく，まるごとの他者を受け止め，他者の呼びかけに応答するという意味が込められている。教師が子どもをケアするとき，子どもに対して心をくだくこと，子どもの呼びかけに応答すること，子どものまるごとの姿を見つめることが重要となる。教師から子どもへのケアは，日常的な子どもとの関わりだけでなく，教科の学びにおいても求められる。子ども自身も，活動の中で他者に心をくだき，その呼びかけに応答することで，誰かをケアすることがある。ケアは簡単に実現されるものではない。だからこそ教師は，子どもたちと意識的にケアを含み得る活動をつくっていくとともに，同僚や保護者と共に学びを深めながら子どもへのケアに踏みだしていく必要がある。

1　幼児期と学童期の教育の共通性

（1）幼児期の教育をめぐる問題

　幼児期の教育と聞いて，あなたは何をイメージするだろうか。幼児期とは，1歳から小学校入学までの子どもを指す（児童福祉法第4条）。「これくらいの年齢の子どもは自由にさせるのが一番だから放っておいたらよい」という，いわゆる「放任」が頭に浮かぶかもしれない。逆に，幼い頃から英語やピアノの教室に通わせたり，小学校入学前から文字の読み書きや計算を教え込んだりする，いわゆる「早期教育」を思い浮かべる人もいるかもしれない。

　そのどちらも，幼児期の教育としては適切ではないと考えられる。放任は，子どもが失敗をしても手を貸さないなど，子どもに自己責任を負わせるという側面をもっている。また，放任の名のもと衣食住に関する世話を放棄する，実

質的にはネグレクトと言える事態に陥ることもある。一方早期教育は，子ども
に無理を強いてストレスを与えるものである。保護者が「教育熱心」なあまり，
子どもに対して身体的，精神的な虐待につながる言動をとる事例もある。

　こうした問題の原因は，決して保護者だけには求められない。たとえばある
家庭では，子どもたちが満足な食事も得られないまま深夜まで保護者のいない
家で過ごしている。その背景には，保護者が早朝から深夜まで仕事を掛け持ち
して働いているという事情がある。貧困や多忙が原因で保護者が心身ともに余
裕を失い，子どもたちは放任されているケースである。またある家庭では，幼
い子どもが毎日何時間も机に向かってドリルを解いている。その隣で保護者は
「あなたのため」と必死に訴えている。過酷な競争社会で「生き残る」ため，
親子共々追い詰められてしまうケースである。

　幼児期の教育は，このようにさまざまな状況に置かれているすべての子ども
たちにとって，その発達を守り支えるものでなくてはならない。しかし，現代
の「幼児教育」「保育」の方向性はどうであろうか。幼児期の教育に言及する
公的な文書としては，幼稚園における「幼児教育」の基準である「幼稚園教育
要領」，保育所における「保育」を規定する「保育所保育指針」，幼稚園と保育
所の機能を併せ持つ幼保連携型認定こども園について定める「幼保連携型認定
こども園教育・保育要領」が挙げられる。これらは2018年に同時に改訂され，
その中に「育みたい資質・能力」や「幼児期の終わりまでに育ってほしい姿」
（いわゆる「10の姿」）が示された。「育みたい資質・能力」は，「幼児教育」や
「保育」を小学校以降の教育の準備段階として位置づける意味をもっている。
また，「10の姿」は「到達すべき目標ではないことや，個別に取り出されて指
導されるものではないことに十分留意する必要がある」（平成30年幼稚園教育要
領解説）とされてはいるものの，「10の姿」という視点が持ち込まれることに
よって子どもを「できる・できない」という目で捉える「幼児教育」「保育」
が広まる危険性が指摘されるであろう。

（2）幼児期の教育方法の特徴

　それでは，幼児期の教育で大切にされるべきこととは何なのであろうか。幼

児期の教育方法の特徴を確認することを通して考えてみたい。

　一つ目の特徴は、「子どもから出発する」ということである。これは、子どもに対する理解を大切にしながら、子どもが主体的に活動できるような教育を行うということである。幼児期の教育にとって、子ども理解は日々の営みの土台であり、また長期的な教育の礎でもある。ここでの子ども理解とは、目に見える子どもの姿や言動だけではなく、そのもとにある子どもの思いや願い、子どもの背負っている生活も含めて、子どもを捉えることである。幼児期の教育では、こうした深い子ども理解に根差しながら、子ども自身が期待や目的をもって関わっていける環境を準備することが重要である。

　幼児期の教育方法の二つ目の特徴は、「環境を通して行う」ことである。子どもに保育者の意図を直接伝えるのではなく、子どもが思わず関わりたくなる環境を用意し、その関わりを通して保育者の願いが子どもに伝わることを目指すのである。ただし、幼児期の教育は子どもから出発することが大原則である。保育者の意図を実現するために子どもをコントロールするのではなく、子どもに対する深い理解に根差した保育者の願いと、子どもの主体性が交差する点に、環境を通して迫る必要がある。

　この環境には、子どもが登園してから帰るまでの全ての場面が含まれる。天気や地域行事なども保育の環境の一つである。なかでも、遊びは子どもにとって重要な場面の一つである。子どもたちは遊びの中で試行錯誤をし、新しい発見をし、心を動かしている。さらに、子どもにとっての環境には、保育室や園庭、動植物や玩具などの物的環境だけではなく、友だちや保育者などの人的環境も含まれる。友だちと一緒に楽しんだり、共感したり衝突したりするなかで、子どもたちは世界を広げるのである。

　三つ目の特徴は、「養護（ケア）と一体的に営む」ということである。「保育所保育指針」によると、「保育における養護とは、子どもの生命の保持及び情緒の安定を図るために保育士等が行う援助や関わりであり、保育所における保育は、養護及び教育を一体的に行うことをその特性とするものである」と説明されている。

（3）学童期の教育との共通性

　幼児期の教育方法に見られる3つの特徴は，小学校以降の教育でも大切にされている。子どもから出発すること，環境を通して行うこと，ケアと一体的に営むことは，幼児期の教育だけではなく，学童期の教育においても重要なことである。

　学校の授業における学びとは教科書に書かれている内容を頭に詰め込むことだと思っている人は少なくない。しかしながら，実際には歴史上多くの教師たちが，子どもたちが主体的に学ぶことのできる教材や授業の展開を追求してきた。教師は，所定の内容を子どもに教え込むのではなく，子ども自身が教科の内容に対して「何故だろう」「知りたい」と思い，自ら考えたり調べたりできるように力を尽くすのである。

　そのためには，子どもたちに対する深い理解が必要である。今自分の目の前にいる子どもたちは，何に興味をもつだろうか，何に夢中になるだろうかと考えること無しに，子どもが主体的に取り組む授業は成し得ないからである。

　また，こうした授業に際して，教師は子どもたちの疑問や興味を引き起こす仕掛けを教室の中や子どもたちの生活の中に準備することがある。すなわち，環境を通して教育を行うのである。さらに授業以外にも，班や係の活動の中で，あるいは特別活動や休憩時間の中で，子どもたちは友だちと一緒に遊んだり，文化活動に取り組んだりしながら，さまざまなことを学んでいく。

　ケアもまた，小学校以降の教育において大切にされている。特に2000年以降，学童期の教育でケアという言葉が注目されるようになった。また，ケアは古くから学童期の子どもに対する教育実践に見られてきたと言われている。

　ケアという言葉は，幼い子どものお世話をすること等を連想させる。しかし，小学校以降の教育でもケアが大切にされているということは，ケアという言葉はそれ以上の意味をもつようである。では，ケアと一体的な教育とはどのようなものなのであろうか。そもそも，ケアとはいったい何なのであろうか。

（1）ニーズへの応答としてのケア

　ケア（care）は，英語圏においては日常的に使われている言葉である。その意味には，世話・介護・保護・管理・監督・維持・育児・注意・用心・配慮・努力・心配・気苦労・気がかり・不安・懸念・悲しみ・心配事・苦労の種・関心事・注意すべきことや人・責任をもつことや人といったものがある。動詞としては，気づかう・心配する・関心がある等の意味がある。

　その中でも，育児や介護を含む「世話」としてのケアは，馴染みのある使い方である。このケアは，相手のニーズに対する応答を意味している。社会学者の上野千鶴子は，ケアを「依存的な存在である成人または子どもの身体的かつ情緒的な要求を，それが担われ，遂行される規範的・経済的・社会的枠組のもとにおいて，満たすことに関わる行為と関係」と定義した。上野はケアについて，これを担う者の意志や行為にのみ左右されるのではなく，ケアを求める者のニーズの表明によって規定され得る，相互作用の場であると主張している（上野 2011：39-40）。いくらケアを担う側が「あなたのため」と思っていたとしても，相手のニーズを無視した「世話」は，ケアとは言えないのである。

　このニーズには，「他者に○○をしてほしい」というものだけではなく，「自分で○○をしたい／できるようになりたい」というニーズも含まれる。こうしたさまざまなニーズに応答することによって，教師や保育者は子どもの発達を支えている。

　たとえば乳幼児の着替えに関する世話には，着替えの準備から衣服の着脱まで全て大人が行う段階から，子どもが自ら着たい服を選び，自ら着ているものを脱ぎ，自ら新しい服を着るという段階まで，数えきれないほどのステップがある。しかもこのステップは，行きつ戻りつする。子どもの服を脱がせようとすると「ジブンデ！」と怒り出す時もあれば，「着てごらん」と促すと「イヤ！ヤッテ！」と言う時もある。また，服を着せるという世話にも，全て大人がやってあげるだけではなく，いろいろな関わり方がある。子ども自身が「ジ

ブンデ！」と挑戦する時に，Tシャツの首元に頭が引っかかればさりげなく裾を引っぱり，トレーナーの中で手が迷子になれば袖口を広げて誘導する。このような，細やかで個別具体的で臨機応変な対応は，ケアにとって日常的なことである。

（2）心をくだくこととしてのケア

　では，相手に直接的に何も手を貸していない状態では，ケアと言えないのであろうか。先程の例で言えば，「ジブンデ！」と着替えに挑戦したものの上手くいかずに泣き出してしまった子どもに対して，手伝わずに傍で見守ることはケアではないのであろうか。あるいは，真冬にお気に入りの半袖シャツを着たがって風邪をひくことにならないよう，予め季節に合わない衣類は棚の奥に片付けておくといった間接的な世話は，ケアと言えないのであろうか。

　この疑問に対する答えは，ケアという言葉の語源をたどれば得ることができる。ケアは，主としてゲルマン語系，補足的にラテン語系の，2つのルーツをもつと言われている。ゲルマン語系の系譜において，ケアの語源は，叫ぶ・悲しみ叫ぶという意味をもつ語にまで遡ることができる。これが，心配・悲しみを表すものへと発展し，さらに気がかり・不安という意味をもつようになった。一方，ラテン語系の系譜においては，注意・気遣いという意味をもつ言葉が英語に持ち込まれた後，治療という意味で用いられるようになり，注意・用心・世話・保護という意味をもつようになった。その後，ゲルマン語系とラテン語系の2つの語が合わさり，さらにここから治療を意味する現代英語 cure が分離することで，世話・注意・心配の意味をもつ現代英語 care が成立した（江藤 2007：2-3）。

　こうしたケアという語の成立過程から，この言葉の根本には，他者に気持ちを向け，その思いに共鳴するという意味があると考えられている。つまり，直接的に手を貸しているか否かにかかわらず，他者に対して心をくだいていれば，それはケアと言えるのである。

（3）倫理としてのケア

　ここまで述べてきたケアは，ケアする側の人がニーズへの応答や心をくだく
ことを拒否すれば成立しない恐れがある。たとえば育児や介護，看護等の関係
において，ケアされる側は相手よりも肉体的に弱く，自身の命を守るためにこ
の関係から退出できないことが多い。それに対して，誤解を恐れずに言えば，
ケアする側は相手を見捨てることも，相手を支配することもできる。こうした
非対称的な関係の中で，ケアを担う者はいかに相手を傷つけずに振る舞うのか
を模索してきた。そこで注目されたのが，「ケアの倫理」である。

　これは，他者との関係の中で他者に対する責任を引き受けることを何よりも
重視する倫理であり，キャロル・ギリガン（Carol Gilligan）によって「ケアの
倫理」と名づけられた。当時，人間の道徳性は「正義の倫理」に基づく思考や
行動によって判断されており，他者のことを考えて迷ったり悩んだりする人は，
合理的に葛藤を解決する人より道徳的に劣ると考えられていた。これに対して
ギリガンは異を唱え，「ケアの倫理」に基づく道徳的思考や行動も有り得るの
だということを主張した。

　正義の倫理は，権利の倫理とも表現される。この倫理に基づく時，人と人の
間に生じる葛藤は，個人と個人の権利の競合とみなされ，その競合の解決に取
り組む際には，自己と他者の主張を均衡させて，それぞれを尊重すること，す
なわち個人間の公平が目指される。その前提にあるのは，すべての人間は同じ
ようにとりあつかわれるべきであるという個人の平等である。一方，責任の倫
理とも表現されるケアの倫理は，何人も傷つけられるべきではないという非暴
力を前提とする。この倫理に基づいて行動する時，相手に対する責任を引き受
け，要求は各自異なるものであるという公正の認識を根拠に，愛着と共感と心
くばりによって葛藤の解決が目指される（ギリガン　1986：290，305）。

　こうしたケアの倫理は，乳幼児に関わる保育者にとって不可欠であることは
もちろんのこと，学童期の子どもと関わる教師にとっても必要なものであろう。
子どもたちはそれぞれに違った生活を背負い，一人ひとり多様な願いや思いを
抱えている。そのような子どもたちに対する責任を引き受け，心をくだくこと
は，重要な教師の役割である。

　しかしながら，私たちはいつでもケアの倫理に従って生きられるわけではない。ケアの場面にはしばしば他者のニーズと自己のニーズの葛藤が生じるため，ケアすることは時に苦しいことである。特に教師や保育者が心身ともに余裕を失っている時には，子どものニーズに応えられないこともある。子どもへの暴力はどのような理由であれ許されることではないが，それでも泣き叫ぶ子どもや，暴れまわる子どもに対して，思わず声を荒げたり，時には手をあげたりしてしまうことは，誰にとっても起こり得ることなのである。

（4）呼びかけに対する応答としてのケア

　私たちが苦しみながらもケアを引き受けることができるのは，ケアが本質的に「呼びかけ」に対する「応答」であるからだと考えられる。泣き叫ぶ，暴れまわるという子どもの行動に言葉にならない思いや願いを聴き取るとき，私たちはその呼びかけに応答する。深夜に泣き声をあげる乳児に対して，眠気を堪えて応えられるのは，その泣き声を騒音としてではなく，「お腹がすいたよ」等の思いの表出として捉えるからであろう。友だちを叩いた子どもに対して，その叩くという行為に「仲間に入れて」という願いが込められていることを知れば，教師は頭ごなしに叱りつけるのではなく，「どうして叩いたの」「何か伝えたいことがあるの」と声をかけることができる。

　このように，ケアを呼びかけに対する応答と意味づける根拠は，教育哲学者ネル・ノディングズ（Nel Noddings）のケア論に示されている。彼女は親と子ども，教師と子どもの関係に焦点を当てて思索を深め，ケアリングとは，ケアを担う者が，ケアされる者に「専心没頭」（engrossment）することで自己内に他者を受け容れること，さらに「動機の転移」（motivational displacement）によってその人のニーズを感知し，それを満たすことを動機として行為することであると述べた（ノディングズ 1997：13-14,46-54）。

　ケアをこのように捉えるノディングズの理論には，宗教哲学者マルティン・ブーバー（Martin Buber）の「我と汝」の思想が影響を与えている。「我と汝」とは，人間は「汝」（あなた）との関係において，その呼びかけを聴き取り，これに応答することによって，「我」（わたし）となるという思想である。ここ

での呼びかけは，他者に対して音声を発することだけではなく，言葉にならない思いや願いを身体的に発することも含んでいる（ブーバー 1978：6-7, 17-18）。

この「我と汝」の関係において人間は「全的存在」であって，「諸特性の束」ではない（ブーバー 1978：13-14）。言い換えれば，「〇〇な性格」や「〇〇という障がい」をもっている人として他者を捉えている限り，「我と汝」に根差すケアは実現されない。まるごとの他者との関係において，初めて呼びかけに対する応答としてのケアが可能となるのである。

（5）人間の全体性を大切にするものとしてのケア

ケアを，まるごとの他者と向き合うこととする思想は，ケア論の原点にも見出すことができる。先述した通り，ケアとは英語圏で日常的に使われている言葉である。これが学問的概念となった背景には，一人の医師の主張があった。科学技術の進歩に伴い患者を科学的原理適用の対象とみなす医学が主流となりつつある状況において，彼は患者との親密な関係においてケアすることの重要性を指摘したのである（Peabody 1927：877-882）。

哲学者ミルトン・メイヤロフ（Milton Mayeroff）もまた，まるごとの他者に対峙するものとしてのケアを提起した。彼は，「一人の人格をケアするとは，最も深い意味で，その人が成長すること，自己実現することをたすけること」であると表現した。ここにおける成長とは，知識や技術を増やすことではなく，人格の再創造を意味している（メイヤロフ 1987：13, 29）。

またメイヤロフは，人間がケアを通して生の真の意味を生きることを指摘している。生の真の意味を生きるとは，自分のもつ才能を最大限に発揮することで自信と安心を得ることである。それと同時に，自分の力ではどうすることもできない多くの要因に気付き感謝することで，自分を競争の中に置くことや，自分を市場における商品として対象化することから解放され，あらゆるものの源泉である自然の一部としての自分自身を発見するということである（メイヤロフ 1987：15, 70, 169-170, 175, 177）。

人間を捉えるとき，特性や疾患に焦点を当てたり，知識や技術の量に注目したりしている限り，他者を本当の意味でケアすることはできない。ケアする者

がまるごとの他者に真正面から向き合う時，他者は癒され，成長することができる。また，まるごとの他者との関係において，ケアする側としての人間も，かけがえのない私として存在することを知るのである。

3　ケアと一体としての教育・学び

（1）教師から子どもへのケア

　ケアと一体としての教育について，ここまで学んできたことを踏まえて整理すると，教師から子どもへのケアとは，①子どもに対する責任を引き受け，心をくだくこと，②子どもの呼びかけに応答すること，③まるごとの子どもと向き合うことであるということができるであろう。

　教師と子どもの関係において，教師は否が応でも力の強い側に立つことになる。教師は，たとえ体力等で子どもより弱い点があったとしても，成績をつけたり，教室における子どもの居心地の良さを左右し得る影響力をもっていたりする。また，「教師」という立場でありながら，子どもたちの成長や安全に対して関心を失い，自分に都合の良いように子どもをコントロールしながら，形式的に日々をこなすことも不可能ではない。こうした非対称的な関係にありながらも，暴力的あるいは支配的な言動，態度を退け，子どもに対する責任を引き受け，心をくだくことが，ケアと一体としての教育の一つの側面であると言えるであろう。

　子どもの呼びかけに応答することもまた，ケアと一体としての教育の重要な特徴である。教育現場では，子どもの「荒れ」や「問題行動」にいかに向き合うかが考えられる中で，こうした言動の根底にある子どもの思いや願いを捉えることの必要性が明らかにされてきた。暴れたり暴言を吐いたりする子どもがいたとしても，抑圧したり排除したりするのではなく，その子どもの言葉にならない思い，すなわち呼びかけを捉え，それに応答しようとするのである。

　一方で，普段どれだけ子どもに心をくだいている教師であっても，時には子どもに対して，頭ごなしに叱りつけたり，無視をするような態度をとったりしてしまうことはあるであろう。こうした教師の言動の背後には，「一人前の先

生だと思われたい」という欲求や，多忙な日々に疲れ果てて「できるだけ平穏に過ごしたい」と思う切実な情況があるかもしれない。こうした教師の言葉にならない思いや願いに，誰がどのように応えるのかという問題も，考えていかなければならない。たとえば職場で，あるいは保護者と関わる中で，悩みや苦しみを打ち明けたり，教育や保育をめぐる情勢について語り合ったりすることは，教師にとって「ケアする者」としての自分を励ますことにつながり得る。また，子どもの優しさや頑張りに触れ，その子どもをケアしてきた教師自身がケアされることもあるであろう。こうして教師自身もケアされながら，子どもへのケアに踏み出すのである。

　教師が子どもへのケアを引き受け，子どもの呼びかけに応答するためには，まるごとの子どもを見つめる必要がある。これは，ケアと一体としての教育の最も本質的な点であろう。たとえば，友だちに暴力をふるう子どもに対して「この子は乱暴な性格なのだ」と考えたり，「家庭が落ち着かないからに違いない」と決めつけたりすることや，子どもの発達を捉える際に「○○ができる／できない」「○○な性質／特性をもっている」と観察し分析することは，子どもの姿を断片化することにつながる。また，教師の言うことをよく聞く子どもに教師的な役割を肩代わりさせること等は，子どもを一面的に捉え，教師にとって都合の良い側面を利用することだと言えるであろう。これらは，まるごとの子どもを見つめることとは相容れない。目の前にいるその子どもと向き合う姿勢が，子どもの呼びかけを捉え，それに応答することにつながるのである。

（2）教科の学びとケア

　こうした教師の姿勢が，子どもとの日常的な関わりにおいて必要であることは，言うまでもない。一般的に「生活の場」とされている保育所だけでなく，「教育」を担う場所と認識されている幼稚園や学校もまた，子どもたちにとっては大切な生活の一部である。みんなが毎日を安心して過ごせるよう，教師は子どもたちが登園・登校してきてから，休憩時間も，給食の時間も，課外活動の時間も，子どもたちに心をくだき，その願いや思いに応答し，目の前の子どもたちに向き合っている。

　日常的な関わりの場面に加えて，子どもへのケアは，教科の学びにおいても重要なものである。

　Oくんは，低学年の時に頭の手術を受けて以来勉強に対して消極的な姿勢を取り続けており，両親や教師もそれを容認していた。しかし5年生のある日，宿題を免除されているOくんに対して，クラスのNくんが「いいよな」と言い放った。担任教師はNくんのその言葉に，Oくんに対する批判だけでなく，彼だけを特別扱いする教師への不満を見て取った。さらに，うつむくOくんの姿から，彼自身ずっと後ろめたさを感じてきたこと，本当は自分もできるようになりたいと願っていることを感受した。「本当はさ，勉強したいんだよね。でも，よくわからないからやらないんでしょ…」という担任の言葉にOくんは大粒の涙を流し，クラスのみんなとは違う宿題をやってみないかという提案に大きくうなずいた。それ以来，Oくんは苦手な算数にも積極的に取り組むようになり，さらに算数学習を始めて以来，自分の生活や気持ちを見つめて書き綴るようになったという（渡辺 2016：27-32）。

　教師は，「頭の手術をしたOくん」「学習意欲のないOくん」という断片的な見方を脱し，目の前でうつむくOくんの姿から彼の本当の願いを捉え，その願いに応えるべく言葉をかけた。これをきっかけに，Oくんは自らの願いを原動力として教科の学習に挑戦し，そのことを通して成長していったのである。

（3）子どもと仲間の相互応答としてのケア

　ケアと一体としての学びは，教師と子どもの関係だけではなく，子どもと子どもの関係においても実現される。

　乱暴な言動をとってしまう等なかなか落ち着いて学校生活を送れない小学2年生のMくんは，ある日帰りの会で，嫌なことをしないでほしいとクラスの子どもに訴えられてしまう。それに続いて，他の子どもたちも口々にMくんを批判しはじめ，Mくんは顔を歪めてそれを聞いていた。すると，Hくんという一人の子どもが突然，Mくんは，本当は一緒に遊びたくて嫌がることをしてしまうのではないかと言った。Mくんはコクリとうなずき，その後乱暴な言動をとることが少なくなったという（渡辺 2016：48）。Hくんは，Mくんの言葉にな

らない願いを聴き取ったのである。

　小学生以上の子どもだけでなく，幼い子どもであっても，他者をケアすることはできる。

　ある保育園の1歳児クラスで，雑草を芋のつるに見立てた芋掘りごっこが流行っていた。公園や道端で雑草を見つけ，時には友だちに「助ケテ〜」と声をかけながら，雑草を抜いて遊ぶのである。ある日，Kくんは大きな草を見つけていつものように抜こうとした。しかし，根が深いのかなかなか抜けない。給食の時間が迫り，保育者に帰ろうと声をかけられると，Kくんは悔しくて涙を流してしまった。その時，一緒に散歩に来ていた子どもたちはKくんのそばに寄り，しゃがみ込んで，じっとKくんの顔を見つめたという。しばらくして保育者がKくんに代わって思いを伝えると，子どもたちは草に手を添え力いっぱいに抜こうとした。Kくんはこうした友だちの様子を見て，涙をぬぐい，一緒に雑草を引き始めた（大通 2017：21-23）。

　この場面には，Kくんという他者の思いに心を寄せ，その呼びかけを聴き取り，応答しようとする子どもたちの姿が表れている。またKくんは，その応答する姿に「悔しい気持ち，わかるよ」「一緒にがんばろう」という友だちからの呼びかけを聴き取り，涙を拭いて立ち上がるという姿勢で応答している。呼びかけあい応答しあう関係の中で，子どもたちは一歩一歩成長していくのである。

（4）ケアと一体としての学びを実現するために

　このように，子どもたちにとってケアは特別なことではない。友だちに心をくだくこと，その願いを聴き取り，行動や言葉を返すこと，まるごとの友だちと関わることは，子どもたちにとって自然な営みである。ただし，自然なことだからといって，当たり前のようにできるようになるとは限らない。教師は，子どもたちに「友だちを思いやりましょう」と説くのではなく，お互いに心をくだき，願いを聴き取り，まるごとの存在を認め合えるような関係を，子どもたちの間に構築するという視点をもつ必要がある。そのために，思わず友だちに心が向くような活動を子どもと共につくっていきたい。ケアを含み得る活動

を通して，子どもたちは互いにつながりあいながら，さまざまなことを学んでいくのである。

　教師から子どもへのケアもまた，簡単に達成されるものではない。教師のケアとは，子どもに対する責任を引き受けて心をくだくこと，子どもの願いや思いに応答すること，「特性」や「能力」では語ることのできないまるごとの子どもと向き合うことであった。教師の置かれた状況によっては，こうしたケアに困難が伴うこともあるであろう。また，とりわけ子どもの言葉にならない思いや願いについては，それを他者である教師が正確に理解できるわけではない。それでもなお教師は，同僚や保護者とのつながりの中で自身も思いや願いを聴き合い，語り合いながら，ケアに踏み出そうとする。こうして深い学びに支えられ，教師がケアを引き受けようとするとき，子どもたちの学びもいっそう豊かになるのではないだろうか。

学習課題

（1）ケアが描かれている保育・教育実践記録を探し，どの場面にケアが表れているか分析して，実践を紹介しあおう。

（2）ケアを含み得る活動として，どのようなものを子どもたちに提案するか，小学１年生の先生になったつもりで考えて発表しあおう。

引用・参考文献

上野千鶴子（2011）『ケアの社会学——当事者主権の福祉社会へ』太田出版。

江藤裕之（2007）「通時的・統語論的視点から見た care と cure の意味の相違 —— care 概念を考えるひとつの視点として」『長野県看護大学紀要』9：1‐8。

大通千明（2017）「『イッショ』の楽しさがつなげる心」『ちいさいなかま』645：18‐25。

キャロル・ギリガン著，岩男寿美子監訳（1986）『もう一つの声——男女の道徳観のちがいと女性のアイデンティティ』川島書店。

ネル・ノディングズ著，立山義康他訳（1997）『ケアリング　倫理と道徳の教育——女性の観点から』晃洋書房。

マルティン・ブーバー著，田口義弘訳（1978）『我と汝・対話』みすず書房。

ミルトン・メイヤロフ著, 田村真・向野宜之訳 (1987)『ケアの本質――生きることの意味』ゆみる出版。

シモーヌ・ローチ著, 鈴木智之・操華子・森岡崇訳 (2006)『アクト・オブ・ケアリング――ケアする存在としての人間』ゆみる出版。

渡辺恵津子 (2016)『競争教育から"共生"教育へ――仲間と育ち合う教室づくりのヒント』一声社。

Peabody, Francis W. (1927) "The Care of Patient", *The Journal of the American Medical Association*, 88：877-882.

（星川佳加）

第5章

子どもと出会い直すケア

本章は，ケアという鍵概念を検討することを通して，教師が自らとは異なる他者として子どもと出会い直すこと，そして，その子どもへのケアを通して教師が自らへのケアに開かれていくことで自らと出会い直すことを願って書かれたものである。

そのために，第1節では出会い直しの契機について触れる。第2節ではケア概念の広がりと多様性について概説する。第3節では依存と自立について，第4節では正義や徳の論理とケアの倫理について，それぞれケアの代表的な論点として概観する。第5節では学校教育におけるケアの実践と課題について考察する。

ケアの議論は読者の身体性や生活史に深く絡み合った問題であるだけに，内省的に真摯に探究すると心身に不調を生じることがあるかもしれない。ケアすることについてもケアされることについても，自己の体験の意味とは異なる世界の語り方があり得るものとして読んでいただきたい。

1 異質な他者としての子どもと出会い直す

子どもを「このような者」としてレッテルを貼ったときに痛いしっぺ返しを食らうのが教育実践である。しかし，そんな失敗とともに教師としての成長も生まれる。

子どもと出会い直すということは，日常的に慣れ親しんでいる目の前の子どもが自分の知らない一面をもっていることに気づいたり，日頃は何を考えているのかよくわからない子どもとある瞬間にわかり合えたと感じられたりすることである。慣れ親しんでいたものが急によそよそしく感じられたり，縁遠く感じていたものが急に身近なものとして感じられたりすることを，文学や演劇の用語では異化と呼ぶ（大江 1988：25-65）。子どもとの関係を固定的で変化のな

いものとするのではなくて，発展的で発見的な関係として捉え直そうとするのであれば，大人は子どもを自分の複製品（コピー）や従属物や所有物であると捉えてしまいがちであることを自覚する必要がある。

　ニューヨークの最困難校と呼ばれたある学校の校長は，「私の学校に行く」のではなくて「彼らの学校に行く」という発想へと切り替えて毎朝通勤していたという（佐藤 2009：140-141）。

　宮崎県内の教育実践の様子を踏まえて，竹内元は，「自らの世界に子どもを引き込むのではなく，子どもの世界に参加し子どもの世界を承認することが，子どもとの関係を再生していくのだ」と述べている（竹内 2016：122）。

　これらの指摘に触発されて，十数年前の授業研究の場で聴いた逸話について語りたい。学校の学習の一環として，老人ホームの慰問に，金色に髪を染め上げた生徒が参加した。その生徒は，老人ホームの利用者である女性に「綺麗か髪やねぇ（綺麗な髪だね）」と誉められながら髪を撫でられていた。少年はなんとも言えない良い表情をしていたそうだ。学校の世界から見れば校則違反でしかない染髪が，少年の世界に踏み入った老人から見れば手に触れて誉めてみたくなる綺麗な髪となるのだ。この場で最も弱い立場にある老人の言動が，この少年にとっては自分の価値観を承認されるという救済になり，その様子を見つめる引率の教師にとっては校則違反の取り締まりのために権力や暴力を発動せずに済む道を見出すという意味での救済になり得ている。

　アメリカの教育哲学者ノディングズ（Nel Noddings）は，レヴィナス（Emmanuel Lévinas）やデリダ（Jacques Derrida）の論考から，絶対的な異他性を備えた他者が私に応答を求めてくるという責任の論理を学んでいる（ノディングズ 2006：325-326）。ここでレヴィナスが言う他者とは，私と同じように考え行動する他人ではない。他者とは私と同一であることを拒否する者である。他者の「顔」は私に「殺すな」と呼びかけてくる。その時に私は他者に対して無限の責任を負うのである。ノディングズは，「お互いの他者性を認識していけば，暴力を拒むことになる」と述べている（ノディングズ 2006：326）。

　主体は主体に対して主体である。他者に従属する者も，他者を客体として隷属させようとする者も，共に自身の主体性を保ち得ない。主体が立ち上がり持

続できる場所は相互主体性（間主観性）の中にしかない。私とは異なる他者の異他性に触れながらでなければ，意識としての私は存在し得ない。私しかない世界ではもはや私についての省察の契機は生まれない。

　私しか居ない世界から人間の世界に連れ戻してくれるのが，身体的介護や魂の世話を含めたケアである。次節以降では，ケアについての議論を本章のテーマである出会い直しの契機として読み解いていこう。

2　ケア概念の広がりと多様性

　ケアという概念は，医療・福祉・哲学・教育などの多様な世界で多岐にわたる意味合いで使用されている。本節では，その概要を描写することにしたい。

　臨床教育学者の庄井良信に依れば，ケア（care）は古英語やゴート語に起源をもつ言葉である。名詞としてのケアには「悲しみ」「嘆き」「病気で床につく」という原義があり，動詞としてのケアには「心配する」「関心を持つ」という原義がある。これらを踏まえて，庄井は，ケアの今日的な定義を，「困難や痛みを抱える他者に注意を向け，関心をもち，責任をもち，愛着をもって養い，世話し，気遣い，配慮するという複合的な意味を持つ言葉」としている（庄井 2014：72-73）。もちろんこの定義は，困難や痛みを抱える者とそうでない者とを二分法で区別する発想ではない。求められているのは，人間が困難や痛みを抱えて生きている受苦的な存在であることに立ち止まるということである。

　医学書院の「シリーズ・ケアをひらく」は，ケアに関する広範囲なテーマと多彩な執筆者による出版で問題提起を重ねている。2000年から刊行され続けているこのシリーズの著者たちの顔ぶれを見るだけでも，ケアの多様性の一端を垣間見ることができる。精神障害や薬物依存などの当事者や治療者や互助集団主催者であったり，発達障害や小児麻痺の当事者であったり，老人ホームの介護職員であったり，デイケア施設のセラピストであったり，哲学やロボット認知についての大学研究者であったりと，多岐にわたっている。その中でも，最も早い時期に刊行され，このシリーズの基底となっていると推測される広井良典の『ケア学——越境するケアへ』に象徴されるように，日常に埋没させられ

て価値の低いものと見なされて語られずにいるケアを明るみに出し，バラバラ
だと思われてきた営みと思索を既存のケア概念の境界を拡張していくことでつ
なごうとしている。

広井に依れば，ケアには，① 配慮や気遣いや関心という次元と，② 日常的
な世話という次元，③ 医療や福祉や心理に関する職業に伴う専門的な看護や
介護等を指す次元の 3 種がある（広井 2000：14-15）。

その際に，専門的な看護や介護等を前面に出してその後背に配慮や世話を置
く語り方では，この章で検討しようとしているケアを捉え損なう危険性がある。
なぜなら，個人主義的な発想からすれば，ケアは自分を拘束する「借り」につ
ながるので，金銭的な対価を払って専門職か AI ロボットに任せてしまおうと
いうことになりかねないからである。もちろん現代社会における介護福祉制度
や医療制度の拡充による専門職へのケアの担い手の移管は，これまで搾取され
てきた家族や親密な者同士によるケアの「借り」を解放あるいは解体しつつあ
る。しかし，そのことによって相互的なケアに頼ることができない社会を個人
で生きることを余儀なくされた現代人は，それ以前よりも大きな負債を請求さ
れる可能性を有することにもなってしまったのである（サルトゥー＝ラジュ
2014：66-73）。

3　依存とケア

（1）依存労働

現代社会は合理的な意思決定をすることができる主体が正義の概念のもとに
相互作用を行う場であるという規範意識が根強い。そのような正義の声が道徳
理論を席巻する中にあって，1980年代に「もうひとつの声」の存在を主張した
のがギリガン（Carol Gilligan）である。

人間は誰しも人生の中のどこかで他者に依存しなければならない。そのよう
な生存に必要な依存のケアを引き受ける仕事を依存労働と呼ぶ。依存労働は，
合理的な個人が自分の価値観に基づいて自由意思で選択したライフスタイルと
はけっして言えない。それゆえに，依存労働者自身がケアを必要とする状況に

なっても，ケアしていた依存者を誰か別の人に託すことが難しい事例が多く存在する（江原 2011：127-134）。

依存労働は誰にでもできる仕事であるという言説も出回っている。しかし，たとえば，重度の障害のある人の中には，会話での意思疎通が難しく，足文字・指文字・口文字などのそれぞれの特性に応じたコミュニケーションが行われている。このような場面では「その人になじんだ介護者の長時間にわたる見守りが絶対に必要であり，それを保障してくれなくては，障害者は生きていけない」のである（渡辺 2018：34）。

臨床心理士である東畑開人は，沖縄の精神科デイケア施設におけるケアをされる者とケアをする者が日常生活の中に「ただ，いる，だけ」の体験と依存労働に関する思索をもとに，会計の声（市場原理）に抗してケアの価値を語り続けることの重要性を主張している（東畑 2019：337）。

（2）依存と自立と支配と従属

吉崎祥司は，日本で用いられる政策言語としての自立概念には５つの誤りがあるとしている。要約すれば，すなわち，① 人間の共同性や関係性から自立を切り離していること，② 個人として自立するという在り方を強要していること，③ 経済的に自立することが自立だと一面化していること，④ 自立できたかどうかを個人の責任としていること，⑤ 自立できなかった者を排除する社会になっていること，の５つである（吉崎 2014：50-51）。このような社会では，自立と依存は対立的な関係にならざるを得ないし，自立とケアあるいは依存とケアとの関係を豊かに捉えることもできなくなる。

高齢者の介護問題を研究する大和礼子は，自立は通常だが依存は通常ではないという見方を超えて，依存も自立も人間にとって通常の状態であると捉えることを主張している。高齢者の多くは介護面でも経済面でも他者に依存せざるをえない。大和は，依存を市民的権利と見なすことが重要だと述べている。さらに，身体や生活の介護面では依存しているとしても，2000年から開始された介護保険制度などを活用して介護者を雇うことができれば経済面においては自立と見なすことができるとも捉えている（大和 2008：40-44）。

その上で,「依存-自立」という次元と「支配-従属」という次元とは別に捉えられなければならないと大和は述べる。つまり, 支配している状態かそれとも従属している状態かを区分するものは, 依存しているか自立しているかではなくて, 他の社会的経済的な要因である。このように, ケアの現場では「ケアする人は優位で支配的である」や「ケアされる人は劣位に置かれて従属的である」という画一的な捉え方はできない。学校においても, ケアをする側の教師や級友がケアをされる側の子どもに振り回されて疲れ果てているといった状況も散見される。

　清水哲郎は, パターナリズム(家父長制的保護主義あるいは温情主義)とケアとの相違点を次のように描き出している(清水 2005:112-113)。ケアは, 相手の最善を考えた共同的な作業である。その際に, ケアは, 相手からの承認を言語的に得られない乳幼児やペットなどを対象とした場合であっても,「言葉を語りかけ, 説明し, 相手の協力を求めつつ」, 相手の同意や異論の可能性を認めながら進められる。一方, パターナリズムでは, 相手を知識のない者や適切に判断できない者と見なして, それに代わってよくわかっている自分が相手を善意で支配しようとする。

　白石陽一は,「愛情という名の支配」によって教師が追い詰められ, 教師の無力感が子どもを追い詰める危険性について論じている。援助するということから教師が快感を得ていることや, 援助をする者が支配的な位置取りや抑圧的な立ち位置に必然的にならざるを得ないことを自覚し, 教師自身の無力感を見つめ直すことによって, これまで生活指導の文脈で語られてきた「子どもの声を聴く」「子どもの異議申し立てに耳を傾ける」という実践指針を補完するべきことを主張している(白石 2006:62)。

(3) ケアの非対称性と互酬性

　ケアの担い手である教師がケアの受け手である子どもに対して支配と従属の関係性を少しでも薄めることができるのは, 日常的な世話あるいは専門的な看護や介護等のレベルでの非対称性や一方向性を, 気遣いや配慮のレベルでの互恵性や互酬性として捉え直すときである。

　たとえば，日頃は教師の注意など何も耳に入らない子どもが，「おやっ，今日はなんとなく機嫌がよさそうだなぁ」と思える過ごし方をしているときには，教師が行っているケアに対する肯定的な応答を子どもはすでに返しているという見方をすることができる。

　ケアを受ける側のニーズに合ったよりよいケアにしていくためには，ケアを受ける者が応答している微かな兆しに対してケアを提供する者が敏感である必要がある。そのように捉えたときに，それまで「私は一方的なケアの担い手である」という負担感が募っていた教師にとって，手に負えないこの子どもがまさにケアの双方向性や共同性に参加しているという捉え直しが可能になるのだ。そのように捉え直し，子どもと互恵的関係の中で出会い直したときに，教師の仕事の意味は変わる。

　子どもから学んでいる私という自覚が，学び続ける教師を支える。子どもが教えてくれるのはケアへの応答としての小さな兆しである。

4　正義や徳の論理とケアの倫理

（1）ケアの代替不可能性

　ケアの市場化が起こっている。それまで家庭内の仕事であった看護や介護の一部が，病院や福祉施設や訪問介護職による仕事に置き換わりつつある。その際，ケアをする専門の職業として教育・介護・看護・医療を規定してしまうと，「貨幣に回収できない譲渡不可能な人格に深く関わるもの」まで，貨幣によって媒介されるサービスに取り込まれていく危険性があると教育哲学者の矢野智司は批判する（矢野　2013：59-60）。

　立山善康は，ケアの本質のひとつを脱専門化に求めている。脱専門化とは，本来的にはケアする人はケアされる人に人間として出会っているのであって，親や教師といった役割や任務は副次的なものにすぎないということである。主観的で非合理的であったケアを，性急に合理化し客観的なものにして制度化・マニュアル化・標準化するという発想は，ケアが代替可能であるという考え方に基づいている。けれども，本来のケアは代替不可能でかけがえのない出会い

にほかならないと立山は述べている（立山 2006：193-195）。

　経営学者の宇田川元一は，マルティン・ブーバー（Martin Buber）に学びな
がら，人間関係は「私とそれ」か「私とあなた」かのいずれかであると述べて
いる（宇田川 2019：20-21）。「私とそれ」とは，対象を道具として捉える立場で
ある。一方，「私とあなた」（我と汝）とは，相手の存在を「代わりが利かない
もの」「固有の関係」と捉える立場である。

　この「私とあなた」「私とそれ」という表現は，ケアの特徴をよく表してい
る。人は道具的に他者の世話をすることがあり得る。つまり，家内領域でのケ
アにおいても「私とそれ」の関係があり得る。しかし，その一方で，公的領域
でのケアにおいても「私とあなた」の関係はあり得る。

　「私とあなた」となり得るのは，「相手を問題のある存在としてではなく，別
のナラティブの中で意味のある存在として認める」ことができたときである。
その準備がケアをする者に整ったときに，「関わる相手の背後にある課題が何
かをよく知る」ことができるようになり，「相手にとって意味のある取り組み
は何かを考える」段階へと進み，「相手の見えていない問題に取り組み，かゆ
いところに手が届く存在になる」と宇田川は述べている（宇田川 2019：84）。

　代替不可能性は，重度の障害をもつ子どもの保護者にとって，「私が先に死
んだら残されたこの子はどうなるのか」という重たい問いにつながっている。
そこには二重の意味での代替不可能性が横たわっている。ひとつには，保護者
の収入と身辺的介護がなければ，この子どもは経済的に困窮し，生存のための
ケアさえ提供されなくなってしまうのではないかという危惧である。もうひと
つは，まさに「私とあなた」の関係でこの子どもに対して愛情を注いでケアを
する人は他にいないという代替不可能性である。

（2）ケア技法論とケア倫理論を越えて

　医療専門職を中心にケアについて考察を行っている社会学者の三井さよは，
ケア技法論とケア倫理論を越えていく必要性について次のように述べている
（三井 2004：45-93）。

　ケア技法論の必要性の提起は，命を守ることに主眼が置かれてきたそれまで

の医療に対して，1950年代以降徐々に人生や生活の質（QOL: Quality of Life）を支える医療という役割の変化が生じたことに起因する。そこでは，不確実性が増大する。これを補うために，医療の技術（technic）だけではなくてコミュニケーション等を含めた技法（art）として，身体的ニーズ，精神的ニーズ，社会的ニーズ，宗教的（霊的）ニーズに至るまで患者に対応するための体系化が求められた。しかし，このケア技法論では，患者が主体性を備えた他者であることが忘れられてしまう。またケアする側にとっても，制度化された技法を使いこなす能力の高低がケアの能力の高低だと見なされてしまいかねない。

　これに対して，ケア倫理論とは，他者の「生」の問題を患者のニーズとそれに対応する専門職の職務として捉えるのではなくて，患者の「生」に関する問題を無制限に一人の人間として受け入れるという立場である。そこでは「専心」や「歓待」あるいは「ホスピタリティ」といった言葉が使われる。しかし，ケア倫理論ではケアをする者に対して過剰に倫理観が期待されてしまう危険性がある。医療現場だけではなくて家庭内でのケアにおいても，ケア倫理論では愛情神話の強要が起きやすく，その規範に反する者への世間的な制裁を伴うため，労働条件の改善が進まない原因になりやすい。

　このように，ケアを技法として高めるだけでも，ケアを個人の倫理観に求めるだけでも，上述のような行き詰まりを招来するのである。

（3）個人の徳としてのケアから関係性としてのケアへ

　村田美穂はノディングズの主張を個人の徳としてのケアから関係性としてのケアへの転換として捉えている。ケアをケアする人の側だけの個人の徳や役割として捉えた場合には，ケアする人にだけケアの責任を負わせることになる。そうすると，その責任からの離脱を難しくし，ケアする人を搾取することになる。また同時に，ケアする人によるケアされる人への虐待を招く危険性が高まる。

　これを避けるために，ケアされる人は応答を返すという重要な役割を担っているという意味での関係性としてのケアの捉え方が重要であると村田は整理している（村田 2006：97）。ここで言う応答とは，労いの言葉などの明示的なも

のというよりも，むしろケアされている人の安心している様子や学びへの意欲などの繊細で多様なものとして捉えられている。そしてこのようなケアされる人からの応答は，ケアする人にとっての精神的な報酬になるだけに留まらず，ケアがうまくいっているのかうまくいっていないのかを感知することによってケアの関係をよりうまくいかせるための情報資源となる。

（4）正義の論理とケアの倫理

　倫理学者の品川哲彦によれば，ケアの倫理は，特定の誰かが目の前の特定の誰かをケアするという形態が連鎖して，そのケアをする当人が特定の誰かにケアされることを含めて，ケアのネットワークがすべての特定の個人を余すことなく編み込むことを理想としている。正義の論理の側から「全員を同じようにケアせよ」という論難をされるかもしれないが，ケアの倫理の側から言えば，その話し手は万人の平等を語りながらも，身近な他者への現実のケアを忘れていることになる。言い替えるなら，「すべてをケアするとは，実質的には，何もケアしない，何も大切とは思わないということである」（品川 2007：158）。

　このことは教職課程の学部生からよく聞かれる「教師は依怙贔屓をしてはならない」という意見を揺るがす。つまり，ケアの倫理に従うならば，目の前のケアするべき特定の子どもに対して私は注力することになる。そこでは，公平を求める正義の論理とは異なる，もうひとつの教育原理が動き出していることになる。反転図形の「ルビンの壺」のように，同じ状況であっても，道徳的観点としては，正義の論理から見ることもありえるし，ケアの倫理から見ることもあり得ることになる（品川 2007：163）。

5　学校におけるケアの実践と課題

（1）子ども理解に先行するものとしてのケア

　教師は子どもを理解するべきであるという言説は疑いようもない真理として信じられている。しかし，果たしてそうだろうか。精神科医の小澤勲が投げ掛ける「そもそも人は理解が届かなければ人と関係を結び，人を慈しむことがで

きないわけではない」（小澤 2006：18）という言葉は，子ども理解を前提とした指導という発想が転倒したものであることに気づかせてくれる。つまり，子どもを理解するとか保護者を理解するとかいうことは後から遅れてやってくるものであって，ケアこそそれらに先行する日常実践なのである。

　養護教諭である大西淳子の実践は，相手を理解してから私がケアを始めるというような自他の二分論を超えている。中学校３年生のＡさんが泣いて保健室に来るが，尋ねても理由を話さないので，時折いっしょにガーゼを折って過ごしているうちに，Ａさんがぽつりぽつりと少し話をしてくれたり，卒業式前に手紙をくれたりしたという実践である。大西は「相手を問いただすのではなく，相手の悩みの傍らに身を置くことによってＡさんとの交流が生み出され，自己と他者という二元論の図式が知らぬ間に克服されていた」と述べている（大西 2017：153-154）。

　養護教諭はその職種が形成されてきた歴史からしても専門性を常に問われ続けてきた。だからこそ，養護教諭の職業アイデンティティへのこだわりや葛藤は，学校の教職員の中でも取り立てて根深い。そんな養護教諭の中にあって，大西のような生徒の傍らに身を置くというケアの在り方は，専門性の放棄ではなくて，むしろ他者理解に先行するケアの在り方を体現する実践知として共有されていくべきものである。

（２）成長に寄り添い応答するケア

　子ども理解のカンファレンスを展開する臨床教育学者の福井雅英のもとには，心揺さぶられた経験を綴ったエピソードが教師たちから寄せられてくる。福井が「うんこ観察」と命名しているエピソードでは，これまでしばしば問題行動を起こしてきた小学校２年生のタケシと担任の城山先生との遣り取りが，次のように紹介されている。なお，登場人物はいずれも仮名である。

　５時間目の予鈴の後，タケシが城山先生をトイレに連れて行って「これ見て。こんなんしてあるねん」と言う。城山先生は「すごい大きい，りっぱなウンコやなぁ」「これタケシがしたんか？」と応答する。タケシが「うん」と照れくさそうに答えると，城山先生は「給食もいっぱい食べるから，ウンコもいっぱ

いやな。流して行こうか」と言って授業に戻る，というエピソードである（福井 2009：37）。

　タケシがわざわざ他人の仕業のふりをしてトイレに連れていって見せたうんこは，実はタケシの作品でありタケシの分身だと城山先生は感じ取ったのではないだろうか。あなたは，他者の排泄物を見て立派だと誉めたことはあるだろうか。そしてそれを給食をいっぱい食べるようになっただけに留まらない子どもの成長の数々と結びつけて評価することができるだろうか。

　ここに示されている城山先生の一言ひとことは，タケシの達成感を指さし成長を象（かたど）り祝福することによって次への成長を励ます指導的評価活動となっている。指導的評価活動も，教師による子どもの成長の発見や次の目標の提示という位置取りだけではなくて，子どもから投げ掛けられた承認欲求に対しての育てる者からの応答という位置取りが可能であることを示す事例であると言えよう（長谷川・八木 2016：72-75）。

（3）ケアする者もケアされなければならない

　大学の教職課程には教師としての使命について学ぶ「教職論」等の授業がある。一方で，教師が自分をケアすることを薦めるような授業内容は組み込まれているだろうか。

　感情労働について研究した吉田輝美は，「人を幸せにするはずの職業に従事していながら，自分の幸せは置き去りにしている」ことを余儀なくされる人たちの存在を指摘している（吉田 2014：235）。

　支援する者が支援される必要性について，庄井は「互いが抱える困難を責め合うのではなく支え合うかかわり合いを創り合い，ひとりで抱え込まずに，地域の対人援助の専門家たちとの新たな絆（共同体）へひらく勇気をもっていくことがとてもたいせつな時代を迎えている」と述べている（庄井 2014：78-79）。

　デー（Christopher Day）とグー（Qing Gu）は，教師が困難な状況を乗りきり回復することができる個人的あるいは関係的なちからとしてのレジリエンス（resilience）について研究している。教師が子どもたちをケアするだけではなくて，当該の教師自身が同僚からケアされたり，それらについて互恵的な関係

の中で対話することができる環境があったりすることが，新任教師だけではなくて経験を積んだ教師であっても重要である。これらがなければ，「教師自身のケアの蓄えが乾ききってしまうこともある。」（デー・グー 2015：66-70）

　また，白石は，教師は過ちをおかしたとしても，実践記録を綴り「現在の視点から自分の過去を書き改める」ことによって「自らを次なる行為へと誘い，自らを救う可能性を手に入れ［る］」と主張する（白石 2013：116）。

　オランダ生まれのカナダの教育学者ヴァン＝マーネン（Max van Manen）は，次のように述べている。「教師は，生徒との関わりにおいて，時にまちがって行動したり，誤った判断をすることがある。しかし，重要な問いは，生徒たちは教師の行動をどのように経験しているかである。」（ヴァン＝マーネン 2003：152）

　教師は必ず間違う存在である。他者をケアするどころか傷つけてばかりかもしれない。必ず何か「借り」がある者でもある。このような教師たちが正義の論理のみを頼りに孤独に教職の説明責任を果たしていくことはもはや難しい。ケアの倫理を手がかりに，他者としての子どもと出会い直すことを通して，人間としての自分と出会い直さなければならない。

（4）ケアする子どもをケアする

　本節では，主として教師が子どもをケアする場面を想定して考察を重ねてきた。しかし，ケアを提供されている人が自らも誰かをケアをしている人であることもありえる。ヤングケアラーと呼ばれる子どもたちは，親や兄弟姉妹等にケアを提供する側の役割を担っている。しかし，ヤングケアラーは，社会的な見聞の狭さや経験の乏しさから，自分の境遇を「家族だから当たり前」と思い込むことも多い。また，家族への悪口や家族との別居を避けようとして，家族外に援助を求めない事例もある。これらの背景が教師たちに認識されていないために，ヤングケアラーは実情に応じた配慮を受けられず，かえって本人の努力不足として叱られたり罰を受けたりといった二次的な不利益を被っていることも忘れられてはならない（澁谷 2018）。

　だだし，それぞれに困難な生育環境にある子どもたちをケアし成長を促すの

は，学校や学級が家庭の代わりをすることによってではなくて，学校や学級に
しかできない固有の機能を果たすことによってである（田端 2013：183）。

（5）子どもの自然とケアの教育原理

　本章の最後のまとめに代えて，ケアを教育原理に包摂する際の課題について
述べる。

　働きかける者が働きかけられるという相互作用のモデルの中で，固有名詞を
持った子どもたちに向かい合う教師たちの教育学的な専門性は，個々の子ども
への対応のみには解消し得ず，子どもの自然とも言うべき合法則性や教育学的
な固有構造を内包している（深澤 2014：17-19）。ノディングズは，個別的かつ
具体的事象を繊細に記述していくことを通して倫理としてのケアリングを構想
しようとした（村田 2006：93，101）。これらの観点を見失っては，ケアの議論
は独話（モノローグ）に終始してしまうか，「会計の声」に従った効果測定に
絡め取られてしまうであろう。

　理解の及ばない他者としての子どもに対して，日常的な世話を続けつつ異化
的な関心を寄せる中で，教師としての応答可能性を広げて，教育原理としての
ケア論を深めていきたいものである。

学習課題

（1）乳幼児期から高齢期までの人生における発達の縦軸を手がかりにして，ケア
　　を必要とするが本章では紹介されていない場面を探してみよう。
（2）個人や家庭や社会の多様性の横軸を手がかりにして，学校が引き受けられる
　　可能性をもっているが本章では紹介されていないケアを探してみよう。

引用・参考文献（著者の姓の五十音順）

マックス・ヴァン＝マーネン著，岡崎美智子・大池美也子・中野和光訳（2003）『教
　育のトーン』ゆみる出版。
宇田川元一（2019）『他者と働く――「わかりあえなさ」から始める組織論』ニュー
　ズピックス。

江原由美子（2011）「『依存批判』の射程」，エヴァ・フェダー・キテイ著，岡野八代・牟田和恵編訳『ケアの倫理からはじめる正義論——支えあう平等』白澤社，124-138。

大江健三郎（1988）『新しい文学のために』岩波書店。

大西淳子（2017）「養護教諭のまなざし——メルロ＝ポンティの身体論を手がかりに」，西村ユミ・榊原哲也編『ケアの実践とは何か——現象学からの質的研究アプローチ』ナカニシヤ出版，139-158。

小澤勲編（2006）『ケアってなんだろう』医学書院。

佐藤学（2009）『教師花伝書——専門家として成長するために』小学館。

ナタリー・サルトゥー＝ラジュ著，高野優監訳（2014）『借りの哲学』太田出版。

品川哲彦（2007）『正義と境を接するもの——責任という原理とケアの倫理』ナカニシヤ出版。

澁谷智子（2018）『ヤングケアラー——介護を担う子ども・若者の現実』中央公論新社。

清水哲郎（2005）「ケアとしての医療とその倫理」川本隆史編『ケアの社会倫理学——医療・看護・介護・教育をつなぐ』有斐閣，105-130。

庄井良信（2014）『いのちのケアと育み——臨床教育学のまなざし』かもがわ出版。

白石陽一（2006）「『教える—学ぶ』関係と『支配』関係」熊本大学教育学部附属教育実践総合センター『熊本大学教育実践研究』23：57-66。

白石陽一（2013）「教育実践記録の『読み方』（II）——『文学理論』を参考にして」，『熊本大学教育学部紀要』62：109-120。

竹内元（2016）「子どものニーズをふまえた全員参加の授業づくり——『全員参加』の再定義」深澤広明・吉田成章編『いま求められる授業づくりの転換』溪水社，110-123。

立山善康（2006）「高ケア社会の展望」中野啓明・伊藤博美・立山善康編『ケアリングの現在——倫理・教育・看護・福祉の境界を越えて』晃洋書房，188-201。

田端健人（2013）「子どものケアと学校教育——教室の〈空気〉と〈光〉の現象学」西平直編『ケアと人間——心理・教育・宗教』ミネルヴァ書房，165-186。

クリストファー・デー／キン・グー著，小柳和喜雄・木原俊行監訳（2015）『教師と学校のレジリエンス——子どもの学びを支えるチーム力』北大路書房。

東畑開人（2019）『居るのはつらいよ——ケアとセラピーについての覚書』医学書院。

ネル・ノディングズ著，宮寺晃夫監訳（2006）『教育の哲学——ソクラテスから〈ケアリング〉まで』世界思想社。

長谷川清佳・八木秀文（2016）「子どもたちが出会い直すための指導的評価活動——『評価』の再定義」深澤広明・吉田成章編『いま求められる授業づくりの転換』渓水社，54-75。

広井良典（2000）『ケア学——越境するケアへ』医学書院。

深澤広明（2014）「教えることの『技術』と『思想』——教育方法の原理的考察」深澤広明編『教育方法技術論』共同出版，9-20。

福井雅英（2009）『子ども理解のカンファレンス——育ちを支える現場の臨床教育学』かもがわ出版。

三井さよ（2004）『ケアの社会学——臨床現場との対話』勁草書房。

村田美穂（2006）「ノディングズのケアリング論」中野啓明・伊藤博美・立山善康編『ケアリングの現在——倫理・教育・看護・福祉の境界を越えて』晃洋書房，90-102。

矢野智司（2013）「ケアの倫理と純粋贈与——ケアのアマチュアリズムを讃えて」西平直編『ケアと人間——心理・教育・宗教』ミネルヴァ書房，43-61。

大和礼子（2008）『生涯ケアラーの誕生——再構築された世代関係／再構築されないジェンダー関係』学文社。

吉崎祥司（2014）『「自己責任論」をのりこえる——連帯と「社会的責任」の哲学』学習の友社。

吉田輝美（2014）『感情労働としての介護労働——介護サービス従事者の感情コントロール技術と精神的支援の方法』旬報社。

渡辺一史（2018）『なぜ人と人は支え合うのか——「障害」から考える』筑摩書房。

（宮原順寛）

第6章

カリキュラム・マネジメントと子どもに開かれた　カリキュラムづくり

　　本章では，近年のカリキュラムづくりのキーワードとなっているカリキュラム・マネジメントの理念を踏まえながら，「教育のスタンダード化」の特徴と課題を捉え，子どもに開かれたカリキュラムづくりのための展望を開くことをねらいとする。第一に，教育課程・カリキュラムとは何か，カリキュラムはどのようにつくられるのかを理論的に概観する。第二に，カリキュラム・マネジメントと「教育のスタンダード化」によって，カリキュラムの計画，実施，評価にどのような影響があるのかを考察する。第三に，実践に学びながら，スタンダードに閉じられたカリキュラムではなくて，子どもに開かれたカリキュラムのための展望を見通す。

1　教育課程・カリキュラムの定義と編成原理

（1）教育課程とカリキュラムの概念整理

　なぜ教育課程とあらわしたり，カリキュラムとあらわしたりするのだろうか。一般的に，この2つはあまり区別されることなく用いられているようにも見える。しかし，教育課程とカリキュラムとは，必ずしも同じではない。

　まず，教育課程について言えば，「各学校の教育計画である」という使われ方が一般的である（文部科学省 2018b：11）。

　この教育課程という用語を，英語表記の curriculum の訳語として使用すると齟齬が生じる。英語表記の curriculum は，より広範なものを含む概念として用いられるからだ。だから，英語表記の curriculum のニュアンスを含み持つものとして「カリキュラム」という用語が用いられる。

　安彦忠彦によれば，「『カリキュラム』とは，教育課程表などとして書かれた計画文書から，それを実施している授業全体の過程，その結果としてのテスト

成績や通知表の中身に現れる子どもの姿など，これら三つのレベル全体を含むものと理解しなければならない」（安彦 2019：3-4）。この三つのレベルをあらわす概念として，IEA（国際教育到達度評価学会）による「意図したカリキュラム」「実施したカリキュラム」「達成したカリキュラム」という言葉がしばしば用いられる（国立教育研究所 1998：24-25）。

（2）教育課程の基準と編成主体

　教育計画としての教育課程（意図したカリキュラム）を編成するにあたって，学校の教育計画に強い影響を与える国家レベルから地域レベルの教育課程をも含めて考える必要がある。たとえば小学校の場合，学校教育法施行規則第52条に「小学校の教育課程については，この節に定められているもののほか，教育課程の基準として文部科学省が別に公示する小学校学習指導要領によるものとする。」とあるように，教育課程の国家レベルの基準として学習指導要領がある。くわえて，地域レベルの意向が各学校の教育課程に影響を与える。

　では，各学校は国家レベルや地域レベルの教育課程の下請けかというと，そうではない。戦後最初の学習指導要領（試案）（1947年）の「第三章　教科課程」「一　教科課程はどうしてきめるか」において，「教科課程は，それぞれの学校で，その地域の社会生活に即して教育の目標を吟味し，その地域の児童青年の生活を考えて，これを定めるべきものである。[1]」と規定されていたように，教科課程（教育課程）は学校で定めるべきものであった。平成29年告示の「小学校学習指導要領」の総則においても，「各学校においては，教育基本法及び学校教育法その他の法令並びにこの章以下に示すところに従い，児童又は生徒の人間として調和のとれた育成を目指し，児童又は生徒の障害の状態や特性及び心身の発達の段階等並びに学校や地域の実態を十分考慮して，適切な教育課程を編成するものとし，これらに掲げる目標を達成するよう教育を行うものとする。」（文部科学省 2018a：17）とあるように，各学校において適切な教育課程を編成することが明記されている。教育課程の編成主体は一貫して学校である。

　しかし，カリキュラムを学校でつくる，あるいは抜本的に見直すといった動きはそれほど盛んではなかった。「日本の授業研究が，『カリキュラム研究』を

改善したという例は少ない。」（安彦 2009：18）という指摘は象徴的である。

（3）カリキュラムの編成手続き

　カリキュラムはどのような手順でつくられるか。安彦によれば次のような9つの要素を決めながらつくられる（安彦 2019：4-5）。

　　① 教育内容：教える知識・技能・態度・価値・活動・経験など
　　② 組織原理：教育内容の組織の仕方＝教科・科目，○○活動，○○時間など
　　③ 履修原理：履修の仕方＝年数（年齢）主義，課程主義，必修，選択など
　　④ 教材：教育内容を教える際の材料・道具＝教科書教材，視聴覚教材，実験教材など
　　⑤ 授業日時数：年間授業日時数，週時数，一日の時数，単位時間など
　　⑥ 指導形態：一斉指導，小集団指導，個別指導など
　　⑦ 指導方法・指導技術：発問，指示，説明，評価など
　　⑧ 授業内容：授業中における情報・意見の交換な
　　⑨ 潜在的カリキュラム：授業目標を超えて，子どもが結果的に身につけた知識・技能・態度など

　教育する側が明確には意図していないが子どもに達成されているカリキュラムのことを「潜在的カリキュラム」あるいは「隠れたカリキュラム」と呼ぶ。潜在的カリキュラムには，教育する側が明確には意図していないが無意図的・暗黙的に期待している事柄（たとえば，規則・規範・規律への従順な態度）もあれば，教育する側の意に反して伝わってしまう事柄（たとえば，差別意識や偏見，イデオロギーなど）もある。

　この区分が重要なのは，潜在的カリキュラムが，意図したカリキュラムの達成に影響を与えることがあるからである。たとえば，教室で問題が起こったときに話し合いで解決することを教えていても，日頃教師が暴力による解決をおこなっていては，暴力による解決という学びが達成されてしまい，話し合いでの解決という意図したカリキュラムが達成されにくくなる。

これらは，カリキュラムの内部要素と呼ばれる。それに対して，行政的決定，施設・設備，教員の質・量といったものがカリキュラムの外部要因と呼ばれる。本質的に重要なのは内部要素である。外部要因ばかりに気を取られて，内部要素を追究しないカリキュラムは，目の前の子どもにとって本質的に何が重要なのかをないがしろにしたカリキュラムになりかねない。

（4）カリキュラムの背後にある要請

　何を教えるのかは，それを誰が（何が）決めるのかによって異なる。それは，子どもたちをどのような人間に育てたいのかに左右される。こうしたカリキュラムに対するさまざまな要請は安彦によって以下の四点にまとめられている。それは，「① 学問的要請：教える価値のある学問・芸術等の研究の成果と方法」，「② 社会的要請：現在ないし近未来の社会が求める資質・能力」，「③ 心理的要請：子どもの興味・関心，個性，性格，発達」に加えて，「④ 人間的要請：人格性・人間性，地球・生命全体に対する人間の責任性」である（安彦2019：7-8）。

　近年は，特にOECDのキー・コンピテンシーのような，社会が求める資質・能力に向けて人材育成しようとする社会的要請が強調されているが，それはカリキュラムに対する要請の一側面にすぎないことを忘れてはならない。「現在のPISAでは，〈機能的（適応的）側面—批判的（創造的）側面〉，〈経済的観点—政治的観点〉，〈労働力形成—市民形成〉といった対立軸のうち前者のみが肥大化している。後者の側面・観点・目的を取り戻していくということが対抗的な教育実践の大きな方針になるだろう」（松下2013：20）という指摘は，社会的要請の強まりに対して，人間的要請へと揺り戻すことを提起している。

2　カリキュラム・マネジメントの理念と特徴

（1）教育政策における「カリキュラム・マネジメント」の特徴

　近年では，カリキュラムづくりに関して「カリキュラム・マネジメント」という考え方が強調されている。この「カリキュラム・マネジメント」は何を求

めているものなのだろうか。中央教育審議会答申「幼稚園，小学校，中学校，高等学校及び特別支援学校の学習指導要領等の改善及び必要な方策等について」（2016年12月21日）において，「学習指導要領等の改善の方向性」として示されているもののひとつが「カリキュラム・マネジメント」である。

　この「カリキュラム・マネジメント」は，以下の３つの側面から捉えることができるものとして説明されている。すなわち，「① 各教科等の教育内容を相互の関係で捉え，学校教育目標を踏まえた教科等横断的な視点で，その目標の達成に必要な教育の内容を組織的に配列していくこと。② 教育内容の質の向上に向けて，子供たちの姿や地域の現状等に関する調査や各種データ等に基づき，教育課程を編成し，実施し，評価して改善を図る一連の PDCA サイクルを確立すること。③ 教育内容と，教育活動に必要な人的・物的資源等を，地域等の外部の資源も含めて活用しながら効果的に組み合わせること」である。

　①は，安彦の言う① 教育内容や② 組織原理にあたるだろう。②では，計画，実施，評価にかかわって PDCA と呼ばれるマネジメントサイクルを確立することが求められている。PDCA とは，Plan（計画）― Do（実施）― Check（評価）― Act（改善）のサイクルを指す。③では，① 教育内容，④ 教材，⑦ 指導方法，⑧ 授業内容に関わって，外部の資源を有効活用することを謳っている。

　カリキュラム・マネジメントは，近年多くの研究者に言及されている概念であるが，その代表的な論者である中留武昭や田村知子もマネジメントモデルとして PDCA を強調している。中留によれば，カリキュラム・マネジメントとは，「学校の教育目標を実現するために，教育活動（カリキュラム）の内容，方法上の連関性とそれを支える条件整備活動（マネジメント）としての協働性とを結ぶ対応関係を，組織体制と組織文化を媒介としながら，PDCA サイクルを通して，組織的，戦略的に動態化させる営み」（中留 2016：19）である。ここには，教育活動の内容系列と条件整備活動とを連関させるという理念があり，学術的な意味でのカリキュラム・マネジメント（教育課程経営）の意義はこの点にあると言えるが，PDCA サイクルの強調という点では，文部科学省や中教審の理念と同様である。カリキュラム・マネジメントのマネジメント論

としての主張は，PDCA サイクルの積極的な推進にあると言えるだろう。

（2）伝統的な2つのカリキュラム開発アプローチと PDCA

　カリキュラム開発アプローチとして，伝統的に「工学的アプローチ」と「羅生門的アプローチ」という2つの立場が考えられてきた。「工学的アプローーチ」とは，カリキュラムもしくは授業の目標を行動目標レベルまで細分化・明確化し，その目標到達に向けて実践がなされ，目標に準拠した評価を重視する。それに対して「羅生門的アプローチ」においては，目標は「一般目標」あるいは方向目標レベルにとどめて，創造的な実践が展開される。評価は，方向目標に照らすものの行動目標にはとらわれずになされる。この伝統的な2つのアプローチに照らして言えば，カリキュラム・マネジメントにおける PDCA の強調は，工学的アプローチが重視されていることになる。

3　カリキュラム・マネジメントと「教育のスタンダード化」

（1）教育のスタンダード化の特徴

　教育のスタンダード化は，教育に関わる一つの論点として定着してきた。では，教育のスタンダード化とは何を指すか。その特徴は何か。

　高橋英児は「学力向上をスローガンにして，授業，教室環境などに関する指導法が画一化されつつある状況が問題になった。さらに，朝の会から放課後に至るまで学校生活のあらゆる場面・領域で子どもと教師に求めることを『スタンダード』として地域・学校レベルで策定する動きがあることも分かってきた」と述べた上で，これらの動きを「スタンダード」化の問題として捉えている（高橋 2015：14）。つまり，ここでは，学力向上の名の下，あらゆる場面でスタンダードが策定される動きを指している。

　子安潤によれば，「教育のスタンダード化は PDCA 方式というシステムを基本にしている」。また，「プランを立てて実行し結果で評価し改善へというシステムを採用すると，目標の妥当性や評価の公正性が問題となり，スタンダードを設定したくなるのである。モノの生産とは異なる教育であるにもかかわらず，

『わかりやすい』数値目標や外見でわかる評価基準を押し付けてくることが多くなる。こうして目標と評価の単純化・画一化が蔓延することになる。」（子安2016a：21-22）とも述べて，教育のスタンダード化とPDCAとの親和性を指摘し，そこから生じる単純化・画一化をその特徴として挙げている。

　単に学校の目標としてスタンダードがつくられるということのみならず，スタンダードがあらゆる場面の目標として細分化されていくこと，それにもとづいて評価が単純化・画一化されていくことがこの動きの特徴だと言える。

（2）教育のスタンダード化の指標としての全国学力・学習状況調査の理念

　「教育のスタンダード化」の動向，あるいは，カリキュラム・マネジメントの重要な指標として位置づけられているのが全国学力・学習状況調査である。

　全国学力・学習状況調査は，2007年に開始された調査であり，その目的は以下の通りである（文部科学省「令和2年度全国学力・学習状況調査に関する実施要領」令和元年12月16日，参照）。

　義務教育の機会均等とその水準の維持向上の観点から，全国的な児童生徒の学力や学習状況を把握・分析し，教育施策の成果と課題を検証し，その改善を図るとともに，学校における児童生徒への教育指導の充実や学習状況の改善等に役立てる。さらに，そのような取組を通じて，教育に関する継続的な検証改善サイクルを確立する。

　第一に，全国的な児童生徒の学力・学習状況の分析とそれに基づく教育施策の検証・改善，という国レベルのカリキュラム・マネジメント。第二に，指導や学習の改善という教室レベルのカリキュラム・マネジメント。第三に，検証改善サイクル，すなわち，カリキュラム・マネジメント・サイクルの確立そのもの。全国学力・学習状況調査の目的は，2007年の開始以降，書きぶりは変わってきているものの，一貫してこの3点である。

（3）授業・学習のスタンダード化の実態

　授業や学習のスタンダードはさまざまなところで見られる。たとえば，北九

州市教育委員会は，「北九州スタンダード　すべての教師たちのための授業改善ハンドブック」として，「「わかる授業」づくり５つのポイント」を挙げている。それは，「１　学びの基盤を支える「学習規律」」「２　板書には，必ず「めあて」，「まとめ」と「振り返り」」「３　子どもの思考を深める「発問」の工夫」「４　１時間の中に「話し合う活動」と「書く活動」」「５　「まとめ（振り返り）」終わりの５分の確保」の５つである（北九州市教育委員会 2015：107）。１や３のように，そのポイントに関する取り組みを柔軟に思考できるような方向目標として示されているものもあるが，２や４や５のように行動目標として示されているものもある。

　こうした教師に対するスタンダードは，直接的に子どもたちへの学習の仕方のスタンダードへとつながりうる。挙手の仕方，発言の仕方，授業中の姿勢，筆箱の置き方，筆箱の中身に至るまで，子どもの学びがスタンダード化されていく。学びの文脈のみならず，生活の文脈にもスタンダードは広がっている。

（４）「教育のスタンダード化」の実践的課題

　こうした「教育のスタンダード化」は，どのような課題を抱えているか。この点に関して，高橋英児は，第一に，スタンダードを根拠づけるエビデンスが不明であること，第二に，自治体から学校，学校から教師，教師から子どもへと一方的に示されること，第三に，文脈・個別性を無視して画一的に運用されること，第四に，教師や子どもの自主性や主体性を剥奪していること，という関連した四点を挙げている（高橋 2019：31-32）。

　第一について言えば，そもそもスタンダードとして示されている各種の行動が，学力や学校生活の質を向上させるという思想的，科学的根拠が示されていないことが多いのである。また，仮に，学習状況調査やアンケート等で，行動と学力との相関関係が示されたとしても，それは相関関係であって因果関係ではないにもかかわらず，因果関係があるように捉えられることにも問題がある。たとえば，先のスタンダードに関して言えば，「１　学びの基盤を支える「学習規律」」とかかわって，「子どもは，教師の説明や友だちの発言をよく聞いている」という評価項目がある。その評価指標として，子どもたちには手をきれ

いに挙げていることや，背筋を真っすぐに伸ばしていることが求められがちである。そのことが学力と正の相関をもっていたりすると，手をきれいに挙げれば学力が上がるわけでもないにもかかわらず，手をきれいに挙げることが子どもたちに，そしてそうさせるための指導が教師たちに，ますます要請される。因果論的には意味のない行動の自己目的化が起こる。また，そうした行動の強要には，多様な理由で手をきれいに挙げられない子どもへの合理的配慮がそもそも不足している。

　第二について言えば，示されたスタンダードが，評価基準として機能することで，問い直しや解釈の余地のないものとして固定化されてしまうという問題である。学力・学習評価や，スタンダードの達成状況についての評価が，教員評価や学校評価と直接的に結びつくことで，それは，問い直す余地のない，従うべきものとして過剰に位置づくことになる。その弊害の一例として，全国学力・学習状況調査における教師による答えの誘導が起こったりしている。それは，結果として，評価としてのテストの機能をないがしろにすることになる。

　そうした問題と密接に関わる問題として第三の画一性の問題が起こる。たとえば，加茂勇の「学校全体で行っていることを考えたときに，発達の視点が弱いことに気付く。ある時期に必要だった支援が，支援がなくてもできるようになったときには，不必要な支援に変わることがある」（加茂　2018：47）という指摘がある。スタンダードとして示されているものは必要な場合も当然あるが，それが乗り越えられて不要になる場合もあるということである。それにもかかわらず，スタンダードに固執することは，発達や学びの停滞につながる。

　教師が「まとめ」をしなくても自分なりにまとめられる子どもになってほしいのであれば，いつまでも教師が「まとめ」をやっていてはいけない。だが，「授業のおわりに『まとめ』をする」というスタンダードで評価されるのであれば教師はいつも「まとめ」をせざるをえない。結果として，自分なりにまとめられる子どもは育たないし，オープンエンドの授業など存在していてはいけないことになる。

　以上のような問題状況の原因として，あるいは，結果として，第四の問題としての自主性・主体性の剝奪がある。一方向性あるいは画一性といった特徴か

ら，教師や子どもに結果として求められることは，意味理解のともなわない，決められた行動の形式的な模倣に終わる危険性がある。そこには，授業がどのようにしたらおもしろくなるかという教師の主体的な悩みも，どのようにしたら自分の学びは楽しくなるのかという学習者の主体的な探究もない。

　そもそも学校が教育課程の編成主体であることを考えれば，その評価指標は学校が独自にもっていてよい。カリキュラム・マネジメントによって教科横断的なカリキュラム編成を求めるのであれば，その評価指標が国語と算数・数学のみであっていいはずがない。スタンダードが規定しているものは，評価すべき（したい）対象の限定的な部分にすぎないことを認識すべきだ[(2)]。

　以上のように，教育のスタンダード化には，規定されたスタンダードに教育実践が収斂されていくという課題が潜んでいる。そうではなくて，子どもにとっての意味が強調される主体的な学びのためには，子ども一人一人がもつ多様性や多様な学びに開かれたカリキュラムづくりが模索される必要がある。

4　スタンダードに閉じられたカリキュラムから，子どもに開かれたカリキュラムへ

（1）子どもに開かれた教育計画としてのカリキュラム構成

　ここでは，子どもに開かれたカリキュラム構成の一例として，福岡教育大学附属福岡小学校の取り組みを挙げたい。そこでは，平成27年度から文部科学省研究開発学校指定をうけてカリキュラムに関する研究開発が続けられてきた。平成30年度には，「子供の文脈を重視した内容の精選」「子供自らによる学びの選択」「子供の自己内省と省察の重視」を重視しながら，「にんげん」「くらし」「ことば」「すうがく」「かがく」「げいじゅつ」「けんこう」の7つの領域および「たんれん」「チャレンジ」の時間でもって，カリキュラムを構成している。

　カリキュラムとして，あるいはその編成原理の妥当性や適切性については，のちの評価を待たねばならないが，この研究開発は，いまの時代を生きる子どもたちが現在および将来向き合うであろう課題，すなわち伝統的な学問分野の知見のみでは解決しえないトランスサイエンスな課題の探究や克服に向かって

いける子どもを育てるカリキュラムを，学校が主体となって構成するという点に挑戦している取り組みだと言える。こうした大規模なカリキュラム改革は，人的，物的，金銭的な環境が整ってこそできるのかもしれないが，目の前の子どもの今，そして未来のためのカリキュラム構成というエッセンスは評価されてよい。

　「教育課程編成は，単元構成が基本なのである」（子安 2009：128）という指摘をふまえれば，子どもの実態・思い・願いに目を向けて，それをどのように授業・学習の中で取り上げるのか，どのように授業・学習の課題として構想するか，ということを考えた単元構成から始めることが重要だろう。

（2）子どもに開かれた学びを促すカリキュラム・授業

　最後に，ひとつの実践を取り上げて，子どもに開かれた学びを促すようなカリキュラムや授業を見通す視点を考えたい。ここで紹介する原田真知子の実践は，いわゆる「学級崩壊」を乗り越える居場所づくり・集団づくりの実践として描かれている。実践記録には多くの子どもたちとのやりとりが記されているが，ここでは達也に対するアプローチを取り上げたい。

　原田は，達也の行動の背景を汲み取って，自身と達也との関係づくりを通して学校や教師と達也との関係を紡ぎなおした。それだけでなく，達也のよさを他の子どもたちとも共感し合いながら，達也の居場所づくりを支えていった。それは，「私は毎日，教室の中から外までかけずり回りながら，この子たちの行動の『訳』は何なのか。その背景に何があるのか，彼らの願いは何なのか，それを子どもたちと共に見つけていこうとしました」（原田 2000：16）という言葉に象徴されている。

　学びの空間としての教室の中に達也を積極的に位置づけている点も重要である。「言葉で『出ていってはいけない』と伝えるだけではなく，達也の学習要求を引き出し，達也が加わることで深まる授業をしなければ，と考えていました」（原田 2000：24）という原田の思いは，学びの場としての教室のつくり直し，を端的にあらわしている。

　「「登場人物の気持ちなどを，飛躍し逸脱しながらも想像をめぐらせて発表し

ます。作り話の得意な達也の発言を，子どもたちは『達也ワールド』と名づけ，それなりに受けとめながら，反論しました。そして，『達也ワールド』に反論することで，子どもたちの読み取りと討論の力は鍛えられました。『達也のおかげでおもしろい話し合いができたね』と言うと，達也はうれしそうに椅子の上に立ち上がってみせました」と原田先生」（永井 2000：45）という振り返りの記述にあらわれているように，授業として，あるいは，生活の場として多様性を認めるからこそ学びが深まるし，学びとしての深まりを見通すからこそ多様な存在を認められるというようなカリキュラム・授業の有り様を示している。

　子安は，学びに取り組む教師のまなざしとして，第一に「子どもも教師も困難を抱えて生きていることへの自覚と共感」，第二に「批判的まなざし」，第三に「文化性」を提案している（子安 2016a：36）。それぞれの背景に寄り添うこと，子どもの発言が教師も含めた既存の科学・学問に対する批判となりうること，そしてそれらを認められるような大人世代の代表としての文化性を備えていること，を求めている。

　教師の予想した正答から遠い，ぱっと見の間違いやつまずきを，間違いやつまずきと決めつけるのではなくて，もしかしたら正答かもしれない，科学的・学問的かもしれないと，本気で問答の俎上に乗せて検討してみる必要があるのではないだろうか。それは，効率的に学習をこなす立場からは無駄に見えるかもしれないが，学びにとっては決して無駄ではなくて，学び（直し）につながりうるし，むしろそちらの方がよほど科学的・学問的かもしれない。科学や学問は，ああでもない，こうでもないという試行錯誤の連続だからである。教科書に記されている科学的・学問的知見に「本当かなぁ」と疑いのまなざしを向けている子どもの方が正しいかもしれない時代がやってきている。そうしたつぶやきと，文化性をもって対話することが，カリキュラム・授業を構成する教師には求められている。

学習課題

（1）カリキュラムの編成原理を参照しながら，子どもにとって必要だと思う単元
　　を構想してみよう。

（2）「スタンダード化」に陥らないような，それでいて，子どもにとって意味のあるカリキュラムや授業を構想するために大事な原理・原則はどのような言葉で規定できるか考えてみよう。それについて友人や同僚と意見交換してみよう。

注

(1)　いまの教育課程にあたる用語として，当時，教科課程が用いられていた。これは，当時のカリキュラムが，教科のみによって編成されていたことによる。

(2)　ミュラーは，「測定基準への執着」が「繰り返す欠陥」として，「一番簡単に測定できるものしか測定しない」こと，「標準化によって情報の質を落とす」ことなどを挙げている（ミュラー　2019：24-25）。

引用・参考文献

安彦忠彦（2006）『改訂版　教育課程編成論』放送大学教育振興会，2006年。

安彦忠彦（2009）「カリキュラム研究と授業研究」日本教育方法学会『日本の授業研究——Lesson Study in Japan　授業研究の方法と形態〈下巻〉』学文社。

安彦忠彦（2019）「カリキュラムとは何か」日本カリキュラム学会『現代カリキュラム研究の動向と展望』教育出版。

池内了（2014）『科学のこれまで，科学のこれから』岩波書店。

加茂勇（2018）「スタンダード化するユニバーサルデザイン」『教育』2018年9月号。

北川剛司・樋口裕介（2018）「学習集団研究からみた「カリキュラム・マネジメント」の課題」深澤広明・吉田成章編『学習集団研究の現在 Vol.2　学習集団づくりが描く「学びの地図」』渓水社。

北九州市教育委員会（2015）「平成27年度　全国学力・学習状況調査　報告書」https://city.kitakyushu.lg.jp/files/000722728.pdf　（2021年8月29日閲覧）。

国立教育研究所（1998）『小学校の算数教育・理科教育の国際比較——第3回国際数学・理科教育調査最終報告書』東洋館出版社。

子安潤（2009）『反・教育入門［改定版］——教育課程のアンラーン』白澤社。

子安潤（2016a）「子どもの未来をひらく授業づくり」竹内常一・子安潤・坂田和子編著『シリーズ教師のしごと第4巻　学びに取り組む教師』高文研。

子安潤（2016b）「生成的学習集団への転換」広島大学教育方法学研究室編『学習集団研究の現在 vol.1　いま求められる授業づくりの転換』渓水社。

高橋英児（2015）「「スタンダード」化の背景を探る」『生活指導』2015年6/7月号。

高橋英児（2019）「教育のスタンダード化がもたらす諸問題と対抗の可能性」日本生活指導学会『生活指導研究』36：29-38。

田村知子・村川雅弘・吉冨芳正・西岡加名恵（2016）『カリキュラムマネジメント・ハンドブック』ぎょうせい。

永井芳和「原田真知子先生の実践点描　本当の子どもたちに出会った時，教師は」（2000）子安潤編『学級崩壊——かわる教師　かえる教室　第Ⅲ巻・小学校中学年「少年期の関係を編み直す」』フォーラム・A。

中留武昭（2016）「今，なぜカリキュラムマネジメントが求められるのか」ぎょうせい編『新教育課程ライブラリ Vol.5　学校ぐるみで取り組むカリキュラム・マネジメント』ぎょうせい，18-21。

原田真知子（2000）「三年一組，元気組！——出会いと学び合いの教室」子安潤編『学級崩壊——かわる教師　かえる教室　第Ⅲ巻・小学校中学年「少年期の関係を編み直す」』フォーラム・A。

福岡教育大学附属福岡小学校（2020）「平成30年度研究開発実施報告書（要約）」https://www.mext.go.jp/component/a_menu/education/micro_detail/_icsFiles/afieldfile/2019/04/19/1415537_005.pdf　（2021年8月29日閲覧）

福田敦志（2017）「授業のスタンダード化と教育実践の課題」日本教育方法学会編『教育方法46　学習指導要領の改訂に関する教育方法学的検討「資質・能力」と「教科の本質」をめぐって』図書文化。

松下佳代（2013）「PISAの影響の下で，対抗的な教育実践をどう構想するのか」日本教育方法学会編『教育方法42　教師の専門的力量と教育実践の課題』図書文化社。

ジュリー・Z・ミュラー著，松本裕訳（2019）『測りすぎ　なぜパフォーマンス評価は失敗するのか？』みすず書房。

文部科学省（2018a）『小学校学習指導要領（平成29年告示）』東洋館出版社。

文部科学省（2018b）『小学校学習指導要領（平成29年告示）解説　総則編』東洋館出版社。

文部科学省　学習指導要領データベース内「昭和22年度学習指導要領一般編（試案）」https://erid.nier.go.jp/files/COFS/s22ej/chap3.htm　（2021年8月29日閲覧）

（樋口裕介）

第7章

青年期の学びとキャリア形成

　　近年，「キャリア教育」が小学校から行われている。1999年の中央教育審議会答申「初等中等教育と高等教育との接続の改善において」で，新規学卒者のフリーター志向の広がり，高等学校卒業者のうち進学も就職もしていない者の割合，離職率の高さが指摘され，若年層の就労・雇用問題の深刻化への懸念からキャリア教育の必要性が主張され（児美川 2013：34-35），職場体験，インターンシップといった取り組みが一斉に広まった。

　　しかし，このような「キャリア教育」は，職業や就労だけに焦点が当たってしまっていること，学校全体の取り組みになっていない（教育課程の"外付け"の実践になっている）ことから，狭すぎるし，偏っていると言われる（児美川 2013：44）。

　　キャリアとは，「これまでの，そしてこれからの人生の履歴」を意味することを鑑み，「学校におけるさまざまな教育活動が，子どもと若者の，彼らが将来担うことになる『役割』の遂行能力の育成に資するものとなっていれば，それがキャリア教育なのである」（児美川 2013：54）という指摘をふまえて，主に高校段階の生徒を対象にして，学校教育全体を通してキャリアを形成していく学びのありようを述べる。

1 現実の世界を読み解く学び——仲本正夫の数学授業を中心に

（1）日本の高校生と数学

　まず，数学科に焦点を当てて教科の学びを考えたい。

　2000年から3年に1度，15歳児（日本の場合は高校1年生）を対象にOECD（経済協力開発機構）のPISA調査が実施されてきた。田中耕治（2008）によれば，OECDは，発足当初から経済成長にはたす教育の役割に注目しており，国際経済下における教育のグローバル・スタンダードを志向している

（田中 2008：31）。したがって，OECD の学力観を絶対視することは避けたいが，数学に対する高校生の意識の一端をつかむために紹介したい。

　2003年調査と2012年調査では「数学的リテラシー」が調査の中心分野となり，数学に対する質問紙調査を実施している。以下，項目ごとに，2003年調査，2012年調査の日本の生徒の割合を挙げる。なお，2003年調査の OECD 平均は30か国，2012年調査の OECD 平均は29か国のものである。

　まず，「数学における興味・関心」に関する項目において肯定的な回答をした生徒の割合は，「数学の授業が楽しみである」26.0％（OECD 平均31.5％），33.7％（OECD 平均35.5％），「数学で学ぶ内容に興味がある」32.5％（OECD 平均53.1％），37.8％（OECD 平均52.9％）と，その他の２つの項目を含め，いずれの項目でも OECD 平均より低く，数学の授業に楽しさや興味を抱いていない日本の生徒の姿が浮かび上がる。

　次に，「数学における道具的動機付け」に関する項目の中で特に低い２項目を挙げると，「将来の仕事の可能性を広げてくれるから，数学は学びがいがある」42.9％（OECD 平均77.9％），51.6％（OECD 平均77.3％），「自分にとって数学が重要な科目なのは，これから勉強したいことに必要だからである」41.4％（OECD 平均66.2％），47.9％（OECD 平均65.3％）となっており，数学と将来との関連性を実感していない生徒が相対的に多いことがわかる。

（2）微分と積分をすべての高校生に

　数学の授業が楽しみではない，数学の内容に興味がないという生徒状況は近年だけの状況ではない。教師自身の数学観を変容させながら，数学を学ぶ意味を問う授業実践を展開した仲本正夫の授業実践をみてみよう。

　仲本正夫は1967年に私立山村女子高等学校（埼玉県）に就職するが，実践の契機は1970年代中頃である。その当時の学校教育をめぐる状況はというと，教育内容の「現代化」が謳われた1968年の学習指導要領改訂により，小学校の算数科の学習内容に集合，確率，負の数，文字式が位置づけられ，「落ちこぼれ」「落ちこぼし」と呼ばれる子どもたちが大量に生みだされていた。仲本が教えた高校生たちも，小学校の算数や中学校の数学の授業についていけず，数学に

対する嫌悪感を抱いていた。

　仲本は，数学嫌いが増える原因を次のように指摘している。それは，「なぜ数学を学ぶのか」という問いに答えずに，いつか役にたつことがあるかもしれないと無味乾燥な公式を覚えさせ，数字をあてはめる練習をする操作主義的数学がはびこっているからである（仲本 2005：31）。学年段階が進み学習内容が難しくなるにつれ，なぜ数学を学ぶのか，四則演算さえできれば生きていけるのではないか，「三角比は設計や建築に役立つと言われても，その道には進まないから自分には不要だ」という高校生は少なくないだろう。これらの声にどうこたえるか。

　仲本自身が述懐しているように，彼自身も算数や数学を操作と考えていた。その数学観が転換したのは，遠山啓『数学入門』（上巻は1959年，下巻は1960年に岩波新書から発行された）との出会いであり，本質や意味のわかる数学というものがあるということを知った（仲本 2005：136）。仲本は，折り紙で最大容積の箱を作るという課題や，微分の応用として小説づくりに取り組ませたり，面積が4になる図形をグラフにかいて色を塗るという課題を出したりして，生徒たちに物事を関連の中で捉えることの大切さを学ばせてきたが，どの実践も微分や積分そのものがわかるといったものではなかった（仲本 1984：48）。

　微分や積分の本質とは何か。積分の本質的な考え方は，限りなく小さく細分化していったものを，もう一度寄せ集めていくことであると仲本は述べており，それを『積分法GO-GO-GO』という自主教材を使って系統的に学習したうえで，放物線コマをまわす授業を行っている（仲本 1984：54-68）。一円玉を顕微鏡で見る実践では，「曲線というものをそのかぎりなく小さな直線部分からとらえるというのが微分の考え方の一つである」（仲本 1984：78）と考え，微分の本質を直感的につかませようとしていた。

　1978年6月8日付の教科新聞「数学だいきらい」(1)には，一円玉を顕微鏡で見たときの生徒たちの感想が掲載されている。「顕微鏡をのぞいて，このまま全体をうつすとしたらどれくらいきょ大な一円玉になるのかと思いビックリ。この地球上を考えて顕微鏡をのぞいた地点に今いると思うと地球の大きさにはたまたビックリ」という感想は，微小部分が直線になるということと地球が平面

に感じるということを結びつけて地球の大きさを実感している（仲本 1984：80-83）。この感想は，仲本の数学授業を通してつかんだ微分というものを，自分が生きる世界に引きつけ，それまでとは違った目で世界を捉えようとしている。ヴィゴツキーが，生活的概念から科学的概念への発達，科学的概念の発達が自然発生的（生活的）概念を高い水準に引き上げると述べていた，生活的概念と科学的概念の複雑な相互関係を生徒が体験していると言えよう。

　なぜ，仲本は微分と積分の本質にこだわるのか。それは，こまかく分けていって物事をつきとめてみる微分，一度こまかく分けていったものをもう一度つなぎあわせて全体像をつかむという積分の学習が，分析と総合という科学の重要な方法を学びとる道具を身につけるという意味をもっているからである（仲本 1984：100）。したがって，微分や積分をやらなくてもいいという教育は，教育ではなく，国民に豊かな知恵を保障するものではないと批判する（仲本 1984：233）。現在も，いわゆる「底辺校」の中には，微分と積分を教えない学校がある。それは，青年が現在のあるいは将来の生活を送るうえで必要な科学的な思考方法を身につける機会の剝奪と言える。

（3）現実の世界を読み解くメガネとしての数学

　数学は，自分が生きているこの現実の世界を読み解く新しいメガネになる（仲本 2005：31）。数学という科学を使って現実の世界を読み解くというのは，騙されない市民になることともつながる。

　1991年の実践の中で，『ドラえもん』の「バイバインの巻」を教材とした授業がある。「バイバイン」という薬をかけると，くりまんじゅうが5分ごとに2倍に増え，1時間後に4096個，2時間後に1677万7216個に増え，1日で地球がくりまんじゅうの底に埋めつくされてしまうため，ロケットでくりまんじゅうを宇宙へ飛ばすという漫画を用いて，新しいメガネ（指数関数）を手にいれる授業である。指数関数を学ぶことで，1日後には宇宙がくりまんじゅうで埋めつくされることに気づき，次時には漫画の結末を各生徒が制作する。その過程をとおして，作者はもっと違う解決策を出すべきだったという意見が生徒からでてくる（仲本 2005：32-44）。この実践をもとに，仲本は，現実の世界に批

判的にかかわり，納得のいく方向につくり変えていくことが実感できる数学教育を提唱している（仲本 1995：110）。物語の結末をつくりかえることと現実世界を批判的に読み解くことは一見距離があるように感じるが，漫画というメディアの情報を疑わずに受け入れるのではなく，指数関数というメガネを使って読むことで，作者が描いた結末の間違いに気づくのである。

　現実には存在しないドラえもんの道具だけでなく，実在する消費者金融の利息を教材として指数関数を学ぶ授業も，仲本は展開している。利息制限法改正前の1980年代の広告を題材に計算することで，50万円の借金が 5 年間で約 5 倍になることや，10年間借りると借金額の25倍もの返済が必要になることを生徒はつかんでいく。「10年間でこんなに利子が増えてしまうのはちょっと高すぎだと思う。お気軽に電話なんてできません」（仲本 2005：51）という感想には，指数関数を学ぶことによって高額すぎる返済額を具体的に知り，消費者金融の広告を批判的に捉える認識が見える。

2　青年が生きる社会の学び

　仲本は，「学ぶということの中には，新しい世界に目をひらく，漠然としていたものがリアルにみえてくる，学んだことによって新しい可能性が手に入る，そういうよろこびや感動が含まれているはずだし，そういう経験が学習のバネになっていく」と学びの意義を述べている（仲本 1984：85-86）。これは数学に限らない学習の捉え方である。本節では，いまの青年が生きる世界を読み解き，そこに青年がどうかかわっているかを述べていきたい。

（1）現在の労働をめぐる状況

　まず，青年が現在いきている，これから漕ぎ出ていく社会がどのような状況にあるのかを，労働を軸に捉えていきたい。山本敏郎（2014）が指摘するように，キャリア教育が必要だと言われるさいには若者の未熟さが問題視されるが，その前に，雇用環境が大きく劣化したことを問題にする必要がある。

　正規雇用が解体されて久しいが，その方向性を確固たるものとしたのが，

1995年に日本経営者団体連盟が発表した「新時代の『日本的経営』」である。その中で，年功序列制と終身雇用制をやめて，労働者を，長期蓄積能力活用型，高度専門能力活用型，雇用柔軟型へと再編する制度が提案され，これを指針に経営者および企業は正規雇用の解体を開始した（山本 2014：226）。その後，専門性の高い職種に限定されていた労働者派遣事業が，1999年の労働者派遣法改正により対象業務を原則自由化，2004年には製造業にも派遣を解禁したことが，非正規雇用拡大を後押しした（川村 2019：72）。とくに近年では，失業率の低下と有効求人倍率の上昇が経済政策の成果と喧伝されているが，この間の雇用増が主として非正規雇用の増加によること，フルタイム型の非正規雇用が拡大していることに注意を払う必要がある（川村 2019：69-71）。

　では，正規雇用であれば雇用環境は整っているのかと言えば，そうとも言えない。川村雅則（2019）によれば，扶養者役を期待されていた男性・正規雇用者（20歳代後半から40歳代）においても低所得者（300万円未満）の割合が2012年まで増加しているうえに，いわゆる過労死ラインに該当する週60時間以上労働者数が，ピーク時からは減少しているものの435万人を超えている（川村 2019：78-80）。「ブラック企業」ということばが市民権を得ている状況を鑑みても，正規雇用であれば真っ当な働き方ができるという現状でもない。

（2）青年のキャリア形成を阻む貧困問題

　このような状況が，青年が育つ家庭の経済状況に打撃を与え，キャリア形成を阻んでいる。2018年の厚生労働省「国民生活基礎調査」によると，18歳未満の子どもの相対的貧困率は13.5%，全世代の場合は15.4%であり，前回調査（2015年）から若干改善したものの，依然として厳しい状況にある。貧困問題の背景には，雇用問題，貧相な社会保障制度，高額な教育費の家計負担[2]があり，それらが青年の進路選択にも影を落としている。

　ある年の2月。高校生活最後の現代社会の授業で，「10年後の私の姿」を描き，そのために今どうするかを生徒がワークシートに記入していた。ある生徒は，「10年後の私の姿」には，「美容師として働いている」と書いたにもかかわらず，そのために今は「内定をもらった会社で働く」と書いた。その理由を尋

ねると、「ほんまは専門学校いって美容師になりたい。でも、そのお金がない
から、内定もらった会社で働いて、お金をためて、専門学校に行きたい」と話
してくれた。夢を描いても自分の努力ではどうにもできない現実に青年が直面
している。

　この高校では、学校設定科目「時事問題」（社会科公民分野選択科目）で、
貧困問題を扱ってきた。上記の生徒の一つ上の学年では、市内で起きたホーム
レス襲撃事件を導入にして、生活保護制度を中心にして11時間にわたって貧困
問題を扱った（平田 2013；大澤 2014）。ホームレス状態の人たちを「襲撃」し
た経験を話す生徒、貧困問題は政治家が解決すべきことで私たちには何もでき
ないという発言をする生徒がいたが、授業者は事例をもとに対話を重ねながら、
貧困問題の背景にある社会構造をつかませようとした。

　貧困を学ぶことで、貧困を生み出さない仕組みを考え、それを実現していく
ための知恵と力を形成していくことが求められると藤井啓之（2012）が述べる
ように、貧困問題を生みだしている社会構造を変えていく知恵と力を形成した
い。

　貧困問題への認識を深めるだけでなく、自主的に行動に移していった例とし
て、高校1年生の「産業社会と人間」で生活保護制度を学ぶ過程で「自己責任
論」に向き合い、発表会終了後もこの問題に取り組み続け、校内に「子ども食
堂」を立ち上げた高校生たちを挙げることができる（朝日新聞 2017；大阪府立学
校人権教育研究会 2019）。彼女たちは、卒業前に校内で説明会を開催し、1年生
の発表会時の映像を参加者に見せたうえで、この思いを引き継いでほしいと伝
えた。運営のハウツーだけではなく、生活保護制度とそれへのバッシングに向
き合った思いも後輩に引き継いだ。この活動は、認識と行動をどうつなげなが
ら社会問題に集団的に向き合い続ければいいのかを教えてくれる。

（3）労働者の権利の学びと雇用環境の改善

　劣化する雇用環境に青年が働きかけることはできないのか。山本敏郎
（2014）が主張するように、働くことにかかわる学びは、今労働者がどのよう
に働いているか、生活しているかを具体的に知ることから始めて、働く者の権

利と，それを自分一人のためにではなく，働く人たちで集団的・協同的に行使する方法を学び，働く者が大切にされ主人公になる社会を構想していくことである（山本 2014：232）。

その好例として，「格差と貧困がうずまく現代社会で負けないで生きていく労働と生活に必要な知」をテーマに，2007～2009年に高校3年生の現代社会で展開された井沼淳一郎の「アルバイトの雇用契約書をもらってみる」を取り上げる。

労働基準法の理解や時給と割増賃金の計算，先輩の雇用契約書を読み解くという授業の後，夏休みの宿題として，（一部の）生徒たちがアルバイト先に雇用契約書を要求し，レポートを書く。E子の雇用契約書を生徒たちがグループで検討するなかで，雇用契約書の不備，雇用契約書と労働実態の違いが指摘され，弁護士による解説が加えられる。授業後，E子は，弁護士にもらった労働基準法ガイドブックを店長に示して有給休暇を取得するという行動を自主的に起こしている。雇用環境の改善に至った成功例だけでなく，雇用契約書をもらえなかった生徒のレポートをもとにロールプレイをして考えさせる授業も行っている（井沼 2014：42-67）。

井沼は，高校生が労働法を学ぶことの意味は，「たたかう武器」を手にするためではなく，アルバイト高校生が，使用者とも正社員とも「ちゃんと話ができる」関係をつくるためだと述べている（井沼 2014：73）。また，井沼は，労働基準監督署や労働組合についての学びも展開している（井沼 2010：17-21）。3年間の取り組みの中で地域のアルバイト環境が改善されるなど，現実社会を良い方向に変えていった事実もある。無知な高校生に知識を与える，社会の現実を批判的に捉えさせて終わりではなく，高校生たちが自分の労働の価値を正当に評価されることの意味とそのための方法を協同的に学び合う実践である。

3　特別活動の中で権利を行使していく学び

高校生が現実の世界に批判的に関わり，納得のいく方向につくり変えていくことは，身近な高校生活の中でも行われることである。本節では，現在問題視

されている校則問題，校則を変革した実践を考察することで，どのようにして権利を行使していくのかを模索したい。

（1）校則問題と人権

今なぜ校則が問題視されているのか。このたび社会問題化された黒染めの強要について，「ブラック校則をなくそう！プロジェクト」で収集された2010年代以降の事例をいくつか列挙する。ある保護者の投稿には，生まれつき茶髪の娘が二か月ごとに黒染めを求められ，金銭的な限度を感じ，学校に相談したが，「校則ですから」「嫌なら辞めてもいい」という学校の対応が描かれている。他にも，「地毛証明書」を提出しているにもかかわらず毎回頭髪検査で「毛先を切れ」と指導された事例など，生徒の人権が著しく侵害されている例が散見される（荻上 2018：34-59）。

日本国憲法に照らし合わせてみると，地毛を黒く染める「指導」は第13条が保障する「自己決定権」を侵害しているという見方がある。黒染め強要に限らず，頭髪の規制は，人身の自由，表現の自由，親権（家庭教育の自由）と衝突するという指摘もかつてからなされている（坂本 1986：50）。

荻上チキ（2018）には服装の規制に関する事例も多く掲載されているが，もっとも不合理な形で現れるのが，防寒や暑さ対策の禁止であり，どんなに寒くても指定服以外のものを着てはいけないというルールは「規則のための規則」であり，合理性はなく，健康被害や男女差別にもつながる（荻上 2018：44）。

防寒対策の禁止としては，マフラーや手袋，カーディガン着用の禁止が挙げられる。次項では，北海道の高校の事例を中心に，生徒たちが納得のいく方向に世界をつくりだしていく可能性について検討したい。

（2）生徒会執行部を中心とした校則改正運動

生徒の自治活動の衰弱が語られて久しい。坂本秀夫（1986）によれば，1970年の高校紛争は生徒会自治の現状を告発しながら高校生の権利を学校に主張したが，1970年代の終わりには高校生の無気力が深まっていった。そのようななかにあっても，校則の決定や運営に生徒が参加するべきであり，校則に対する

生徒参加が生徒自治の再生のきっかけになると坂本は述べていた（坂本 1986：238）。

18歳選挙権導入で特別活動における主権者教育も注目されるものの，依然として生徒会が「行事の下請け機関」になっている現状がある。しかし，生徒会は，「子どもの権利条約」に明記されている意見表明権をはじめとした権利を集団的に行使する機関にもなりうる。

ここで検討するのは，「ブレザーの下にカーディガンを着用してはならない」という校則が存在した北海道立室蘭東翔高校の事例である（本多 2013）。同校では，統合前にカーディガン着用が認められたことがあったが，教師が決定した規則を生徒が守らず，規則を強化する方向へ流れ，統合後の新しい制服を検討する際にはカーディガン着用禁止となっていた。

統合直後からカーディガン着用の要望が生徒からも保護者からも出されたが，判断が「保留」され，教職員の間では「もうカーディガン問題は終わったのでは？」という空気があった。しかし，2009年前期生徒総会で再度要望が出され，この年から生徒会担当となった本多の指導のもとで生徒会執行部は議論を重ねた。後期生徒総会での執行部の答弁を実行に移し，執行部全員が登校時と下校時に生徒玄関前に立って制服の着方改善を呼びかける「カーディガン・キャンペーン」が実施された。実施前には執行部が原案を作成して職員会議に了承を得るという手続きもふんでいる。一週間のキャンペーン後には全校生徒と教職員にアンケートで服装の変化を問うている。

その後，生徒，保護者，教職員からなる三者懇談会における保護者からの応援と提案「カーディガンを実際に着てみたらいいんじゃないですか？」をきっかけに，着用ルールの決定など慎重な準備のうえで，着用を試行する第2回カーディガン・キャンペーンを実施した。キャンペーンを評価するなかで，「ちゃんと着ていない人をチェックした方がいいのでは？」という意見が執行部でささやかれた。しかし，それに対して本多は「呼びかけることはかまわないが，生徒が生徒をチェックしたり指導することはしてはいけないよ」と指導した。それまでは執行部に寄り添い，要求を実現する後押しをしていた本多の「決定的な指導」である。それを受けて，代議員会での執行部の訴え（今度は

君たちが動く番ではないか？）に心を動かされた生徒たちがクラスの生徒に訴えかけ，職員会議を経て，翌年度の生徒総会でカーディガン着用が認められた。

　この事例をもとに本多が主張するように，生徒に「正しいやり方」を教えるのが教師の役割であり，現代の若者を覆う閉塞感を感じながらも，「本当に世の中はそうなのか，自分たちで行動して確かめてごらんよ」と背中を押すのが教師の役割である。

　それに加えて，生徒会執行部が生徒の服装チェックをするという，いわば教師側に立った行動をとろうとしたときに，執行部は誰の立場に立って誰の権利を保障しようとするのかを指導することの重要性を教えてくれる。生徒会には，生徒相互の権利を調整する役割と，学校に対抗して生徒の権利を救済する役割があり（坂本 1986：250），学校の管理主義の下請け機関となって生徒の表現の自由を侵害してはならないのである。

（3）多様化するライフコースと制度のズレの中で

　本多の実践が収められている『高校生活指導』第196号の座談会で，沖縄県立高校でのカーディガン着用運動が実を結ばなかったと語る伊藤香織は，行動したら世界は変えられるという体験が高校時代にできたら，社会に出てからも変えられるという気持ちと行動をもてると話し，声をあげ続ける必要性を語っている。

　社会に漕ぎ出ていく青年たちが，自分たちの要求に気づき，集団的に行動していくことは，変化の激しい時代の中でますます求められる。青年たちは，親世代と同じライフコースを辿り直すわけではない。たとえば，家庭を取り巻く状況は変化し，1992年に共働き世帯数が専業主婦世帯数を初めて上回り，2013年には共働き世帯1065万世帯，専業主婦世帯745万世帯となっている（内閣府男女共同参画局「男女共同参画白書平成26年版」）が，その現状に制度が追いついておらず，ひずみが各所に現れている。

　2016年，「保育園落ちた日本死ね！！！」というブログ記事から待機児童問題に注目が集まった。もちろん，このブログ記事以前から待機児童問題はあったのだが，このインパクトのある，当事者の切実な声が綴られたブログ記事が

SNS等を通じて共感を呼び起こし，ブログ記事が書かれた2週間後の衆院予算委員会で国会議員が首相にこの問題を問いただすに至った。議員席からの「誰が言ったんだ」といったヤジをきっかけに，「＃保育園落ちたのは私だ」というプラカードを持って国会前に立つ抗議デモも行われ，政府も無視できなくなった。

　無論すぐにこの問題が解決されたわけではなく，現在も待機児童数はゼロになっていない。しかし，当事者の声を聴くことによって，働く権利を侵害されている人たちの存在を市民が認識し，政府や自治体がその解決に乗り出す姿勢を示さざるをえない状況になるなど，この問題がクローズアップされたことの意義は大きい。

　待機児童問題以外にも，制度の不備やそれを下支えする人々の意識とのギャップにぶつかることは少なくない。国立社会保障・人口問題研究所の調べでは，「生涯未婚率」が，1990年に女性4.33%，男性5.57%だったのが，2015年にはそれぞれ14.06%，23.37%に上昇している。多様なライフコースを辿る人がいるのが現実であり，「標準的なライフコース」を前提にした制度とのズレは今後ますます自覚されていくだろう。

　自分が問題に直面したとき，問題に直面している他者の声を聴いたとき，問題を顕在化し，権利の実現のために集団的にはたらきかけていく。そのような学びが青年期に必要である。

学習課題

（1）現実の世界を読み解く授業としてどのようなものが考えられるか。具体的な
　　教科・単元をもとに構想してみよう。
（2）これまでに行動を起こして何かを変えたことがあるか，そのときのポイント
　　は何だったのか，経験を出し合って整理してみよう。

注
(1)　仲本正夫が，仲間の学級新聞に刺激されて1975年に初めて発行した教科新聞。教
　　科新聞に載せるべく一学期の中間テストで生徒に感想文を書かせ，上田町子の「せ

めて30はとりたかったよ」という悲痛な叫びに気づき，第一号は彼女の感想を中心
に組み立てて発行した（仲本 1984：142-145）。

(2)　日本は，高等教育の授業料が高額であるうえに給付型の奨学金制度が充実してい
ない特異な国である。その背景には，教育への政府の投資が乏しい現状がある。
2017年のOECD調査では，小学校から大学までの教育への公的支出がGDPに占め
る割合は，日本は2.9%であり，38か国中37位であった。家計への負担が大きいた
め，家庭の経済状況が進路選択を左右している。

引用・参考文献

ヴィゴツキー著，柴田義松訳（2001）『新訳版　思考と言語』新読書社。

朝日新聞大阪版（2017）「生活保護は自己責任？偏見なくしたい　つながれる場所　私たちが」2017年7月31日夕刊。

朝日新聞大阪版（2019）「多様な生き方　いつになれば」2019年8月14日夕刊。

井沼淳一郎（2010）『「はたらく・つながる・生きる」ちからを育てる現代社会（大阪府金融広報委員会金融教育研究活動報告）』

井沼淳一郎（2014）「アルバイトの雇用契約書をもらってみる授業」川村雅則・角谷信一・井沼淳一郎ほか『ブラック企業に負けない！学校で労働法・労働組合を学ぶ』きょういくネット，41-73。

大阪府立学校人権教育研究会編（2019）『2018年度第38回府立人研研究集会討議資料』

大澤仁（2014）「日本社会の貧困問題を考える」全国高校生活指導研究協議会編『高校生活指導』197：18-24。

荻上チキ（2018）「ブラック校則の具体事例」荻上チキ・内田良『ブラック校則――理不尽な苦しみの現実』東洋館出版社，34-59。

川村雅則（2019）「生活の基盤は安定しているか（1）――雇用・労働，賃金」松本伊智朗・湯澤直美編著『シリーズ子どもの貧困①生まれ，育つ基盤――子どもの貧困と家族・社会』明石書店，66-84。

国立教育政策研究所編（2004）『生きるための知識と技能2―― OECD生徒の学習到達度調査（PISA）2003年調査国際結果報告書』ぎょうせい。

国立教育政策研究所編（2013）『生きるための知識と技能5―― OECD生徒の学習到達度調査（PISA）2012年調査国際結果報告書』ぎょうせい。

児美川孝一郎（2013）『キャリア教育のウソ』ちくまプリマー新書。

坂本秀夫（1986）『「校則」の研究』三一書房。

田中耕治（2005）「仲本正夫と『学力への挑戦』――『数学だいきらい』からの出発」

田中耕治編著『時代を拓いた教師たち——戦後教育実践からのメッセージ』日本標準，167-180。

田中耕治（2008）「学力と評価の新しい考え方——質的に高い学力の保障をめざして」田中耕治編著『新しい学力テストを読み解く—— PISA ／ TIMSS ／全国学力・学習状況調査／教育課程実施状況調査の分析とその課題』日本標準，13-26。

仲本正夫（1984）『学力への挑戦——"数学だいきらい"からの旅立ち』ほるぷ出版。

仲本正夫（1995）「現実の世界を読みとる数学」竹内常一ほか編『学びの復権——授業改革（講座　高校教育改革 2 ）』労働旬報社，93-111。

仲本正夫（2005）『新・学力への挑戦——数学で新しい世界と自分が見えてくる』かもがわ出版。

平田知美（2013）「貧困問題の授業における当事者性」『和歌山大学教育実践総合センター紀要』23：191-200。

藤井啓之（2012）「現代の貧困と教師・学校」山下政俊・湯浅恭正編著『新しい時代の教育の方法』ミネルヴァ書房，156-168。

本多由紀子（2013）「生徒が校則を変えた！室蘭東翔高校生徒会の取り組み」全国高校生活指導研究協議会編『高校生活指導』196：22-30。

宮下与兵衛（2004）『学校を変える生徒たち——三者協議会が根づく長野県辰野高校』かもがわ出版。

山野良一（2014）『子どもに貧困を押しつける国・日本』光文社新書。

山本敏郎（2014）「進路指導・キャリア教育と生活指導」山本敏郎・藤井啓之・高橋英児・福田敦志著『新しい時代の生活指導』有斐閣，215-234。

（谷口知美）

第8章
世界に向き合うリテラシー形成と教材づくり

　本章では，子どもたちが生活現実を読み解き，他者と共に生きる世界を広げていく資質・能力としてリテラシーを捉え，それを育む授業づくりについて考える。まず第一に，学力やリテラシーの形成を考える際には，子どもが生活の中で育んでいることばを土台とする必要があることを述べる。第二に，個体還元的な学力・リテラシー観を問い直し，関係性の中で育まれる学力・リテラシーについて考察する。第三に，リテラシー形成において子どもの生活と教材づくりとを関連づけることの意味について検討する。最後に，生活現実や社会的課題を批判的に読み解くリテラシー形成と教材づくりについて提起したい。

1　リテラシー概念の2つの側面

　リテラシーという言葉には，一般的に，「読み書きの能力」や「識字」といった意味が付与されている。佐藤によれば，こうした意味をもつリテラシーという言葉が登場するのは，19世紀に入ってからのことであり，それ以前は，読書によって形成される「優雅な教養」を意味していた。その後，公教育が制度化されていく過程で，どの子どもも共通に身につけるべき「読み書き能力」としての意味が付与された（佐藤 2012：65-68）。

　リテラシー概念には，二つの側面がある。まず，機能的リテラシーとしての側面である。ユネスコにおけるリテラシー教育プログラムに影響を与えたグレイ（William S. Gray）は，学習者に蓄えられる読み書きの知識・技能ではなく，実生活で活用される機能的側面に焦点を当て，人びとが所属する社会の中で日常生活を営み，その社会の中でとり行われる諸活動に参加していくために必要とされる読み書き能力として，この概念を提起した。

　他方，リテラシーの批判的側面に焦点を当てたのがフレイレ（Paulo Freire）

である。フレイレは，貧しい農村で文字を学ぶ機会を奪われた人びとを対象と
したリテラシーの教育に携わった。リテラシーとは人びとが所属する既存の社
会に適応的に参加するための読み書き能力ではなく，学習者が自ら生きる生活
を対象化し，自分たちの生活を批判的，創造的につくり変えていく力を意味し
た。

　近年，学校教育改革をめぐる議論の中に，リテラシーという概念を位置づけ
る契機をつくり出したのは，OECD の PISA 調査であった。産業主義社会から
ポスト産業主義社会へと移行する中で，学校教育を通して子どもたちに育まれ
るべき資質・能力として，リテラシーという概念が使われている。従来の学力
概念が，ある一定の教科内容をどの程度習得したのかを問うていたのとは異な
り，リテラシーとは，知識・技能を道具として活用し，世界と相互作用しなが
ら，実生活で直面する課題にどの程度対処できるのかを問うものである（国立
教育政策研究所 2004）。この点においてリテラシーの機能性が重要視されている
と言える。またそこでは，現代社会が抱えている諸課題にも目を向け，子ども
たちが既存の社会のあり方を問い返し，市民として社会参加していくために必
要となる批判的リテラシーの形成も求められている（樋口 2010）。

2 子どものことばの中に子どもに固有の経験や物語をみる

（1）子どもたちを「生活者」と捉える

　子どもはすでに日々の生活を通して世界と向きあい，子どもなりのものの見
方や考え方をもっている。そのことを不問にして知識・技能を貯め込む教育を，
フレイレは「銀行型教育」として批判した。銀行型教育において子どもたちは，
教師によって与えられる知識・技能を貯め込む「容れ物」と見なされてしまっ
ている。そこでは，生活の中で自分たちのものの見方や考え方を築き上げてい
る「生活者」として子どもたちを捉えるまなざしが失われている。

　さらに銀行型教育は，「正答主義」の授業へと転化していく。学ぶことが，
自身のものの見方や考え方を媒介させながら「考える」営みとは捉えられず，
すでに携えているものの見方や考え方を脇に置き，教師が期待する答えを言い

当てる活動，教科書に書かれている答えを無批判に取り込む活動となってしまう。

　子どもを「生活者」と捉え，子どもがすでに身につけているものの見方や考え方にも目を向け，それらの広がりや深まりを生み出す授業づくりが求められる。

（2）教室の中に子どもの生活とつながる仕組みをつくる

　そのためには，子どもたちの生活が語られ，子どもたちの声の中に生活を発見するまなざしや仕組みが教室の中には必要である。その際，「朝の発表」や「スピーチ活動」の場は，子どもたちの声を教師が聴きとるための重要な場となる。しかし，子安が指摘するように，そのような場を設ける目的が，話し方やスピーチの技術の育成といったスキル主義に傾斜してしまうことがある。子どもたちに話し方の技術が育っているかだけに囚われるのではなく，子どもたちの語りの中には，「子どもの物事についての認識の仕方や見方，関心の向き方が示されていく」と捉えてみることも必要である。子どもたちの語りの中から，子どもたちが生活を捉えていることばを集め，それを学びの対象に据えていくことで，子どもの生活と学習とをつないでいくことができる（子安 2010：52-55）。

3　学力・リテラシー形成の場や関係を問い直す

（1）学力・リテラシー形成過程にある関係性に目をむける

　学力やリテラシーは，一人ひとりの子どもが所有するものだという見方に私たちは囚われやすい。しかし，子どもがどのような資質・能力をどれだけ所有しているかに囚われてしまうがあまり，学力やリテラシーが「関係のなかで成立し，関係のなかで育まれるもの」であるという視点を見落としてしまうことがある。学力やリテラシーが子どもの身についていないと言われるとき，それを所有していない個々の子どもの責任だと捉えられ，学力やリテラシーが形成される場や関係がはらむ問題に目が向けられないことがある（岩川 2001：182）。

学力やリテラシーが，「関係のなかで成立し，関係のなかで育まれるもの」であると捉える場合，そこにはいくつかの視点がある。まず第一に，授業の中で子どもが習得する知識・技能が，学んでいる「わたし」と関わりある知識・技能として獲得されているどうかが問われる。学校で学ぶ学問や文化の基礎・基本は，学ぶ「わたし」と関わりあるものとして，はじめから子どもたちの前にあるわけではない。ことばのもつ豊かさは，明示知として示されたことばにあるというよりは，そのことばを使う個々人の「個人的で主観的な経験をとおして集積された属身的な知」としての暗黙知に支えられることで成り立つと言われる（田中 2005：270-271）。子どもたちが「生活台」を通して身につけてきたものの見方や考え方を介しながら，知識を「自分のことば系列のなかにおきかえ，くみ直して」いくことで豊かな学力やリテラシーは育まれていくのである（吉本 1995：195）。

　第二に，知識・技能を獲得する過程自体が，他者との関係を必要とする。「学力とは，仲間との緊張をはらんだ問いと答えの過程でつくり出されていく相互作用の体系だ」（吉本 1995：196）と言われるように，子どもの個性的な考えが，ある場面では納得や共感を得ながら，またある場面では対立や緊張をはらみながら相互に出会っていく対話・討論を通して，学力やリテラシーは育まれていく。社会文化的アプローチに依拠した学習論の文脈では，他者のことばをわがものとしていく学びを「アプロプリエーション（appropriation）＝領有」としての学びと呼ぶ。学んでいる「わたし」のものの見方や考え方は，教室内の他者，あるいは教室を越境して存在する他者との対話・討論の所産にほかならない。対話・討論を通して，他者のことばを「接続語」を介して「分有する」ことによって，子どもたちは学びを深めていくのである。またこうした学びの場への参加を通して，異なるものの見方や考え方をもつ他者の声を聴き，その声に応答する力を育んでいくのである。

　第三に，学力やリテラシーは，他者との関係の中で発揮されると考えてみることである。竹内は，「能力が個人の私的所有物だ」と捉えるのではなく，「能力の共同性」を重要視する。通常，何かができるのは，それを可能にする能力を子どもがもっているからだと考えられる。また逆に，何かができないのは，

それを可能にする能力を子どもが持ち合わせていないからだと考えられる。し
かし，「能力の共同性」論は，「能力の発揮にふさわしい周囲の人や状況の存在
によってはじめて，（中略）さまざまな能力をこの瞬間に発揮できる」と捉え
ること，さらには，ある人が何かができないのは，その人をケアする関係が欠
けているからではないかと問うてみることを提起する（竹内 2007：130-137）。

　汐見は，一つの実践記録に基づきながら，子どもと教師との間に，呼びかけ
と応答の関係があることが，子どもの書くという行為を引き出すと指摘する。
そこに登場する子どもは，文字の読み書きがほとんどできない子どもであった。
ある日，文字とは言えない文字で書かれたノートを，読んでほしいと言わんば
かりに教師のところに持ってきた。教師は想像力を働かせながら，「こう書い
てくれたんだね」と応答を返したという。そうしたやり取りを繰り返しながら，
その子は文字を覚え，詩を書き始めるようになった。その子は，書きことばを
「正しく」使って表現することができない。だから，「正しい」書きことばを獲
得できるよう訓練するという方法もある。しかし，その子なりの表現の仕方を
受け止め，それに応答を返してくれる教師がいたことでその子のコミュニケー
ション能力は発揮されている。またそうした相互応答を繰り返す中で，その子
も文字で思いを表す世界へと参入している（汐見 1988）。

（2）子どもの声が立ち上がる場や関係をつくる

　学力やリテラシーの形成が，「関係のなかで成立し，関係のなかで育まれる
もの」であるならば，子どもたちが安心して身を置き，声を立ちあげることの
できる場や関係が教室の中にあるかどうかが問われる。まず，教室が子どもた
ちをありのままに承認する場や空間となっているかどうかである。庄井は，
「よくできた」「よくがんばった」時にのみ，その達成が承認されるのではなく，
「『なかなかできない』『なかなかがんばれない』ときの自分もまるごと肯定し，
誇りを抱かせる」場や関係が教室の中にあるかどうか，と問うている。そのよ
うな場や関係が芯の強い自己肯定感を育むことにもなる（庄井 2004：27-28）。

　また，子どもたちの間違いやつまずきを大切にすることも重要視されてきた。
国語の授業で教科書を読んでいた子どもが，「破れる」という漢字を「こわれ

る」と読んでしまった。今泉は「文章の前後の関係から，おおよそこの漢字は，こういう意味のことだろうと推測する力が大事なんです」と応答を返し，子どもの間違いをねうちづけている（今泉 1998：145）。子どもの間違いやつまずきをも含めて受け止められ，その中にある価値や前進が教師によって発見され，ねうちづけられていくとき，教室の中に子どもたちの声が立ち上がっていく。否定の中に肯定を発見する力が教師には求められているのである。

（3）子どもたちの多様な「語り口」に居場所をつくる

　子どもたちがどのような「言説の資源」を有しているかによって，教室という言説空間への「アクセス」のしやすさに格差が生まれる。リテラシーの教育に関わる研究では，特に言語や文化といった面で多様性を有する地域において，学校生活へと「アクセス」できる権利を，いかにどの子どもにも保障するかが問われている。学校が「標準」とする言語や文化を，家庭の中でもすでに十分に獲得し「言説の資源」を蓄えている子どもと，それが困難な子どもとでは，学校生活への「アクセス」のしやすさは異なるからである（Janks et al. 2014：7-8）。

　学校が子どもたちに獲得することを求める学力やリテラシーを「言説の資源」として蓄えていないがゆえに，授業に参加できない子どもたちに，まだ獲得できていない学力やリテラシーを保障することは重要である。しかし他方で，船橋が言うように，学校で獲得することが求められる正しいことば，理路整然とした語り口をもたない子どもの声が周辺化されてしまうのではなく，「子どもたち個々の生活背景や個性にもとづいてかたちづくられる『ちがい』」を承認し，「たどたどしかったり稚拙であったりするかもしれない『その子なりの語り口』にも居場所を与える」という視点が必要である。また，子どもたちの多様な「語り口」に相互に応答し合える関係を育むことも求められる（船橋 2005：200-202）。

　渡辺は，「学びのバイパスを開く」授業に取り組んでいる。系統的な積み上げが必要となる算数の授業では，九九ができないことは，後々の授業参加の障壁となる。それゆえに，九九ができない子どもにとって，それができるように

なるよう支援することは重要である。しかし同時に，多様な子どもたちの「その子なりの語り口」にも居場所を与え，どの子どもも参加できる授業を構想することも必要である。渡辺は，まだ九九表を片手にしている子どもがいた「わり算」の授業で，「タイルとカップで考える」「タイルの絵を描いて考える」「数字だけで考える」など，手もちの力を生かしながら，多様なわかり方を多様な語り口で表明できることを子どもたちに保障し，相互の考え方を分かち合うことで，どの子どもも「アクセス」可能な授業をつくり出している（渡辺2016：180-182）。

4　子どもの生活と教材との関連をつくり出す

（1）子どもたちが生活を捉え直していくリテラシーを形成する

　子どもの生活と関連づいた教材を準備することが必要である。そのように考えられるのは，子どもにとって身近な世界，慣れ親しんだ世界と関連づいた教材を準備すれば，子どもは教科内容に興味・関心をもちやすい，理解しやすいのではないか，と考えられるからではないだろうか。確かにそのような視点も必要である。しかし，手段として生活を活用するのではなく，子どもたちが自分たちの生活それ自体を捉え直すために，教材を生活と関連づけるのだと捉えてみることも必要である。そのように考えたのが，フレイレであった。

　フレイレにとって，学習者がことばを獲得することは，「世界を読む」ことと不可分なものである。学習者が自らの生活から距離をとってそれを省察の対象とし，自分たちの生きる生活それ自体を読み解く力こそがリテラシーであった。

　それゆえに教材は，学習者の生活を写し出す「鏡」としての役割を果たすことが求められた（里見2001：186）。学習者が棲み込んでいる生活だからといって，その生活が学習者にとってよく見えているわけではない。フレイレは，学習者の生活に入り込み，学習者の声を聴きとりながら教室で学ぶ文字を選び出し，そのことばに関連した学習者の具体的な生活状況を，絵，写真，スライド，演劇などによって学習者に提示した。自分たちの生活の一端が示された教材と

向き合うことによって，自分たちの日常生活を距離をとって眺め，ともに学ぶ仲間とともに，自分たちの生活を問い返していくのである。教材とは学習者が自分たちの生活を対象化するための「鏡」であり，また，教師と学習者相互がその教材を前にして対話していくための媒体である。そこでの対話を通して学習者が自分たちの生活を捉え直していくような学びを構想するのである。

（2）子どもたちが社会参加していくためのリテラシーを形成する

　さらに，教材を子どもたちの生活と関連づけていくのは，子どもを与えられた生活の中で生きる存在と捉えるのではなく，自らの生活を自らでつくり変えていく当事者と捉えるからである。ユネスコ学習権宣言（1985）は，学習権を「読み書きの権利であり，問い続け，深く考える権利であり，想像し，創造する権利であり，自分自身の世界を読みとり，歴史をつづる権利」と捉え，「人びとを，なりゆきまかせの客体から，自らの歴史をつくる主体にかえていくものである」と提起した。リテラシーとは，子どもたちが「自分自身の世界を読みとり，歴史をつづる」主体として，社会へと批判的，創造的に参加するための資質・能力をも意味する。

　渡辺は，子どもが生活の中で感じた「問い」から始まる学びは，「主権者を育てる」学びにつながると言う。昆虫探しに夢中になっていた雑木林が伐採され，学校の飼育小屋がつくられることになったことを知った子どもたちは，雑木林の保存を求めて「探検活動」を行った。雑木林の生き物や植物，ビオトープなどについて調査したことをもとに，討論を繰り返し，雑木林の活用プランを提案する学びを展開している（渡辺 2016：111-120）。リテラシーを獲得する過程は，子どもたちの声が聴きとられ，社会へと参加していく主権者性を育んでいくという意味において，子どもたちがエンパワメントされていく過程でもある。

5　教材を媒介にして，世界を読み解くリテラシーを形成する

（1）「見えるもの」から「見えないもの」へと媒介する教材づくり

　教材づくりとは，「見えるもの」から「見えないもの」へと子どもたちを媒

介していく教師の仕事であると言われる。まず第一に，教材づくりを行う際には，教科内容と教材とを区別することが重要である。教科内容とは，授業において子どもたちが習得する各教科に固有の知識や概念・法則である。それらは，子どもたちにとっては，まだ「見えないもの」，直接つかむことができないものである。それゆえに，教師は，「見えない」教科内容を子どもたちがわがものとすることができるよう，教科内容を適切に反映した具体性のある教材を，「見えるもの」として準備する。子どもたちは，「見える」教材と対峙しながら，わがものとすべき教科内容（＝「見えないもの」）を発見していく。教材は，単に子どもたちが興味・関心をもち，いきいきと活動するものであればよいのではない。教科内容と教材との区別と関連を意識し，授業において子どもたちがわがものとすべき教科内容とは何かが問われる必要がある。

　第二に，教師が教材づくりを行うということは，教師の指導が媒介的な性格をもつことを意味する。「『教える』ということは，子どもたちを人類文化の世界に媒介していくのであり，子どもたちは，教師のこの媒介によって人類文化を習得（わがものにする）していくのである」と言われる（吉本 1983：46）。教師は，教科内容を子どもに直接伝達するのではない。教材を媒介として子どもを学びの世界へと誘い，子どもと科学の世界や文化の世界，現代社会の諸課題との出会いをつくり出す。子どもの側から見れば，教材を学習の対象とし，それに能動的，集団的にかかわる探求過程を通して「見えないもの」を発見すると同時に，それを発見するための方法を獲得していく過程となる。

　第三に，子どもたちを学びの世界へと誘う媒介としての役割を果たす教材は，子どもたちの興味や関心を呼び起こすものである必要がある。教師が「教えたいもの」が，子どもたちにとって「学びたい」ものに転化する働きかけを構想するのである。教材づくりにおいても，教科内容を適切に反映した教材であっても，それが子どもの興味や関心を呼び起こすものであるかどうかが問われる。それゆえに，子どもたちの既知をゆさぶる教材，子どもたちにとって意外性のある教材づくりが追求されてきたのである。

（2）社会的課題に応答するリテラシーの形成と教材づくり

「見えるものの世界だけに目をむけて，それが自分の世界のすべてだ」と自明視するだけでは，「そこからは認識は，もはやうまれてこない」と言われる（里見 1994：104）。教材は，子どもたちにとって「見えないもの」を，子どもたち自身が発見していくための足場として重要である。その際一方で，日常的な生活経験の中だけでは見えにくい科学的な概念や法則といった教科内容の世界が「見える」ことも重要である。他方で，子どもたちの生活の中にあり，その生活と連なって存在する社会的課題が「見える」学びも構想されてきた。環境，エネルギー，ジェンダー，人権，戦争，貧困といった社会的課題は，素早く一つの答えを見いだすことが困難な課題である。しかし，この時代を生きる当事者としての子どもたちが，こうした社会的課題に応答する学びも構想されてきた。

鈴木は，社会科の授業「日本の工業」（5年生）で，カンコーヒーを教材とした授業を行っている（鈴木 2005）。カンコーヒーは，①「身近なもので，子どもたちが調査できて，日本の工業が検討できる」，②「日本と外国の関係，とくに，『南北問題』が検討できる」，さらに③「自分たちの生活に戻って，自分と世界を考察できる」という観点から選び出された。まず第一にこの授業は，教材を媒介にして，子どもたちの問いを引き出し，共同で探求する活動を通して，子どもが生きる世界を読み解く授業として構想されている。子どもたちが「カンコーヒーからどんなことが学習できるか」を話し合って課題を設定し，調査活動を進めている。第二に，調査活動を通して収集された情報をもとに子どもたちによってつくり出された壁新聞やカンコーヒーマップが，新たな学習の素材となっている。教材は，子どもとともにつくり出されるものという視点がある。カンの原料を産出する国，コーヒー豆の産地やコーヒーをよく飲む国を調べ，マップにまとめる。そこから子どもたちは，コーヒー豆の産地が「ユニセフの活動で学習した飢餓地域」と一致することや，「つくる国と飲む国が分かれている」ことを読み解いていく。第三に，教材が複数の視点から読み解かれている。コーヒー豆の価格をめぐり，それを輸入する国とコーヒー豆を産出するいくつかの産地の視点に立って，コーヒー豆の価格を決める学級国際会

議を開催する。カンコーヒーという「身近なもの」から，生活現実の中にある「見えない世界」（「南北問題」）を読み解いている。第四に，学習の方法やスキルの獲得と学習テーマの探求とが統一的に展開されている。汎用的なスキルの習得を目的とする授業は，「何をこそ学ぶのか」という視点が見失われがちとなる。しかしこの授業では，調査活動や資料の分析，グループ討論の方法や意見表明の方法といった学習の方法やスキルが，学習テーマの探求との関連を見失うことなく学ばれている。カンコーヒーを教材とした「見えない世界」の探求が，学習の方法やスキルを獲得する文脈をつくり出している。

（3）多様な視点から世界やテクストを問い直すリテラシーの形成と教材づくり

　子どもたちが，世界と向き合うリテラシーを形成していくためには，多様な他者や異なるものの見方との出会いを通して，自らが生活史の中ですでに学び，身につけてきたものの見方を問い直し，より広い視野から世界を読み解いていく学びが必要となる。子どもたちが生活史の中ですでに学び，身につけているものの見方を問い直す学びを「アンラーン（unlearn）」という。世界と向き合うリテラシーとは，世界や社会を読み解きながら，「当たり前である」「標準的である」と自明視してきた日常的な実践を，いったん立ち止まって問い直し，オルタナティヴなものの見方を探求する能力でもある。

　こうしたリテラシーを形成する教材づくりを行うにあたって，まず第一に，教材の中に「争点」を見つけ出す，視点を動かしながら教材を捉え直してみるという方法がある（子安 2013）。批判的リテラシーの研究では，テクストはある特定の立ち位置やものの見方をもつ制作者によって構成されたものと捉えられ，そこからこぼれ落ちている視点，周辺化されている視点から，テクストを批判的に捉え直す授業が構想されている（Vasquez 2014）。また子どもたちの生活現実に依拠して発信される子どもたちの声や問いが，教材を批判的に捉え直す視点になることもある。先の鈴木の授業のように，教材を媒介にして自分たちの生活を対象化し，異なる他者へと視点を動かし，異なる文脈から生活を捉え直すことで，対象のもつ意味が複数的であることを読み解いていくのである。

子どもたちが地域の川を調査し，コンクリート護岸化することで魚が少なくなったことを明らかにしていく中野の授業（4年生）では，川をコンクリート護岸にすることをめぐって，自然環境を守りたいという自分たちの視点とともに，村の財政を守り，働き場をつくる上では必要だという視点もあることに出会っていく。そうした争点があることを知った子どもたちは，魚の住める護岸を設計することで働き場もつくり出すために，調査を始めていく（中野 2017）。

　第二に，生活の中にある言葉や言説と事実との対応関係を問い直すことができるように教材づくりを進めるという方法がある。国語教材の中に隠れている「夕食作るのは基本的には母親の仕事」という前提を，多様な家族の形があるという事実に照らして問い直す授業があるように（坂田 2013：124），世界やテクストを批判的に読み解いていくリテラシーを育むのである。

　塩崎は，道徳の授業（5年生）で，オリンピックの意味やスポーツをする意味を考える授業を構想している。オリンピックは，選手によるメダルの獲得や各国が獲得したメダル数に焦点を当てて語られることがある。塩崎は，子どもたちが選手自身の声に出会い，また，オリンピック憲章に示されている事実を確かめながら，「競い合い」としての語り方を問い直し，スポーツをする意味を子どもたちと考えている（塩崎 2017）。

　第三に，子どもたちの声を聴きとり，子どもの問いから教材をつくり出すこと，子どもたちが生きる生活現実と響き合うように教材をつくり出すことである。学びのテーマが，子どもたちにとって「対岸の出来事」と写るのではなく，子どもたちにとって切実な学びとなるよう，教材づくりを進めるのである。教材づくりにおいては，さまざまな生きづらさや課題，願いや要求を抱えて生きている子どもたちの固有名が，教師によって想起されることが欠かせない。

　子どもの生活現実に根ざした教材づくりを行い，自分たちの生きる生活を対象化しながら，世界やテクストを批判的に読み解いていくリテラシーを育んでいく授業づくりが求められているのではないだろうか。

> **学習課題**
>
> （1）学力やリテラシーの形成を保障するためには，教室の中にどのような場や関係が子どもたちにとって必要だろうか。グループでまとめてみよう。
>
> （2）学力やリテラシーを形成する学びを構想する際に，子どもの生活と関連づけて教材をつくることにどのような意義があるだろうか。グループでまとめてみよう。

引用・参考文献

今泉博（1998）『崩壊クラスの再建』学陽書房。

岩川直樹（2001）「関係を生きる学力——他者に出会いに行く学び」岩川直樹ほか編著『「学力」を問う』草土文化。

国立教育政策研究所編（2004）『生きるための知識と技能2—— OECD生徒の学習到達度調査（PISA）2003年調査国際結果報告書』ぎょうせい。

子安潤（2010）「子どもの生活から授業をつくる」岩垣攝ほか編著『教室で教えるということ』八千代出版。

子安潤（2013）『リスク社会の授業づくり』白澤社。

坂田和子（2013）「国語の教科書を読む」塩崎義明編著『スマホ時代の授業あそび』学事出版。

佐藤学（2012）『学校改革の哲学』東京大学出版会。

里見実（1994）『学校を非学校化する——新しい学びの構図』太郎次郎社。

里見実（2001）『学ぶことを学ぶ』太郎次郎社。

塩崎義明（2017）「我々がスポーツをする理由」全国生活指導研究協議会編『生活指導』No.731，高文研。

汐見稔幸（1988）「書くことと『やさしさ』」茂呂雄二『なぜ人は書くのか』東京大学出版会。

庄井良信（2004）『自分の弱さをいとおしむ——臨床教育学へのいざない』高文研。

鈴木和夫（2005）『子どもとつくる対話の教育——生活指導と授業』山吹書店。

竹内章郎（2007）『新自由主義の嘘』岩波書店。

田中昌弥（2005）「『弱さ』の哲学から語る学力——『強さ』の学力から『弱さ』のリテラシーへ」久冨善之ほか編著『希望をつむぐ学力』明石書店。

中野譲（2017）『地域を生きる子どもと教師——「川の学び」がひらいた生き方と生活世界』高文研。

樋口とみ子（2010）「リテラシー概念の展開——機能的リテラシーと批判的リテラシー」松下佳代編著『〈新しい能力〉は教育を変えるか——学力・リテラシー・コンピテンシー』ミネルヴァ書房。

船橋一男（2005）「つながり・わかちあう『ことばの体験』を」西口敏治ほか編著『ことばを育む教室——つながり・わかちあう『ことばの体験』を』つなん出版。

吉本均（1983）『授業の構想力』明治図書。

吉本均（1995）『思考し問答する学習集団——訓育的教授の理論　増補版』明治図書。

渡辺恵津子（2016）『競争教育から"共生"教育へ——仲間と育ち合う教室づくりのヒント』一声社。

Janks, H., Dixon, K., Ferreira, A., Granville, S., & Newfield, D. (2014) *Doing Critical Literacy: Texts and Activities for Students and Teachers*, Routledge.

Vasquez, V. M. (2014) *Negotiating Critical Literacies with Young Children (10th Anniversary Edition)*, Routledge.

（黒谷和志）

第9章

平和的な生き方を追求する学び——道徳教育を再考する

　　　　これまで，いじめなど子どもの問題行動が社会問題化されるたびに，
　　　道徳教育の強化や充実が求められてきた。しかし，道徳教育の充実が進
　　　められているにもかかわらず，いじめなど子どもたちの問題は深刻であ
　　　り続けている。
　　　　このような状況に対して，学校における道徳教育を今どのように進め
　　　ていけばよいのだろうか。この問いに対して，本章では，「平和的な生
　　　き方を追求する学び」という視点から，学校における道徳教育のあり方
　　　を検討することをねらいとしている。以下では，現在の「特別の教科
　　　道徳」のもつ問題点を明らかにしながら，学校の教育活動全体を通じて
　　　行う道徳教育を，「平和的な生き方」という価値を子どもと共有しなが
　　　ら，子どもたち自身が生き方をつくりあげていくための時間にどう転換
　　　していくかについて検討していく。

1 学校教育における道徳教育をめぐる議論

（1）「特別の教科　道徳」の誕生の背景と議論

　現在，道徳教育は，小中学校では「特別の教科　道徳」として教育課程に位
置づけられている。高等学校では教育課程に位置づけられてはいないが，小中
学校と同様に道徳教育の全体計画を作成して実施することとなっている。
　この「特別の教科　道徳」は，これまでの「道徳」（の時間）に代わって，
2015（平成27）年3月の『学習指導要領（告示）』の一部改訂で新設された。新
設の契機は，2012（平成24）年に社会問題化した滋賀県大津市のいじめ事件で
あった。この事件を受けて，これまでの道徳教育が十分でないという議論が起
こり，教育再生実行会議，道徳教育の充実に関する懇談会，中央教育審議会の
議論を経て，上述のように「特別の教科　道徳」として実現した。

だが，この「特別の教科　道徳」については，教科とも教科外活動とも異なる「特別の教科」を教育課程に位置づける理論的根拠が不明であるという批判だけでなく，道徳を「教科」として扱うことへの懸念，特に，教科書の使用や評価などによって，価値の押しつけなど子どもの内心の自由への侵害が起こらないか，など多くの批判や懸念があった（折出 2015：5 以下）。このような批判や懸念は，戦後の学校教育における道徳教育のあり方をめぐる議論において繰り返し課題とされてきたものでもある。以下では，戦後から現在までの道徳教育の議論を振り返り，道徳教育の課題について検討していこう。

（2）学校教育における道徳教育の構造と原理的な問題

　学校教育における道徳教育は，1951（昭和26）年の『学習指導要領（試案）一般編』の中で，教育の全体計画で道徳教育がなされる必要性が指摘されていたが，教育課程上に特設化されたのは，1958（昭和33）年の『学習指導要領（告示）』の「道徳」からである。それ以降，学校における道徳教育は，学校の教育活動全体を通じて行うことと，特設化された「道徳」ないし「特別の教科　道徳」（2018年〜）で道徳教育の「補充・深化・統合」をはかることを原則としている。さらに2008（平成20）年の『学習指導要領』改訂からは，各教科・活動の「指導計画の作成と内容の取り扱い」の中で，各教科・活動の内容と，「道徳」ないし「特別の教科　道徳」で示された内容との関連を考慮した指導をするよう示されてきており，道徳教育の強化がはかられてきている。

　道徳の特設化をめぐっては，対立する議論が現在まで続いている。特設化を肯定する立場は，計画的・積極的な道徳教育を支持するのに対し，批判する立場は，このような特設化による道徳教育が，戦前の「教育勅語」に基づいた「修身科」のように価値などのインドクトリネーション（教え込み，注入）に陥ることを懸念し，各教科の学びや教科外活動，日常生活での交わりを通して，道徳的価値について実践的かつ批判的に考えていくことを重視している。この対立の背景には，「個人の内心（思想，信条，良心など）に関わる事柄を公教育はどのように扱うのか」という問題に対する考え方の違いがあるが，双方の立場とも何らかの形での道徳教育は必要であるという点では共通している。

（3）特設道徳の実践的な問題：「正義」と「善」を区別する視点からの検討

　特設化された「道徳」（の時間）の内容や方法は，特設化自体を積極的に支持する側からも批判する側からも，さまざまな問題がこれまで指摘されてきた。積極的に支持する側からは，授業時間が確保されず内容的・方法的にも道徳的な価値をしっかりと学ぶものになっていないと指摘される一方で，批判する側からは，特設化によってかえって価値の押しつけとなってきた傾向があるなど，道徳的な価値の扱いに対する懸念が指摘されている。

　この道徳的な価値の扱いの問題を考える上で注目すべきなのは，現代哲学・倫理学における「正義」と「善」の区別からの指摘である。この区別は，自己と他者を同格の存在として扱うという公平性と平等性を意味する「正義」と，ある人が価値を認めるものを意味する「善」とを分けるものであり，「正義」を，道徳的価値一般としての「道徳的善」の一部として捉え，「善」を，個々人にとっての人生の目的的な価値として捉える。そして，「正義」は政治的に検討・認識され，共通に守られるべきものである一方，「善」は各人が自律的に追求すべきもので，他者からは強制されるべきではないものとする。この「正義」と「善」という視点から従来の道徳教育をみると，個人が自律的に判断すべき「善」に関わることが過剰に強制されることと，「正義」に関わるもの，言い換えれば，政治性が決定的に欠けてしまっていることが問題として浮かび上がる（河野 2011：18以下）。以下，それぞれについて具体的に見ていこう。

（4）過剰＝価値の押し付けという問題

　道徳教育における「善」の過剰な強調は，扱われる価値項目に対する疑問や批判的な意見を許さない構造に最もよく現れている。たとえば，道徳の教科書（教科化される前の副読本も含む）は，ひとつの事例から学ぶべき道徳的価値が固定され，問いの立て方自体を対象化したり，生活に即して教材の内容の文脈を問い直すことを促すように作られてはいない。

　なぜなら教科書では，最後のページなどに教材と対応する道徳的価値の一覧表が掲示されていたり，単元の最初に扱う道徳的価値がテーマとして示されていたりすることが多いからである。そのため，教科書を見れば，この授業で期

待される「お約束の」答えが子どもにはわかってしまう仕組みとなっている。また，各教材の最後に示されるさまざまな問いや問いかけが，教材をどう読むかを方向づけるものとなっている。授業では，教材の問いや問いかけ通りに展開されることが多くなりがちであり，教師も子どもも，教材で扱う道徳価値の内容に疑問，異なる見解や批判的な意見を自由に出しながら議論したり，考えたりすることを困難にしている。道徳の教科化に関する諸答申や教科書検定基準などを検討した子安潤は，このような道徳の教科化における「考える道徳」は，子どもたちが考える幅を制限し，一定の方向がすでに示唆された範囲内にとどまらざるを得ない可能性があることを指摘している（子安 2016：12）。

（5）社会正義など社会のあり方や社会の問題を問う視点の弱さ

道徳教育における，正義を批判的に検討する政治性の不足とは，個人が社会に貢献することに関わる価値項目が多く扱われるのに対して，社会が個人に対して為すべきことに関わる価値項目，すなわち社会のあり方について批判的に検討する項目がほとんど扱われていないという問題である。この問題を最もよく現しているのは，道徳科の内容（価値項目）の「C 主として集団や社会との関わりに関すること」の「規則の尊重」に見られる個人の権利と義務についての考え方である。この項目についての道徳科の解説書（小学校）の説明では，小学校1・2年，3・4年は，きまり等を守ることのみが記載され，自他の権利に関わる記述が小学校5・6年以降に登場している。ここからは，個人の権利の保障と社会への義務の履行とを対にして捉え，人が社会・集団に対して為すべきことを重視していることが読み取れる（文部科学省 2017：50以下）。

だが，一般的に，権利には基本的人権が含まれていることを考えれば，道徳科の内容における権利と義務の関係の取り扱いには注意が必要である。なぜなら，基本的人権は義務の履行と無関係に保障される権利だからである。このような社会貢献の重視の傾向の問題は，これまでも具体的な教材分析に基づいて指摘されてきている。たとえば，教材「手品師」では，利己的な生き方（自分の夢である大劇場への出演依頼を受ける）と利他的な生き方（男の子との約束を守る）とが対立させられ，利己的な生き方を否定的に扱い，自己の利益を犠

性にすることが強調されることが問題として指摘されている（松下 2011：57以下）。この利己的な生き方の否定的な扱いは，自己犠牲をともすると「善」として捉えがちな社会通念を批判的に検討する視点に欠けており，社会への個人の貢献の重視と同様の問題を抱えている。

　以上に見られる道徳教育における善の過剰と正義の不足の問題は，道徳教育で追求される「生き方」のあり方にも反映されている。たとえば，「公正，公平，社会正義」の項目についての道徳科の解説書（小学校）の説明では，社会的正義の実現を妨げる差別や偏見といった人間の弱さを乗り越えて，自らが正義を愛する心を育むようにすることが強調されている（文科省 2017：52）。ここから読み取ることができる道徳科が目指す「生き方」は，社会の問題を個人の心のあり方の変革によって解決することに重点を置く生き方である。だが，このような生き方は，個人の行為が道徳的かどうかは問題とされるが，その個人に影響を与えている社会や政治の問題への視点が不十分であると言わざるを得ない。あらゆる社会の問題を個人の心の問題に還元してしまう心理主義化に陥っている（河野 2011：24以下）。

　では，これらの道徳教育が抱える問題，またそこで求められる「生き方」の問題をどう乗り越えていけばよいのだろうか。次節では，そのような生き方を「平和的な生き方」として検討する。

2　道徳教育と平和的な生き方

（1）平和的な生き方とは何か

　「善」（個々人にとっての人生の目的や価値としての「善」）だけでなく，「正義」（公平性，平等性など道徳的価値一般としての「道徳的善」）に関わる価値項目を積極的に位置づけ，身近な生活から地域・社会・世界まで視野を広げて，道徳的な問題について考えていくことは，「積極的平和観」という概念と結びつけることができる。

　この「積極的平和観」は，平和学の第一人者であるヨハン・ガルトゥング（Johan Galtung）による「暴力」の定義に基づいた「平和」理解に基づく。ガル

トゥングは，個人にある潜在的可能性の実現を直接的・間接的に阻むあらゆる「力」の公使を「暴力」と定義し，この「暴力」を，他者の行動の直接的結果として人間に危害をおよぼす物理的・身体的暴力である「直接的暴力」と，人びとが支えている社会の制度や体制そのものが生み出している人間的抑圧（階級・民族・人種・身分・性の差別，貧困，人権抑圧など）である「構造的暴力」とに区別した。「積極的平和観」は，この「構造的暴力」を克服し，「正義の実現された状態，物質的にも精神的にも，人権や幸福の保障された状態」を「平和」と捉える（ガルトゥング 1991：11以下）。

　今，道徳教育で追求されるべき生き方は，一人ひとりの善い生き方（個人の幸せ）にとどまらず，個人の生き方と一人ひとりの幸せを保障する社会（みんなの幸せ）とをつないで追求していく「生き方」である。このような生き方を，ここでは「平和的な生き方」と呼ぶことにする。このことは，道徳教育が，戦前の道徳教育のような，ある規範を忠実に守るような「臣民」の生き方ではなく，国民であると同時に国家の枠からも自立して行動していける「市民」の生き方，日本国憲法が目指した「平和的な国家及び社会の形成者」としての「生き方」を学ぶことを目的とすべきであることと通底する。

（2）なぜ，今，平和的な生き方を追求するのか

　今，「平和的な生き方」の追求を強調するのは以下の2つの理由がある。

　それは，第一に，いじめ問題に象徴されるように，子どもたちの生活現実が「平和」ではないからである。先の「積極的平和観」にたって子どもの生活現実を見ると，子どもたちは現在すでに「構造的暴力」にさらされ，安心・安全な生活という意味だけでなく，自分のもっている可能性を発揮することが困難な状況が広がっている。

　たとえば，家庭では，「子どもの貧困」や「虐待」の問題，また学校では，子どもたちの暴力的な関係の問題，いじめや不登校，ブラック校則やスタンダードによる管理や体罰の問題をはじめ，国連子どもの権利委員会によって指摘された高度に競争的な学校環境の問題など枚挙にいとまがない。また，この学校の競争的な環境の背景には，新自由主義的社会にふさわしい人材育成を求

める社会的な圧力が存在している。

　しかし，学校では，こうした「構造的暴力」の解決を視野に入れた教育がなされているとはいいがたい。たとえば，競争的な価値観が強いほど，子どもはストレスを生じやすく，いじめに向かいやすいという調査（国立教育政策研究所生徒指導研究センター 2010：11）があるにもかかわらず，いじめ問題は個人の心のありようが問題とされ，競争的な学校環境の問題の根本的な解決についての議論は十分にはなされていない。

　このような現実の中で，子どもたちは，自分自身や社会・世界の現在や未来に対して理想や希望，夢をもつことができずに生きづらさを抱え，そのはけ口を「弱者」へ向けるなど，暴力そのものを拡大させていくような生き方を強いられている。だからこそ，身近な生活から平和な生活や関係を実現できることを実感させ，世界・社会でも平和な世界を実現できるという信頼や確信を子どもの中に育んでいくことが今求められているのである。

　第二は，「平和的な生き方」の追求は，戦後教育の出発点であると同時に，今日なお追求すべき課題であるからである。「道徳」の時間が初めて登場した1958（昭和33）年の『学習指導要領』改訂以来，学習指導要領の「総則」では，道徳教育の目標は，教育基本法および学校教育法に定められた教育の根本精神に基づくことが示されてきている。

　1947（昭和22）年に制定された「教育基本法」は，「積極的平和観」に基づいて「世界の平和と人類の福祉に貢献しようとする決意」を示した日本国憲法の理想を教育の力によって実現することをめざすもので，臣民の道徳を説き，軍国主義的社会を支えた戦前の教育からの脱却を宣言するものであった。同法は，教育の根本法として戦後の教育を規定し，平和な社会・世界の実現と，そのような社会・世界にふさわしい人間の育成の双方をめざしてきた。同法は2006（平成18）年に改正されるが，教育の理念は根本的には変わっていない。

　以上の理由から道徳教育は，平和な社会・世界の実現とそのような社会・世界にふさわしい一人ひとりの生き方を育んでいけるように常にそのあり方が検討されなければならないのである。次節では，道徳教育のあり方を今どのように検討していくべきかを考える。

3 道徳教育を捉え直す

(1)「道徳」の本質とは何か

『広辞苑』（第七版）では，「道徳」を「ひとのふみ行うべき道。ある社会で，その成員の社会に対する，あるいは成員相互間の行為の善悪を判断する基準として，一般に承認されている規範の総体。法律のような外面的強制力や適法性を伴うものでなく，個人の内面的な原理」と説明している。この説明では，「規範の総体」という側面と「個人の内面的な原理」という２つの側面から道徳を捉えている。前者は「規範性の原理」，後者は「自主性原理」と呼ばれる。道徳科においては，前者の「規範性の原理」を内容（価値項目）で示し，後者の「自主性の原理」として，そのような価値項目について個々人が重要だと主体的に判断し，行動の原理として位置づけていくことをねらいとしている。道徳においては，これらの両者が結びついている必要があり，道徳科の目標もこの２つの原理を内包したものとなっている（小渕 2019：40以下）。

以下では，この２つの原理について検討する。

(2) 道徳的価値の相対的な側面

まず，「規範性の原理」である規範の総体（道徳の価値項目）は，絶対的なものではなく相対的なものであるという点に注意しなければならない。松下良平は，ある行為を価値あるものとする「道徳原理」は，① 共同体内部での相互主観的一致の産物であり，それが道徳原理の命令的・強制的・当為的な力の源泉となっていること，② 一方で，これまでとは異なる価値づけをすることによって，道徳原理の強制力・命令する力に抗うことができる程度の「意志の自由」を人間は持ち合わせていることを指摘している（松下 2002：47以下）。

道徳的価値の評価や意味づけは，個々人が所属する共同体間で異なるだけでなく，その所属する共同体内でもその時々の状況で変化や矛盾が起こりうる。つまり，ある道徳的な価値の捉え方に対する共同体間の違い（個人の権利の主張に対する日本と欧米の評価の違いなど），共同体内部における変化（忠君愛

国から人権尊重へというような国家と個人の関係についての戦前と戦後の捉え方の違いなど），さらに，たとえば，通常は殺人が禁じられる一方で，戦争時には敵を多く殺すことが推奨されるように，共同体内で相互主観的に一致された道徳的な価値そのものがはらむ矛盾，などが現実には存在する。

　このような規範の総体に対して，個々人が「意思の自由」を発動するためには，規範そのものを批判的に検討し続ける必要がある。つまり，上記のように，自分たちが依拠している道徳的な「価値内容」が絶対的なものではなく，それに対する異なる見方や考え方があることを前提に，その根拠を深く掘り下げたり，異なる視点から相対的に捉え直したりするなど，その価値について批判的に思考することが不可欠なのである。

（3）道徳の中核としての価値の選択・判断

　「自主性の原理」については，戦後の道徳教育の研究において最も重視されてきた原則である。1958（昭和33）年の道徳の特設化以来，道徳教育のあり方を検討してきている教育科学研究会において指導的な役割を果たした勝田守一は，徳目（価値項目）が道徳の本質ではなく，対立する価値の比較や選択が自主的に行われるというところに道徳が成立することを指摘している。また，この価値についての自主的判断とは，自己の責任において，評価した行為の内容を選ぶということであるとした。勝田は，子どもが学校を休んで動物園に行く行為について，子どもが自己の責任において，価値を選択したという自主的な判断（たとえば，学校へ行くよりも，動物園に新しく来たペンギンを今日見ることが自分に必要だ，など）によるならば，この行為を，なんとなく習慣で学校へ行くことになっているために学校へ来た行為よりも，道徳的に高く評価しなければならないと述べている（勝田 1972：466以下）。

　勝田の指摘は，「自主性の原理」においては，ある規範を守る行為そのものではなく，ある行為の意味を，その根拠にさかのぼって批判的に考え，判断することが重要であることを意味している。なぜなら，たとえば，「ヘイトスピーチ」の問題のように，ある行為が価値をもつと自主的に判断されたならば，どのような行為も許されるわけではないからである。この問題は，ハンナ・ア

レント（Hnnah Arendt）が指摘した「悪の凡庸さ（陳腐さ）」を想起させる。アレントは，ナチスのホロコーストに荷担したアドルフ・アイヒマンの裁判の傍聴を通して，ホロコーストのような悪の根源にあるのは，「悪を行う意図」をもった非凡なものではなく，アイヒマンのような「完全な無思想性」，すなわち，自らの行為の意味を考え，思考し，判断することの放棄（思考停止・判断停止）という凡庸さに見いだした（アレント 1994：195以下，仲正 2018：160以下）。この「完全な無思想性」の状態には，「なぜそうするのか」という行為の意味や根拠の正当性を根源的に問うことと，自分はどうしたいのかという意志（自己のあり方）を問うこととが欠けているという問題がある。

（4）価値の自主的判断を支えるもの

　勝田は，価値の選択・判断の際に，どのような「方向性」から選ぶのかということを重視した。勝田は，自主性に基づく道徳教育の思想には，「人間をだいじにする」「基本的な人間の権利を尊重する」「平和を求める」という方向との内的な関係が含まれていると指摘しており，価値についての自主的な判断が，「人権」「民主主義」「平和」といった人類が今日までに獲得してきた価値との関連でなされなければならないことを強調している（勝田 1972：464以下）。つまり，道徳的な価値の自主的判断は，個々が選ぶ「善」と「正義」との関係からなされなければならないことを指摘しているのである。

　しかし，勝田が指摘するような自主判断と「方向性」とが結びつくことはなかなか容易なことではない。いじめ問題の現実を考えれば，道徳的な価値の自主的判断にはさまざまな難しさがあるからである。たとえば，子どもたちの日常の中には，「いじめられる方にも原因があるから仕方がない」「弱いからいじめられても仕方がない」などといじめを容認する考え方のように，自主的判断と方向性が結びつきにくいことがある。また，「いじめは良くない」とわかっていながら，いじめを見たときに，自分がいじめられるのを恐れて止めることができなかったり，加わらざるを得なかったりすることがあるように，自主的判断は現実との関係の中でしばしば異なる選択を強いられることがある。

　このように思考・行動してしまう子どもたちに共通するのは，いじめは良く

ないとわかっていても，その道徳的価値を選択し行動することができない現実
や，いじめは良くないとは思うことができない現実の中を生きているというこ
とである。それは，ひどいいじめを受けていた子どもの「ぼくは，別にみんな
悪いとは思ってない。だってみんなやんないと生き残れないからです。」とい
う発言に象徴されている（原田 2013：52）。

　したがって，子どもたちにいくら「いじめは人として許されない」と大人が
厳しく言っても，子どもたちにとっては，いじめを容認し，深刻化させる現実
が変わらない限り，大人が伝えたい道徳的価値を共有することはできない。こ
のように，平和的でない現実が子どもたちの周囲に広がる中で，どのように学
校における道徳教育を構想していくべきかを次節で考えよう。

4　学校教育においてどのように道徳教育を追求していくか

（1）学校教育全体の道徳の指導の再構築

　学校教育全体での道徳教育については，『学習指導要領』では，「特別の教科
道徳」を要として学校の教育活動全体を通じて行うものとされている。この学
校の教育活動全体を通じた道徳教育は，これまでみてきたような道徳教育の本
質や課題を踏まえて，そのあり方を見直す必要がある。

　先の勝田の指摘に基づけば，「人間をだいじにする」「基本的な人間の権利を
尊重する」「平和を求める」ことの価値を子どもと共有するためには，子ども
にとってその価値が実感できるような生活現実をつくりだすような実践を，子
どもの日常生活の中に位置づける必要がある。ここで，前述した「平和的な生
き方」が，「正義」「人権」「幸福」を主要素とする「積極的平和観」に基づい
ていたことを思い出してほしい。子どもたちの日常生活から平和と安全の世界
を創り出し，その価値を実感しながら，平和と安全の世界を広げていく取り組
みを行うことは，それ自体が「平和的な生き方」の学びであるからである。

　「平和的な生き方」の学びには，一人ひとりがかけがえのない存在として大
切にされ，それぞれの考えや思いが尊重される「ケア」的な関係が土台として
不可欠である。その上で，道徳的な価値について自己の世界と関わらせながら

考え，多様な視点から検討していくような「学び」の指導と，一人ひとりの願いや夢，理想を自由に語り合い，その実現を目指していく「自治」の指導とを関連づけながら展開し，身近な生活から平和な生活や関係を実現できるという実感をはぐくんでいくことが求められる。実際，ドイツの道徳の教科書では，第1章で「学校の運営に参画する」という項目があるように，学校づくりへの参画を通して平和で民主的な価値を追求していくことが道徳教育の内容として位置づけられている（ヘンケ 2019：32）。

　このような視点からの指導についての事例として参考になるのは，前年度にいじめが蔓延し，問題行動が多く学級崩壊状態にあった学年を担任した小学校教師の原田真知子の取り組みである。原田は，子どもたちが，不安や疑問や不満を抱えて苦しみながらもそれらを語る機会や場を奪われ，学校に適応することを強いられ，パニックを繰り返したり暴力的にならざるを得なかったことを子どもや保護者との語り合いを通してつかみ，「学校を奪わない場にする」という視点から，「学校生活」を安心して関わり合い，みんなで学ぶことのできる場へと変えるための活動を行っている。具体的には，① 日常的に学級で，学校だけでなく社会に対する疑問や不安・不満などを自由に語り合い，それぞれの声に応答し合う場を保障する，② それぞれの声との応答を通して，子どもたちが，自分たちの関係の問題だけでなく，学校・学級の問題や地域・社会の問題を発見していく「学び」を位置づける，③ これらを通して，子どもたちの願いや希望・期待を引き出し，それらを学校・学級を楽しくするための取り組みなどの自治的な活動を通して実現させていく，といった取り組みを行っている（原田 2013：49以下）。

　このような原田の取り組みは，学校のもつ「構造的暴力」を，ケア的な関係を土台にした学びと要求実現に向けた学級・学校づくり（自治）によって克服していこうとしたものと言える。

（2）「特別の教科　道徳」の見直しの視点

　上記のように，学校の教育活動全体を通じた道徳教育とともに，その要とされる「特別の教科　道徳」についても，「平和的な生き方」の追求という視点

から再構築される必要がある。

　第一に，教材の内容と教材で扱われる道徳的価値の内容について，子どもたちの生活現実の問題から批判的に読み解くことが意味をもつ。具体的には，「この教材で指摘されている問題は，子どもの生活場面では具体的にどのような問題なのか」を問うたり，「教材で扱われる道徳的価値の内容が子どもの生活現実の問題にとってどのような意味や必要性があるのか」というように，「教えるべき」とされている「価値」そのものを問うことが必要である。また，教材と原作の内容を比較したり，同じ教材の教科書による違いなどを検討する教材研究も，教材を批判的に読み解く上で重要な手がかりとなる（塩崎 2019：42以下）。

　第二は，こうした教材の読み解きに基づいて，目の前の子どもの現実に合わせた授業を構想することが重要である。具体的には，全文を読ませるのではなく，場面の途中で切って子どもに問いかけるといった教材そのものの提示の仕方の工夫（宮澤ほか 2018：30以下）や，例示された「問い」を取捨選択したり，「問い」を修正したり，新たな「問い」を設定する（たとえば，子どもからの「問い」や疑問，批判的な意見などを積極的に位置づける）などの問いの工夫が必要である。その際，扱う価値とその他の価値が競合して矛盾や対立があるような状況を示し，価値について多様な視点から考えさせるドイツの道徳の教科書の試みやハーバード白熱教室のような取り組みが参考になるだろう（ヘンケ 2019；サンデル 2011）。

　第三に，身近な生活の問題だけでなく地域や社会の問題，今起こっていることを教材にするなど，教科書以外の教材を工夫する必要がある。学習指導要領の指導書では「児童の発達の段階や特性，地域の実情等を考慮し，多様な教材の活用に努めること」と述べており，現代的な課題について，多面的・多角的に考えたりするなどの充実した教材の開発や活用を求めている。したがって，目の前の子どもたちの生活現実と関わらせながら，新聞記事やニュース，ドキュメンタリーなどの活用をして，地域や社会の課題に関わるさまざまな題材を積極的に取り上げるべきであろう。たとえば，先の原田真知子は，トラブルを繰り返す子どもとその子どもを排除する他の子どもたちとをつなぐために，

「いろんな人がいる」というテーマで，ADHD，障害，トランスジェンダー，ホームレスの問題などを教材化し，子どもたちと差別や人権侵害について考え，「いろんな人がいること」と，「いろんな人」の一人として，「いろんな人」とともにどう生きていくかを考えている（原田 2016：52以下）。

　以上のように，教育活動全体においても，道徳の時間においても，「善」と「正義」の関係，「規範」と「自主性」の関係を問い直す道徳教育は，子どもたち自身の生活現実と結びつけて行われなければならない。このことは，教師用の指導書に示された内容にとらわれず，自分たちの生活現実を問い，問題を発見し，生活現実に働きかけながら問題を克服していくという，「平和的な生き方」を追求する学びへと結びついており，そのあり方を問い続けていくことが今後ますます求められるであろう。

学習課題

（1）道徳科の教科書から教材を選び，教材の内容と対応する価値の扱いについて，子どもの生活現実という視点からその意義と課題について分析してみよう。
（2）今，子どもたちと道徳科で考えたい現代的な課題についての授業の計画（指導案）を構想してみよう。

参考文献

ハンナ・アーレント著，大久保和郎訳（1994）『イェルサレムのアイヒマン──悪の陳腐さについての報告（新装版）』みすず書房。

小渕朝男（2019）「道徳理解に欠かせないもの」藤田昌士・奥平康照監修・教育科学研究会「道徳と教育」部会編『道徳教育の批判と創造』エイデル研究所。

折出健二（2015）「戦後教育と道徳の『特別教科』化」日本教育方法学会編『教育のグローバル化と道徳の『特別の教科』化』図書文化。

勝田守一（1972）『人間形成と教育（勝田守一著作集4）』国土社。

ヨハン・ガルトゥング著，高柳先男ほか訳（1991）『構造的暴力と平和』中央大学出版部。

河野哲也（2011）『道徳を問いなおす』ちくま新書。

国立教育政策研究所生徒指導・進路指導研究センター（2010）『生徒指導支援資料2「いじめを予防する」』

子安潤（2016）「考える道徳の考え方（一）」全国生活指導研究協議会編『生活指導』No.727，高文研（2016年8‐9月号）。

マイケル・サンデル著，鬼澤忍訳（2011）『これから「正義」の話をしよう——いまを生き延びるための哲学』早川書房。

塩崎義明（2019）「『二わの小とり』（小学校1年生道徳教材）を読む」全国生活指導研究協議会編『生活指導』No.742，高文研（2019年2‐3月号）。

仲正昌樹（2018）『悪と全体主義』NHK出版。

原田真知子（2013）「学校を『奪わない』場にしたい」全国生活指導研究協議会「いじめブックレット」編集プロジェクト編『〈いじめ〉〈迫害〉　子どもの世界に何がおきているか』クリエイツかもがわ。

原田真知子（2016）「『いろんな人がいる』が当たり前の教室に」子安潤・坂田和子『学びに取り組む教師』高文研。※原田の上記の2つの実践は，原田真知子（2021）『「いろんな人がいる」が当たり前の教室に』高文研にも所収されている。

ローラント・ヴォルフガング・ヘンケ編集代表，濱谷佳奈監訳，栗原麗羅ほか訳（2019）『ドイツの道徳教科書——5，6年実践哲学科の価値教育』明石書店。

松下良平（2002）『知ることの力』勁草書房。

松下良平（2011）『道徳教育はホントに道徳的か？』日本図書センター。

宮澤弘道・池田賢市（2018）『「特別の教科　道徳」ってなんだ？——子どもの内面に介入しない授業・評価の実践例』現代書館。

文部科学省（2017）『小学校学習指導要領（平成29年告示）解説　特別の教科　道徳編』

（高橋英児）

第10章

アクティブ・ラーニング（AL）時代の対話的学び

　「アクティブ・ラーニング」ないしは「主体的・対話的で深い学び」という言葉が学校教育の世界で聞かれるようになり，かなりの時間が経過した。以来，いろいろなレベルで「アクティブ・ラーニングとは」や「主体的学びを実現するために」などの議論が積み重ねられてきている。「アクティブ」，「主体的」そして「深い」という相対的な形容詞が並ぶなかで，「対話的」という語からは目に見える話し合いを想起しやすい。そのため，対話的学びには話し合い活動を授業の中で取り入れれば良い，と安易に捉えられる傾向がある。その意味で，「対話的学び」はそのイメージが一人歩きしてしまう危険性を内包しているとも言える。本章では，「対話」とは何か，「学び」とどのような関係をもち，なぜ必要とされているのか，といった問いを通して，「対話的学び」とは何かを考えてみたい。

1　対話の対象－対話の広がり

（1）近年における「対話的学び」の必要性

　まず近年において耳目を集めるようになった「対話的学び」の内容を押さえておく。2017（平成29）年に告示された学習指導要領の解説によれば，わが国の優れた教育実践に見られる普遍的な視点が「主体的・対話的で深い学び」であるとして，その実現に向けた授業改善が求められる，とされている。そして，その具体的な内容については，中央教育審議会の答申を指し示している。その答申のうち，対話的学びに関連する部分を挙げると，

> 子供同士の協働，教職員や地域の人との対話，先哲の考え方を手掛かりに考えること等を通じ，自己の考えを深める「対話的な学び」が実現できているかという視点

と記されている。

　これを読んだだけでも，今日求められている「対話的な学び」が決して単な
る話し合いのみを意味しているわけではないことは明らかである。想定されて
いる対話の相手も他の子どものみならず，教員も含めた大人，さらには先哲す
なわち過去の思想までが含まれている。

　そして，ここで注意しておかなければならないことは，次のことである。
「対話的学び」の意味している学びが，外面的に話し合われているかどうかと
いうことよりも，「自己の考えを深める」という内面の方がその特徴として描
かれているということである。換言すれば，自己の考えを深めるための手段の
一つとして対話は位置づけられているのである。

（2）学びの三位一体論

　「主体的・対話的で深い学び」の登場を俟つまでもなく「対話」は「学び」
と深い関連をもっている，むしろほぼ表裏一体の概念として捉えられてきた。

　　　古今東西を問わず学びは，自己の内面を豊かにする「修養」の伝統と，世
　　　界を拡大し見聞を広める「対話」の伝統という二つの伝統を有し，歴史的
　　　に見れば，学びは中世以前の「悟り」と「救済」を目的とする学びから，
　　　近代以降の「進歩」と「発達」を目的とする学びへと変化している。

（佐藤　2015：103）

そのうえで佐藤学は，学びを「未知の世界」との「出会いと対話」として，
「対象世界との出会いと対話，他者との出会いと対話，自己との出会いと対話
の三つが統合した三位一体の対話的実践」（佐藤　2015：104）と定義している。
同氏の著書を手がかりにすれば，それぞれ次のように説明される（佐藤　1999：
67-69ならびに佐藤　2010：97-99など参照）。

　対象世界とは，実際のモノやテクスト，資料などのことを指しており，学校
授業においては教材にあたるものとなる。世界づくり，また文化的実践とも表
現されている。念のため補足すれば文章などを読むといったとき，意味もわか

らぬままに記憶するのでない限り，テクストと読者は対話的関係を結んでいると見ることができる。

　他者とは，広くは顕在的ではない社会も包括的に含んでいるが，学校授業における教師や仲間として具体化される。仲間づくり，また社会的実践として表現される。

　最後の自己が学んでいる者自身を指しているのは言うまでもない。自分づくり，そしてアイデンティティ（自己の存在証明）をめぐる実践という意味で実存的実践と表されている。

　ここでも注意しておきたいことは，対話的実践としての学びが他者との対話にとどまるものではなく，対象世界そして自己内対話も含まれているということである。さらに，それらが三位一体のものとして描かれているということである。

2　合意形成過程としての対話

（1）「対話」とは何か

　前節までにすでに使ってきた，本章のテーマとなっている「対話」であるが，そもそも「対話」とは何であろうか。単なる話し合いではない，さらにその相手が現前する者に限らないとするならば，「対話」とはいったい何を指すのだろうか。

　「対話」は，哲学においては，ソクラテスに象徴されるような古来からの伝統をもつ概念である。そして今日にいたるまで，哲学に限らず多くの論者によって，数ある言葉のやりとりの中でも特別な位置づけがなされ，その重要性が指摘され続けてきた。哲学者の中島義道は対話の原理を描き出すために，"討論＝ディベイティング"と"会話"という2つの言葉のやりとりと比較する形で論じている。

　まず討論については，わが国でよく見られる討論の形態を2つのタイプに分けている。すなわち「互いに絶対的に意見を譲らずにえんえんと平行線をたどるタイプ」と「いとも簡単に各人の意見が一つに融合してしまうタイプ」（中

島 2016：148）である。対話との対照のためには特に前者が重要である。学校
教育の中でも広くとりいれられているディベートもそもそもルールからそのよ
うになるようになっているし，テレビの討論番組における激しくも噛み合わぬ
まま持論の展開に終始するやりとりなどがその好例である。

　一方，会話については，「表出された言葉の内実より言葉を投げ合う全体の
雰囲気の中で，漠然とかつ微妙に互いの『人間性』を理解し合う」（中島
2016：123）ものと説明している。街中でふと会った知人と交わす「おや，どち
らへ？」「いや，ちょっとそこまで」など，日々の会話を振り返ってみれば，
数多く思い浮かべられる。ここで言葉の内実，つまりどこに行こうとしている
かは，両者ともにとって重要なことではない。

　対して，中島自身が提唱したいとする哲学的対話（以下，〈対話〉）は「個人
と個人が正面から向き合い真実を求めて執念深く互いの差異を確認しながら展
開してゆく」（中島 2016：123）ものと形容されている。会話との比較において
は，対話で重要視されねばならないものは言葉の内実だとされている。では，
討論との差異はどこにあるのだろうか。それは，「真実を求めて」「互いの差異
を確認」という部分に現れる。討論の中で求められているものは，真実よりも
むしろ説得と言える。対話は自身の考えの優位性を求めることがその目的なの
ではなく，真実を求めているのである。ゆえに，対話の相手には自身と同じ見
解でないことが必ず求められる。対立している「相手との些細な『違い』を大
切にし，それを『発展』させる」（中島 2016：153）ことが，対話の中では重視
されているのである。

（2）「対話」と「対話的学び」

　前項のように「対話」を捉えるならば，社会全体を考えてみても民主主義の
成立には対話が不可欠なものであることは間違いないし，また一人ひとりの人
間にとっても，対話をすることのできる能力は今後ますます必要なものとなろ
う。

　近年の国際的学力議論の契機となった経済開発協力機構（OECD）の DeSeCo
（Definition and Selection of Competencies）プロジェクトにおいて，キー・コンピ

テンシーのカテゴリーの一つに「社会的に異質な集団での交流」（ライチェン 2006：105）が選ばれていることに象徴されるように，立場や意見の異なる相手との相互作用である対話を行う能力は求められているのである。

　今後，対話する能力が求められる，だから学校でも「対話への教育」が求められているわけである。「対話への教育」とは，まさにドイツの教育哲学者であるオットー・フリードリヒ・ボルノー（Otto Friedrich Bollnow）が，自身の教育学上の思想をまとめた言葉であるが，しかし彼は厳密な意味での「対話が授業中に行なわれることは決してない」（ボルノー 1969：69）と述べている。さらに，「もしも授業がたんなる『対話』に解消されるとすれば，授業はその真剣さを失うことになる」（ボルノー 1969：69-70）とも述べている。つまり，「授業中の対話」を「真の対話」と同一視することを問題としたのである。

　この点に対し久田敏彦は，その見方の妥当性を述べたうえで以下のように課題を提起している。

　　「真の対話」と「授業における対話」の峻別による「対話への教育」は，
　　ともすれば，対話を授業に従属させ，そうすることで，対話を従属させる
　　授業のあり方それ自体を暗黙の前提として自明視するという難点が（…
　　〔中略〕…）ある。（…〔中略〕…）重要なのは，授業に対話を従属させる
　　ことではなくて，対話の世界から授業を可能な限りつくりかえるというこ
　　となのである。
　　　　　　　　　　　　　　　　　　　　　　　　　　　　（久田 2002：128）

学校や授業には，「真の対話」の実現を困難にしている条件がある。だからといって，「授業における対話」を「真の対話」とは別なものとして「対話への教育」として形成することは，「真の対話」の実現を困難にしている諸条件を不問にすることとなる。学校や授業のあり方を固定して対話をそちらに近づけるのではなく，逆に対話の世界へ授業をつくりかえる必要性が述べられているのである。

　前節でみた今日の「対話的学び」における，対話を学びの手段として捉える見方にも同様の構図が見える。「学び」にふさわしい対話のありようを求める

のではなくて，対話という営みを，多寡の差はあるにせよ本来的に学びに付随しているものとして捉える必要があるのではないだろうか。本来的に付随している対話のあり方から，学校教育における学びを問い直す必要があるのである。そのためには，表面的な変更では不十分なのであり，対話をその目的から捉え直す必要がある。

（3）コミュニケーションの目的と性質

　学校教育のあらゆる場面を想起すれば明らかなように，教授＝学習過程はさまざまな形態の言葉のやりとりに満ちている。その分類も多様に考えられるが，子安潤は発話を関係性という視点から2つのタイプに分けている。

　一つめは「話し手が情報を提供し，話し手への同意を求めることを目的としたコミュニケーション」（子安 2010：70）であり，二つめは「話し手と聞き手の合意点を探したり，つくり出すことを目的としたコミュニケーション」（子安 2010：72）である。本章で対象としている対話が後者に含まれることは，中島による対話の説明をみても明らかであろう。

　両者の違いは，話し手のもつ目的である。前者は話し手自身に対する聞き手の同意を得ること，後者は話し手と聞き手との間で合意をもつことが目的である。その違いのゆえに，話し手と聞き手の関係にも違いが生じることとなる。すなわち，前者は話し手から聞き手への一方的な性質，後者は相互性をもった性質となる。

　コミュニケーションの一方的か相互的かといった性質が，同意を目的としているのか合意を目的としているのかという目的の差異によって生じている，という因果関係には注意しておきたい。教師から児童生徒への一方通行的授業が克服すべきものだということは，しばしば聞かれることで，もはや使い古された表現である。実践的にも，一方通行の教え込みが悪しきもので相互的なコミュニケーションへと変わらねばならない，ということは，その是非は別にしてもスローガン的にすでに定型的な表現となっている。しかしながら，よく考えてみると自身への同意を目的としたまま，相互的な関係性を得ようとしても，それは無理な話である。無理な話であるにもかかわらず，一方通行的授業はいけ

ないのだ，児童生徒に話させねばならないのだ，という部分のみ実行した結果，教室では表面的なコミュニケーションが散見される。

　目的が異なるだけなのであって，一方が優れているという類いのものではないのである。対話の重要性を提起している中島も，対話以外のコミュニケーションの形式を否定しているわけではない。同様に，子安も前者のタイプである説得との対比で以下のように述べている。

　　説得がまったく不要だとか，対話だけが必要だと主張するものではない。対話が必要な事柄を「説得」で代替えすることはできない，と主張しているにすぎない。
　　　　　　　　　　　　　　　　　　　　　　　　　　　　　　（子安　2010：75）

ここで対話がなぜ必要となるのか，という問いは，なぜ同意のみならず合意を求める必要があるのかという問いとなる。教師や子どもは果たして合意を求めていると言えるのだろうか。

3　対話的学びの成立に向けて

　学校は，そもそも対話の原理と相反する性質をもっている。前節における中島の対話観に照らしてみれば，学校は「個人と個人が正面から向き合い真実を求めて執念深く互いの差異を確認しながら展開してゆく」場になりにくい性質を有しているということになる。本節ではそのうち，「真実を求めて」「互いの差異を確認しながら」という部分に焦点を当てる。学校における対話的関係の成立のための障壁を考察することで，対話的学びの成立の契機を探っていきたい。

（1）正解・正答を越える知識観と学習観
　前節で述べたように，対話に参加する者が真実を求める志向性をもっていることが対話の必要条件であった。この点は，正しいことが重視される学校において，条件を満たしていると考えられるかもしれない。

　しかし，真実を求める志向性をもっていることと正しいことが重視されることとは同じではない。むしろ，この部分が学校教育において対話的な学びを実現するうえで，最も根本的な障壁となっているとさえ言える。というのは，学校における正しさとは，正解や正答という形で，真理が前もって存在しているものであるかのように，教師にとっても子どもにとっても深く理解されているからである。対話で重視されている真実を求める志向性とは，正解や正答を求める志向性ではない。

　その二者の違いは，そこに参加している者同士の関係性に起因する。対話の重要性を主張する者の多くが対話の条件に挙げていることの一つに参加者同士の人間関係がある。たとえば，中島は〈対話〉の基本原理として12の基本原理を挙げているが，そのうちの一つに次のようなものがある。

　　人間関係が完全に対等であること。〈対話〉が言葉以外の事柄（例えば脅
　　迫や身分の差など）によって縛られないこと。　　　　　（中島 2016：153）

これもまた，学校教育における対話的学びの実現の障壁となることを指し示していよう。というのは，身分の差以上に，教師の方が正解や正答に近い，あるいは多くの正解・正答をもっていることは確実だからである。

　また，子ども同士であっても，対等な人間関係にはいない。できている子とできていない子，知っている子と知らない子，その差もまた対話的関係を阻害するものとして機能する。

　つまり，志向している先にある「正しさ」が正解や正答という一元的な知識観である限り，対等性というのは実現されうるものではなく，教師，学習者ともに，その目的は合意にはなり得るものではない。教師のもっている情報への同意にとどまらざるを得ないからである。

　ゆえに，そこでの知識観や学習観から捉え直されることが必定なのである。その際，参照したいのが構成主義という考え方である。構成主義は，哲学や社会学をはじめ諸分野で多様な使われ方をしている語であるので，ここでは，その源流に位置するエルンスト・フォン・グレーザーズフェルド（Ernst von

Glasersfeld）のラディカル構成主義を参照するにとどめておく。

　彼は，ラディカル構成主義の根本原理を以下のように定式化している（グレーザーズフェルド 2010：124）。

　　一・知識は感覚やコミュニケーションを経由して受動的に受けとられるものではない。
　　　・知識とは認知主体によって能動的に構築される。
　　二・認知の機能は，生物学的な意味で適応的なものであり，適合や実行可能性への傾向性を有している。
　　　・認知は主体による経験世界の組織化の役目を果たすのであって，客観的な存在論的実在を発見しているのではない。

このなかでも，知識を受動的に受け取ることができるようなものではなくて，学習者が能動的につくりあげるものなのだとする「一」の基本原理が重要である。

　この原理を教師の側から見ると，「知識は感覚やコミュニケーションを経由して与えることができるものではない」ということになる。ここから，構成主義は「教えること」を否定する理論的根拠として使われることもあるが，それは誤まった解釈であろう。教師がもっている知識を学習者に与えることも，学習者が受け取ることもできない，という知識観なのである。この点で市川伸一は次のように述べる。

　　構成主義が学校教育に与える示唆は，「教えなくても学べる」ということではなく，「教えたからといってそのまま受容されるとは限らない」ということです。したがって「よりよく教えるための手立てが必要である」ということだと考えたほうがよいわけです。　　　　　（市川 2004：158）

このように捉えれば，構成主義はいかにも凡庸なことしか提起していないようにも見えるが，知識を絶対的なものでなく相対的に捉えることで，同意でなく

合意を目的とするコミュニケーションの実現に有効な視座を提起している理論
なのである。

（2）相対主義を乗り越える対立・分化のありよう

　もう一方の「互いの差異を確認しながら」に関連して，中島は〈対話〉の基
本原理のうち２つをこの点に割いている。

> 相手との対立を見ないようにする，あるいは避けようとする態度を捨て，
> むしろ相手との対立を積極的に見つけてゆこうとすること。

> 相手と見解が同じか違うかという二分法を避け，相手との些細な「違い」
> を大切にし，それを「発展」させること。　　　　　　（中島 2016：153）

対立や差異を肯定的に位置づけているのである。子安も「対話」の成立条件の
中で異なる意見の存在の意義を強調している。

> ともかく対話には，異なる意見が必須であることだけは確かだ。異なる意
> 見を持つ者が意見の一致を求めて相互に話し合うコミュニケーション，そ
> れが「対話」なのである。　　　　　　　　　　　　　（子安 2010：74）

対立や差異，異なる意見は，学校の中でどのように扱われてきているだろうか。
　これまでのわが国における授業づくりにおいても，差異や対立は積極的に位
置づけられてきた。その典型には，発問が挙げられるだろう。吉本均は，発問
の基本性格の一つとして「ただ一つの答えをひきだすのではなく，学習集団内
部に対立・分化をよびおこすものでなくてはならない」（吉本 2006：31）こと
を挙げる。ただ一つの意見しかない場においては，思考する必要も対話する必
要もない，それどころかそもそも不可能である。複数の意見があって初めて対
話の前提である思考が始まる。違う立場を発問によって表出させ，交流させ，
どちらの方がより良いか，あるいは他により良いものがないかというやりとり

を通した「対立・分化から共感・統一へ」という授業の流れは，すでに一般的なものとなっているだろう。また，実現できているとしたら，そこでの学びはまさに「対話的」と言えよう。

　しかしながら，実践を振り返ってみると，そのようにはなっていない授業が多いのではないか。たとえば，対立・分化を促せていると我々には考えられる発問をしていても，子どもたちから自身の考えが容易に出てこないことがある。なぜだろうか。考えられることの一つに，子どもたちにとって，自分の意見は，とりわけそれが他者と異なる意見であればなおさら，言いたくないものだから，ということがある。社会のさまざまな場面で多様なレベルの分断が生じている時代を生きている子どもたちにとって，自身の意見を述べる行為がリスクを伴うものだと感じることは，至極まっとうなことと言わざるを得ない。そんななか，教師が「自分の意見に自信をもって」と励ましたり，意見を一旦ノートなどに書かせるなどまとめさせたり，さまざまな方法が考えられてきた。

　これらに加えて，問われなければならないのは，授業において何を，そしてどのような場面で対立・分化させるのかということではないだろうか。対立・分化を演出する発問をしつつも，意見がなかなか出ず，対立・分化が顕在化しない授業の多くは，授業のかなり早い段階で行われている場合が多い。そのことが効果的に作用することも確かにあるが，ここで問題となるのは，そこで表出させようとしている意見がもともと子どもの中に存在しているものであり，その意味で顕在化する異質性も"存在していた"差異によるものだということである。

　異なる意見が存在しなければ対話は成立し得ないが，異なる意見が存在すれば対話が成立するわけでもない。もともと存在している素朴な異なる意見ではなく，対話の必要条件としての異質性はつくられたものである。比較的成功している発問には，「ゆさぶり」あるいは「否定発問」は特にそうだが，「当然」「常識」と考えられているところに，わざわざ違う意見を提示することによって差異を顕在化させている。つまり，そこでの差異はつくられたものであり，差異がつくられる前提として，一致があるのである。

　思考は連続性をもっているがゆえに，その結果としての意見も系統性をもつ

ものである。そのため，ここまでは同じだが，ここからが違うといったように，あるいは違う"気がする"といったように，意見の異同は二分法的に割り切れるものではない。前述したように中島が〈対話〉を「相手との些細な『違い』を大切にし，それを『発展』させる」ものだといったときの「些細な」という部分が重要なのである。もともと存在している素朴な意見を無理に大きな差異として顕在化させることは，「みんなオンリーワンの意見だからそのままで良い」という相対主義に陥る危険性をもっている。

　その意味で，「対立・分化から共感・統一へ」は，今日，双方向的に捉え直す必要があると言えよう。自身の意見が表明できるための安心基地としての共感・統一があって，些細な対立・分化をつくる対話的関係ができるのではないだろうか。

学習課題

（1）実際のモノと対話するとはどういうことか，具体例とともに，考えてみよう。
（2）「対話的学び」の実現に向けた授業改善の方策とは，どのようなものがあるか，いろんな校種・教科で考えてみよう。

引用・参考文献

市川伸一（2004）「科学知は授業実践とどう関わるか」梶田正巳編『授業の知』有斐閣。

柄谷行人（1992）『探究I』講談社学術文庫。

エルンスト・フォン・グレーザーズフェルド著，西垣通監修，橋本渉訳（2010）『ラディカル構成主義』NTT出版。

子安潤（2010）「対話的な関係・対話的な授業をつくる」岩垣攝・子安潤・久田敏彦著『教室で教えるということ』八千代出版。

佐藤学（1995）「学びの対話的実践へ」佐伯胖・藤田英典・佐藤学編『学びへの誘い』東京大学出版会。

佐藤学（1999）『教育の方法』放送大学教育振興会。

佐藤学（2010）『教育の方法』左右社。

佐藤学（2015）『専門家として教師を育てる』岩波書店。

里見実（1994）『学校を非学校化する』太郎次郎社。

島崎隆（1991）『思想のシビルミニマム』大月書店。

白石陽一（2001）「授業における展開とタクト」山下政俊・湯浅恭正編著『教育の方法』ミネルヴァ書房。

暉峻淑子（2017）『対話する社会へ』岩波新書。

中島義道（2016）『「思いやり」という暴力』PHP研究所。

久田敏彦（2002）「対話する授業をつくる」久田敏彦・湯浅恭正・住野好久編『新しい授業づくりの物語を織る』フォーラム・A。

パウロ・フレイレ，里見実他訳（1982）『伝達か対話か──関係変革の教育学』亜紀書房。

ボルノー，森田孝訳（1969）『言語と教育』川島書店。

吉田茂孝（2012）「新しい学びの展開と授業づくり」山下政俊・湯浅恭正編著『新しい時代の教育の方法』ミネルヴァ書房。

吉本均（2006）『学習集団の指導技術』明治図書。

ドミニク・S・ライチェン，平沢安政訳（2006）「キー・コンピテンシー」ライチェンら編著，立田慶裕監訳『キー・コンピテンシー──国際標準の学力をめざして』明石書店。

（髙木　啓）

第11章

アクティブ・ラーニング（AL）時代の
学習集団づくり

アクティブ・ラーニングは，そもそもアメリカに端を発する高等教育改革のキーワードであった。それが日本では，高等教育改革のみならず，初等・中等教育にも取り入れられたのである。というのも，一方的な講義形式による知識の詰め込み教育などでは，主体性が育たないだけではなく，グローバルな「知識基盤社会」において求められる「資質・能力」が形成されないと問題視されたからである。一方で，アクティブ・ラーニングは，指導方法の「特定の型」などを意味しないことが後述する2016年の「答申」などによって指摘され，「主体的・対話的で深い学び」の実現に向けた授業改善の視点とされた。けれども，若手教員の急増などから授業のスタンダードが設定され，結果的に指導方法の「特定の型」が定められてしまっている。本章では，こうした問題を整理した上で，学習集団づくりに求められる視点を提起したい。

1 アクティブ・ラーニング時代の子どもたちと授業の課題

（1）「主体的」な学びの強調

　2015年頃から次期学習指導要領の議論においてアクティブ・ラーニングが注目されてきた。学習指導要領は2020年度から小学校，2021年度から中学校で全面実施され，高等学校も2022年度入学生から年次進行で実施される。

　そもそも，日本においてアクティブ・ラーニングは，2008年3月25日に高等教育の改革を目指した中央教育審議会による「学士課程教育の構築に向けて（審議のまとめ）」においてはじめて登場した。そこでは，「学生の主体的・能動的な学びを引き出す教授法」を意味していた。その後，2012年8月28日の中央教育審議会答申「新たな未来を築くための大学教育の質的転換に向けて〜生涯学び続け，主体的に考える力を育成する大学へ〜」（以下，「質的転換答申」）

の「用語集」においてアクティブ・ラーニングは,「教員による一方向的な講義形式の教育とは異なり,学修者の能動的な学修への参加を取り入れた教授・学習法の総称」とされ,「学修者が能動的に学修することによって,…(中略)…汎用的能力の育成を図る」と明記された。

このように,もともと日本においてアクティブ・ラーニングは,大学などの高等教育において一方向的な講義形式による授業の批判として提起された。その後,高等教育のみならず,2020年度から全面実施された学習指導要領の改訂作業の中で,初等・中等教育にも取り入れられることになり,その用語も「主体的・対話的で深い学び」という表現に置き換えられた。もともとアクティブ・ラーニングは,「能動的」学習を目指していたが,「主体的」な学びに変えられている。文部科学省が「能動的」や「主体的」という文言を強調するのは,授業において「主体の不在」の問題があるのではないだろうか。

（2）「主体の不在」の背景

子どもを学習する主体（学習主体）に向けて育てようとする実践の検討は,日本では1960年代以降,学習集団づくりにおいて本格的になされていく。授業において子どもたちは最初から学習主体ではない。教師は,子どもが学習主体になるよう,絶えざる指導によってみんなでわかりあう集団をつくり出す必要がある。こうした「学習するための集団」をつくることが学習集団づくりである（吉本 2006）。

けれども,2000年代以降「学びからの逃走」と呼ばれるように,子どもたちの中にある「モノや他者や事柄に対する無関心」「私には関係ない」という思想が問題視されるようになった（佐藤 2000）。また同年代に「学力低下を助長するシステム」として指摘された「ごまかし勉強」が注目され,テスト準備は一人でテストに出題されるところを勉強すれば点数がとれるなどの問題が指摘されるようになった（藤澤 2002）。指摘されたどちらの問題も学校の授業では,他者と学ぶ必要はないし,ましてや主体的に参加しなくてもよい点が共通する。こうして2000年代以降「主体の不在」が問題視されるようになったのである。

こんにちでは,「主体の不在」の問題は,集団の中に見られる同調圧力の問

題と重なって，「忖度する主体」として指摘されている（福田 2019）。たとえば，授業において「他人の顔色をうかがいながら発言する子ども」「班の中でも友だちが言った答えをそのままノートやプリントに書き写す子ども」は，教師が求める「答え」や正しいとされる価値や態度，さらには多数派に共有されている価値を主体的に忖度しなければ，集団の中で孤立してしまうと考えているからである。このように，こんにちの子どもたちは，集団の中で差異を顕在化させるような危険性を回避しながら生きているのである。

（3）差異の顕在化の回避と学習集団づくりの課題

「主体の不在」の問題の背景に関連して，こんにちの学級では，多様なニーズについても考えなければならない。2007年に特別支援教育が始まり，通常学級では，特に発達障害のある子どもへの指導のあり方が注目されるようになった。けれども，通常学級の授業において困難を抱えている子どもには，発達障害のある子どものみならず，トラブルや問題行動の絶えない子どもをはじめ，社会的な背景を要因とした子どもも存在する。世界的な潮流では，障害児に限らず特別な教育的ニーズのある子どもを対象にするインクルーシブ教育が注目されている（詳しくは第12章を参照）。それゆえ，こんにちの学級では，思考の仕方やわかり方が多様になってきているのである。

このように本来なら，授業において正しいとされる価値や態度へ向かっていくことは，多様であるがゆえにできにくい集団になっている。けれども，集団の中で差異を顕在化させるような危険を回避するため，自分の考えや別の意見を発言することは困難である。こうした問題に目を背けるとアクティブ・ラーニングは，正しいとされる価値や態度を教え込み，同化・排除させるためのツールに成り下がってしまうのではないだろうか。ところが，現在集団の中で差異を顕在化させにくい状況が授業においてつくり出されている。その一つに授業のスタンダード化の問題が挙げられる。若手教員の急増などから授業のスタンダード化が叫ばれ，およそ目の前の子どもの状態をふまえた指導とは言い難い，他人の考えた方法を，検討もなしに学校・学年で統一することが指示されているのである。こうした授業のスタンダード化には，「めあて－まとめ」

型の授業をはじめ，授業過程の流れ，板書の仕方，学習ルールなどの統一が挙げられる。このスタンダードに適応できない子どもは集団からの排除の対象になる。だからこそ，差異を認め合う民主的な主体を形成する学習集団づくりのあり方がこんにち問われているのである。

2 「主体的・対話的で深い学び」の導入をめぐる議論

（1）日本のアクティブ・ラーニングの特徴

そもそもアクティブ・ラーニングはアメリカで議論されてきた。アメリカにおいてアクティブラーニング（active learning）という用語が用いられたのは，1980年代の高等教育改革においてである。1960年代から1970年代初頭にかけて，大学の大衆化や学生の多様化による問題が指摘され，1980年代のアメリカは，授業において学生の関与を高めるために，アクティブラーニングが注目されるようになった。アメリカの研究動向において，アクティブラーニングとは，特定の学習方法ではない。むしろ，読む，書く，議論するなどの学習活動を取り入れ，近年の「汎用的能力」に関係する「高次の思考」を働かせることもすでに示されていた。またアメリカのアクティブラーニングは，学校から仕事・社会へのトランジションを背景として，「教員から学生に知識は伝達されるもの」といった旧来の考え方を問題視し，学生による学習を重視する「教えるから学ぶへ」の転換という議論も生じさせた（溝上 2017）。

これに対して日本のアクティブ・ラーニングは，*1*（1）で述べたようにアメリカと同様に，一方向的な講義形式の授業から学習者中心の授業への転換が述べられている。けれども，2012年の「質的転換答申」において，アクティブ・ラーニングは，経済界から要請されたこんにち求められる「資質・能力」につながる「汎用的能力」を育てることを目的とした方法として位置づけられるようになったのである。

このように，日本のアクティブ・ラーニングの特徴は，「資質・能力」の育成を強調する点にある。というのも，初等・中等教育においてもアクティブ・ラーニングを強調しなければ，一方向的な講義形式による知識の詰め込み教育

などによって生じる「主体の不在」の問題とともに，「知識基盤社会」が求める「人材」の形成につながらないからであろう。それゆえ，2020年度からの学習指導要領において示された新しい時代に求められる「資質・能力」の形成に向けて，授業改革が進められたのである。

（2）「アクティブ・ラーニング」から「主体的・対話的で深い学び」へ

　アクティブ・ラーニングが初等・中等教育に登場する以前，日本では2003年のPISAショック以降，PISA型読解力の向上が重視されるようになり，「言語活動の充実」が学習指導要領に明記され，授業研究のテーマになっていた。「言語活動」が導入されることで研究授業後の協議会の話題は，「授業のどの場面で書く『活動』を行うのか，話し合う『形態』はペアがよいかグループがよいのか，といった『活動』や『形態』のあり方といった授業の方法について語られることが，いっそう多くなっていった。…（中略）…そのため，子どもの外的な姿としての『活動』への評価はあっても，子どもの学びの内面レベルでの意味内容への評価が弱体化するのである」（深澤 2015：155-156）。まさに，当時の授業研究は「活動あって学びなし」の状況に傾斜していったのである。

　このように前回の学習指導要領で強調された「言語活動の充実」が「活動」や「形態」の問題に陥った反省からか，今回の学習指導要領改訂に至る経緯において，文部科学省も警鐘を鳴らしている。2015年8月26日に出された次期学習指導要領の論点を整理した「論点整理」では，アクティブ・ラーニングは，「課題の発見・解決に向けた主体的・協働的な学び」とされた。その際，特定の型を普及させるのではないことや，特定の指導の型を目指した技術の改善にとどまるものではないといったことが指摘された。

　こうした経緯から，2016年12月21日の中央教育審議会答申「幼稚園，小学校，中学校，高等学校及び特別支援学校の学習指導要領等の改善及び必要な方策等について」においても「特定の型」などの問題は引き続き指摘され，アクティブ・ラーニングは，「主体的・対話的で深い学び」の実現に向けた授業改善の視点とされた。つまり，「主体的・対話的で深い学び」へ向けての「視点」であって「形態」ではないのである。また，「主体的・対話的で深い学び」によ

って「資質・能力」（「資質・能力」は，① 知識及び技能，② 思考力，判断力，表現力等，③ 学びに向かう力，人間性等，の三つの柱で構成されている）を育成することも強調された。なお，この「答申」では，「主体的な学び」「対話的な学び」「深い学び」の３つの視点が，学びの過程として一体であり，単元や題材のまとまりの中で「それぞれの視点の内容と相互のバランスに配慮しながら学びの状況を把握し改善していくこと」が明記された。また，同答申では，「『主体的・対話的で深い学び』は，１単位時間の授業の中で全てが実現されるものではなく，単元や題材のまとまりの中で，例えば主体的に学習を見通し振り返る場面をどこに設定するか，グループなどで対話する場面をどこに設定するか，学びの深まりを作り出すために，子供が考える場面と教員が教える場面をどのように組み立てるか，といった視点で実現されていくことが求められる」と明記された。これらのことから，アクティブ・ラーニングは，単に一時間の授業の授業改善の視点だけではなく，単元レベルでの授業構想・教材研究も重要になるのである。

　そこで，注意しないといけないのが，「論点整理」において記載され，2016年の「答申」で注目されるようになった「深い学び」である。「主体的な学び」「対話的な学び」だけでは「活動あって学びなし」に陥りやすいところに「深い学び」を加えたのである。2016年の「答申」でも「深い学び」は，各教科等の特質に応じた「見方・考え方」を働かせることが強調されている。このことから，「主体的・対話的で深い学び」は，「子ども同士がグループでよく話し合っている」「協力し合って活動している」といった主体や活動だけを重視してはならない。学ぶ対象となる教材との関係を抜きに「深い学び」は成立しないのである。

（3）「特定の型」の問題視と授業のスタンダード化との矛盾

　アクティブ・ラーニングは，「特定の型」ではなく，学習の「形態」でもない。文部科学省の関係者も「教育の目的は『自立』であるにもかかわらず，教師が目の前の子供たちの状況を自分の目でしっかり捉えて，子供たちへの指導法を自分自身の判断で選択することなく，特定の『型』だけに依存するのでは，

子供たちを自立に導くことはできません」（合田 2019：85-86）と述べている。けれども，現実には授業のスタンダード化の問題が存在する。2016年の「答申」は，「特定の型」などを問題視していたが，「主体的・対話的で深い学び」の実現を目指した授業のスタンダード化により結果的に「めあて－まとめ」型の授業をはじめ，授業過程の流れなどの「特定の型」が定められ，授業のスタンダード化に教師は向き合わないといけないといった矛盾が生じている。

　こうした授業のスタンダード化の問題点として，次の4つが考えられる。一点目に，一時的に子どもは教師の指導に適応したかのように見えても，適応できない子どもを結果的に排除してしまう。二点目に，多様なニーズに応じた指導をその場その場の子どもとの関係の中でつくりあげることを欠落させてしまう。三点目に，スタンダードに依存することは，指導方法を構想するという教師自身の「考える」機会を奪ってしまう。四点目に，特定の指導方法をスタンダード化することは，教師の主体性を希薄にさせ，ただスタンダードに従えばよいという無責任な授業をつくり出すことにつながる。

　このようにスタンダードが強調されることで，教師たちの主体性はもちろん，子どもの主体性も失われてしまい，「主体的・対話的で深い学び」も教師が子どもをコントロールするためのツールになってしまう。それゆえ，多様なニーズに応じた指導が求められるなか，授業のスタンダード化に見られる「特定の型」の背景や意味を目の前にいる子どもの視点から問い，そうした子どものニーズから指導方法を立ち上げることなしに授業は成立しえないのである。

3　アクティブ・ラーニング時代に求められる学習集団づくり

（1）子どもの教材解釈力を鍛える発問と集団思考

　授業のスタンダード化の問題に向き合うために，あらためて教材研究を問い直したい。文部科学省も「アクティブ・ラーニング」から「主体的・対話的で深い学び」へと表現を変えたとき，「深い学び」を加えていた。つまり，学ぶ対象となる教材との関係を重視しているのである。教材研究を通してスタンダードをはじめ，一つひとつの「特定の型」を問い直し，目の前の子どもの

ニーズから指導方法を立ち上げることで，子どもを学習主体にする授業がつくり出される。

　学習集団づくりでは，学習主体を形成する上で，教材研究は欠かせない。教材研究は，2つの考え方を内包している。一つは，教科書教材などの教材の存在を前提として教材にある学ばせたい価値を分析し，「教えたいもの」（教科内容）を明確化し，さらには子どもの教材に対する解釈内容（子どもの応答予想）も考え，吟味しておくことを教材解釈という。もう一つは，教科内容の存在を前提に，その内容を教えるのにふさわしい教材開発することを教材づくりという（吉本 1986：152-155）。当然，子どもの考えや疑問，質問の一つひとつを取り上げ，組織化するのは教師の教材解釈に左右される。すなわち，「教材解釈の浅さが子どもを差別することになる」（吉本均）のである。

　ここでは，前者の教材解釈に注目したい。多くの場合，教材解釈とは，教師が行うもので，子どもは教師の教材解釈を学ぶものだと考えられている。しかし，学習集団づくりでは，教師は「教えたいもの」をもち，子どもたちの「学びたいもの」に転化するとともに，子どもたちの教材解釈力を鍛えることも重視してきた。具体的には，授業過程において子どもたちが教材に対して自ら解釈した考えを出し合い，より深い解釈へと学び合う中で鍛えられる子どもの教材解釈力のことである（吉本 1978；高田 1980）。このように，子どもの教材解釈力を育成することは学習主体の形成につながるのである。それは，こんにちまで，教師は子どもたちからの「分からなかったのでもう一度言ってください」「班で考えたいので時間をください」といった要求発言を引き出す指導（山口・宮原 2016：78）や「教師が本当に自分たちを伸ばそうとしているかを問い続ける『抵抗主体』として子どもを育てようとしている実践」（同上：90）として試みられてきている。このような教師の指導によって学習主体を誘発することになるのである。

　その際，授業において教師の指導とは，子どもが教材解釈力を習得するために，教師の教材解釈を介した発問を準備することと，発問によって生じる集団思考を組織していくことである。つまり，教師の教材解釈は，発問と集団思考の組織化によって，子どもたちの教材解釈力へと転化するのである。学習集団

づくりの授業では，「教師自身が準備していた発問以上に効果的な問いを子ど
もたち自身が出してきてくれることもある」（小泉・佐久間 2016：105）ように，
ときには子どもたちが教師の教材解釈を乗り越えることもある。それは，「で
きる」子だけではなく，「できない」子の意見の場合もある。そうした「でき
ない」子の意見と教師をはじめ集団が向き合うことで，「できる」子と「でき
ない」子の逆転を生み出す授業がつくられるのである（玉城・森 2018：79）。

　なお，ここでいう発問とは，教師が問い，その問いに対して子どもが「正
答」を答えることではない。一つの正答を求める問いは質問である。つまり，
「一問一答」では，認識は深まらないし，正答を知っている子どものみが応答
して終わる授業になる。そうではなくて，発問とは，間違いやつまずきや対
立・分化が生じる問いである。それゆえ，発問は認識の広がりや交流を生み出
し，正答にしばられずにすべての子どもが参加できる。そもそも質問は，「答
えを知らない人」が「答えを知っている人」に聞くことである。だから「一問
一答」になる。しかし，発問は，「答えを知っている」教師が「答えを知らな
い」子どもたちに問うことである。そのため，発問は間違いやつまずきを含ん
だ子どもたちの応答を引き出し，問い合うことを通して学習が深まるような集
団思考が生じるのである。さらに言えば，授業において問うことを子どもが学
ぶことで，子どもに生じた疑問を集団の中で思考し合い，子どもたちが相互に
論争し合う問答共同体をつくり出すことになるのである。

（2）「囲い込まれた」授業に陥る「資質・能力」の課題

　発問と集団思考の関係から，子どもが問答共同体をつくり出すことは学習主
体を形成する上で必要である。しかし，その主体が獲得しようとしている能力
像に課題がある。「主体的・対話的で深い学び」の目標である「資質・能力」
とは，産業社会の要請から「平和や人権や芸術的な能力は視野の外」に置かれ，
グローバル化や情報化への対応へ向けた「産業主義的な偏り」のある能力であ
る（子安 2016：22）。背景には，グローバルな「知識基盤社会」の到来に伴い，
「資質・能力」が知識経済において求められていることが関係する。それは，
「何を学ぶのか」ではなく，「何ができるようになるか」を問うものである。

「主体的・対話的で深い学び」の提唱には，「グローバルな知識経済社会を生き抜ける人材の育成に収斂ないし呪縛されるという根本問題」（久田 2018：3）がある。すなわち，これらから導かれる能力像は，グローバル化や情報化に対応する能力と考えられ，さらに「知識基盤社会」を生き抜くためには絶えず知識を更新し続け，「できない者」は排除されてしまう可能性もあるのではないだろうか。

　こうした「資質・能力」を育成する「主体的・対話的で深い学び」には次のような3つの難点が指摘されている（久田 2018：3-4）。

　一点目に，「教科内容の手段化」である。つまり，いかなる内容をどのように学ぶのか，においてしか能力は形成されないにもかかわらず，「資質・能力」のために教科内容を定めるという逆立ちになっている。

　二点目に，「学習活動の内容化」である。一般的に内容と活動との関連づけは重要であるが，「資質・能力」の中でも「思考力，判断力，表現力等」が，学習指導要領の各教科・各学年の「内容」欄に記載されるようになった。こうした「思考力，判断力，表現力等」を内容として括ること自体に無理があるにもかかわらず，そうした「力」を実体化しようとするために学習活動をときに位置づけざるをえなくなっている。

　三点目に，「教科書内容の鵜呑み」である。教科書内容が「主体的・対話的で深い学び」の実現を前提に作成・検定されているため，教科書内容を問わせない学びにならざるをえなくなる。

　したがって，「資質・能力」の育成に向けた「主体的・対話的で深い学び」の実現を図るような授業は，あらかじめ決められた能力像に向かう「囲い込まれた授業」になってしまう。具体的には，定められた「正答」に導かれる授業である。一方で2016年の「答申」では，「第2章　2030年の社会と子供たちの未来」において「予測困難な時代に，一人一人が未来の創り手となる」と題して，人工知能と違い人間は，「答えのない課題に対して，多様な他者と協働しながら目的に応じた納得解を見いだしたりすることができるという強みを持っている。このために必要な力を成長の中で育んでいるのが，人間の学習である」としている。けれども，「囲い込まれた授業」のもとで，「答えのない課

題」に対してどう向き合えばよいのだろうか。「定められた知識や技能，『資質・能力』の獲得のみを目的とする学習は，それがいかに能動的で主体的にかかわる学習であろうとも，学習者にとって学ぶ意味や意義が見えないがゆえに，空洞化する」（二宮 2019：64）。つまり，定められた「資質・能力」の獲得のみを目指す授業がなされると，子どもたちは現実の生活や社会を読み解き，自らの問題に答えを導くのではなく，空洞化した学びに陥ってしまうのである。

（3）子どもとつくる差異と共同の世界に開かれた学習集団づくりの視点

　そこであらためて問わなければならないのが，教材研究とともに，「対象について，複数の立場を意識し，生活や文化の政治性を明らかにする教科内容研究」（山田 2018：49）である。「資質・能力」への注目により，「何ができるようになるか」については盛んに議論されてきたが，この間「何を学ぶのか」という教科内容についての議論が不在のままである。というのも，授業のスタンダード化により，教科内容を検討するよりも，スタンダードにどのように教科内容を適合させるかが重視されてしまっているからである。たとえば1回の授業においてグループで活動させることがスタンダード化されると，それに応じて活動を生み出す教科内容を探すことに終始し，教科内容研究を無批判にさせ，目の前の子どものニーズから「考える」ことを停止させてしまうのである。それゆえ，教材研究・教科内容研究において「子どもの声を聞き，課題が子どもにとって問いたくなるものであるかどうか，切実であるかどうか」を考え，「子どもの生活の疑問や生きづらさを教材化したり，『子どもの側』から問題」を立てたりすることが課題となる（山田 2018：49-50）。こうしたアクティブ・ラーニング時代の課題に迫るためには，学習集団づくりにおいて以下の3つの視点が考えられる。

① 当事者意識を備えた主体性を育てる視点：現代的課題を問う学び
　小学校6年生の総合学習「フクシマとヒロシマ」（植田 2013）は，2011年4月から小学校6年生になった子どもたちが，東日本大震災を機に起こった福島の原発事故から，日本の未来像を考える実践である。具体的には，社会科の歴

史の授業と平和学習（修学旅行先の広島）などから，子ども自身が疑問をもち，問いを立て，原子力発電所に賛成・反対という立場を明確にし，根拠や事実をもふまえた意見を聞き，意見の違いを考えたり，当事者意識を掘り起こしたりする討論のある授業である。こうした討論で自分の意見を発表し，他者の意見を聞くことは，同時に他者の「意見や立場」－視点を学び，その視点から自分の「意見や立場」＝視点を問うことになる。つまり，この授業の問い（問題）は，「私には関係ない」問題でも，現代的な課題から，何と何とのコンフリクト（対立・矛盾・葛藤）かを「誰の立場から問うか－視点や立場を明確にし，当事者の意識を掘り起こす」ことになるのである（高橋 2002：218-226）。このことは，同時に他者との差異を顕在化させ，その差異を学ぶ機会にもつながる。

② 教科内容の科学性を批判的に問う主体性を育てる視点：教科内容を問う学び
　また，「フクシマとヒロシマ」の実践では，文部科学省などが作成した副読本とは異なる解釈を，根拠となる資料や事実に基づいて子どもたちが提示していた点も見逃せない。つまり，教科書に記載されていることを唯一の正しい結論として教えて着地する授業ではなく，「科学は，複数的で，不確実さを含むものとして把握」した上で，複数の正しいとされる結論を探す教材研究を介して，事実をふまえて子ども自身が判断する場面を授業に組み込むことが求められる（子安 2013：25-36）。このように科学的真理は，唯一絶対の真理ではない。科学的真理を学ぶ際には，「教科内容の科学性を批判的に問い返す主体性」（久田 2016：50）を育てる必要がある。そうすることで，これまで正しいとされてきた科学的真理（価値）が「誤り」であったことを学ぶと同時に，子どもたちは，考え方の差異を大切にすることや批判的に問うことを学ぶのである。
　なお，多くの場合，「学習課題」を本物（真正）の文脈に近づけようとする実践が見られるが，「学習過程」全体を本物に近づける必要性が主張されている。こんにち各教科を学ぶ本質的な意義の中核として「見方・考え方」に注目した論考では，学問の構造を「真正な学習活動」を通して学ぶ必要性が指摘されている（髙木 2019）。すなわち，科学的真理として考えられているものを学習過程における真正性を通して学問の視点から問うことで，より教科の本質に

迫ることになるのではないだろうか。

③ 自分と他者の差異を学ぶ主体性を育てる視点：他者との差異を問い，認め
　合う学び

　こうした①や②の視点が生かされるためには，ふだんの授業において多様で
差異のある子どもの学びが生かされ，共同して深める学習集団が必要である。
文学の読みにおいて子どもたちの生活現実のコンテクストに立脚した読みを重
視することで，自分なりの読みと他者の読みとに差異が生じる。この自分なり
の読みと他者の読みを大事にしながら，自分と「他者の読みとの不合意を認め
つつ，読み方が違う他者の読みを自分の読みを深める過程に正当に位置づけて
吟味している読み」や，「文学の読みにおける『差異の承認』と共同の世界の
追求」が試みられている（平田ほか 2013：42）。こうした差異と共同の関係を授
業づくりにおいて実践することで，子どもたちが自分の生活現実と重ねて考え
を語り合いながら，「自己理解と他者理解のことばの力」（原田 2017：65-70）を
獲得し，差異を承認し合い，共同して学びを深める学習集団がつくり出される
のである。

　アクティブ・ラーニング時代の学習集団づくりには，差異を生かしつつ共同
の世界に「開かれていく」学びと学びに値する集団を当事者の目線からつくり
上げることが求められる。それは，子どもたち自身が教科内容を学ぶ意味と
「私たち（教師も含めた学級全員）」が集団で学び合う意味とを重ね合わせる局
面（「子どもたちが「教育的タクト」を振りはじめる局面」）（福田・吉田 2018：
99）をつくり出すこと＝学習主体の形成につながるのである。そこでの学びと
は，社会の変化に対応する「資質・能力」よりも，「社会をともども批判的に
創造しあう『資質・能力』」（久田 2016：51）を形成する「主体的・対話的で深
い学び」になるのではないだろうか。

引用・参考文献

植田一夫（2013）「フクシマとヒロシマ」子安潤・塩崎義明編著『原発を授業する
　　——リスク社会における教育実践』旬報社。

合田哲雄（2019）『学習指導要領の読み方・活かし方——学習指導要領を「使いこな
　　す」ための8章』教育開発研究所。

小泉靖・佐久間敦史（2016）「魅力ある発問づくりにつながる教材研究——「発問」
　　の再定義」深澤広明・吉田成章編『学習集団研究の現在　Vol. 1』渓水社。

子安潤（2013）『リスク社会の授業づくり』白澤社。

子安潤（2016）「子どもの未来をひらく授業づくり」竹内常一・子安潤・坂田和子編
　　著『学びに取り組む教師』高文研。

佐藤学（2000）『「学び」から逃走する子どもたち』岩波書店。

髙木啓（2019）「『見方・考え方』の広がりと深まり」広島大学附属小学校学校教育研
　　究会編『学校教育』1219。

高橋英児（2002）「現代社会にひらく授業をつくる」久田敏彦・湯浅恭正・住野好久
　　編『新しい授業づくりの物語を織る』フォーラム・A。

高田清（1980）「子どもの教材解釈＝習得と学習主体形成」吉本均編『授業展開の教
　　授学』明治図書。

玉城明子・森久佳（2018）「気になる子どもを中心にした授業づくり」深澤広明・吉
　　田成章編『学習集団研究の現在　Vol. 2』渓水社。

二宮衆一（2019）「アクティブ・ラーニング」『教育』883，かもがわ出版。

原田大介（2017）『インクルーシブな国語科授業づくり——発達障害のある子どもた
　　ちとつくるアクティブ・ラーニング』明治図書。

久田敏彦（2016）「アクティブ・ラーニングと学習集団研究」深澤広明・吉田成章編
　　『学習集団研究の現在　Vol. 1』渓水社。

久田敏彦（2018）「新たな啓蒙の探究と『主体的・対話的で深い学び』の構想」「読

み」の授業研究会「研究紀要」編集委員会編『研究紀要 17』。

平田知美・今井理恵・上森さくら・福田敦志・湯浅恭正（2013）「文学の読みの指導における学習の共同化」『人文研究　大阪市立大学大学院文学研究科紀要』第64巻。

深澤広明（2015）「『他者を理解』し『自己を発見』する言語活動であるために」「読み」の授業研究会編『国語授業の改革　15』学文社。

深澤広明・吉田成章編（2016，2018，2020）『学習集団研究の現在　Vol. 1,2,3』溪水社。

福田敦志（2019）「対話・討論を深める問いと学ぶ関係づくり」子安潤編著『教科と総合の教育方法・技術』学文社。

福田恒臣・吉田成章（2018）「個と集団にドラマを引き起こす教育的タクト──算数科授業から」深澤広明・吉田成章編『学習集団研究の現在　Vol. 2』溪水社。

藤澤伸介（2002）『ごまかし勉強（上・下）』新曜社。

溝上慎一編（2017）『高等学校におけるアクティブラーニング：理論編（改訂版）』東信堂。

山口隆・宮原順寛（2016）「子どもたちと達成感を共有する班づくり──「班」の再定義」深澤広明・吉田成章編『学習集団研究の現在　Vol. 1』溪水社。

山田綾（2018）「子どもの願いに応える教科内容・教材研究を」『教育』865，かもがわ出版。

吉本均（1978）「教材解釈をめぐる競い合いと共感」吉本均編集代表『学習集団研究第6集』明治図書。

吉本均（1986）『授業をつくる教授学キーワード』明治図書。

吉本均（2006）『学級の教育力を生かす吉本均著作選集　全5巻』明治図書。

（吉田茂孝）

第12章

インクルーシブ教育時代の授業づくり

　　すべての人にひとしく教育を受ける権利を保障すること，そしてそのための方法を示すことは，長いあいだ教育方法学の重要なテーマであり続けている。また近年では子どもたちの多様な実態に応じた教育実践の重要性が改めて認識されるようになってきた。本章では，この古くて新しいテーマについて「インクルーシブ教育」の視点から考えたい。インクルージョンやダイバーシティという言葉を使って，多様な生活環境や文化的背景，異なる身体をもつ人々が平和に共存する社会のあり方が模索される中で，学校教育や教師はどのような役割を担っているのだろうか。すべての学習者が差別や排除をされない教育とはどのようなものであり，それを実現するためには何が必要なのだろうか。

　　これらの問いについて考えるために，本章の前半では「インクルーシブ教育」の概念について説明する（第1節）。後半は，インクルーシブ授業の原理と事例について述べる（第2節）。

1　インクルーシブ教育とは何か

（1）インクルーシブ教育の目的

　インクルーシブ教育は，通常教育をすべての人が参加できるものに変革することですべての人が排除や差別をされずに主体的に参加できる社会を実現することを目的としている。インクルージョン（Inclusion）とは，包括・包摂・算入を意味する言葉であり，排除や除外を意味するイクスクルージョン（Exclusion）と対置して用いられる。言い換えれば，インクルーシブ教育とはどのような人も排除や差別されることなく適切な教育を受けられる仕組みのことである。

　インクルーシブ教育の理念が打ち出されたのは1990年代であるが，それまではインテグレーション教育が国際的に主流の考え方であった。このインテグ

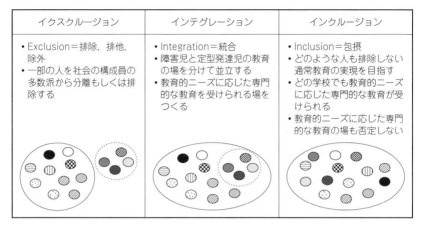

イクスクルージョン	インテグレーション	インクルージョン
• Exclusion＝排除，排他，除外 • 一部の人を社会の構成員の多数派から分離もしくは排除する	• Integration＝統合 • 障害児と定型発達児の教育の場を分けて並立する • 教育的ニーズに応じた専門的な教育を受けられる場をつくる	• Inclusion＝包摂 • どのような人も排除しない通常教育の実現を目指す • どの学校でも教育的ニーズに応じた専門的な教育が受けられる • 教育的ニーズに応じた専門的な教育の場も否定しない

図12-1　インクルージョンと他の概念の比較

レーション教育の考え方と比較すると，インクルーシブ教育の理念はより理解しやすい（図12-1）。

　インテグレーション教育では，かつて教育対象と見なされてこなかった障害児にも教育の機会を保障することがめざされ，障害児を学校教育に統合する（Integrate）かたちで学校教育が構想された。そして多くの場合は，定型発達児の教育（「通常教育」）と障害児の教育（「特殊教育」）とで学校教育の場を分けて行うことが前提とされてきた。一方，インクルーシブ教育では，障害だけでなくさまざまな学習上の困難を感じる者を対象として，教育の場をできるだ・け分けず・に行うことがめざされている。

　ただし，インクルーシブ教育の目的を「教育の場を通常教育へ一本化すること」だと理解するのは誤りである。通常教育へ一本化することを目的化すれば，通常教育以外の教育の場，たとえば，障害に応じた専門的な教育の場やフリー・スクール等での教育も「排除」と見なされかねないからである。すべての人を教育制度から排除しないためには，学習者の実態に応じて個々に異なるアプローチで教育することが有効な場合もある。したがって，インクルーシブ教育は通常教育をどのような人も排除しないものへ変えていくと同時に，必要に応じて学習者が特別な教育的ニーズに応じた専門の教育を選択できるように，通常教育以外のさまざまな教育の場と形態を保障すること，だと理解できる。

（2）特別ニーズ教育

　インクルーシブ教育の最初の国際的な方針は，1994年にスペインのサラマンカで行われた国際連合の会議（「特別ニーズ教育世界会議」）で決定された。この内容を示したものが，いわゆる「サラマンカ声明」である。「サラマンカ声明」では，インクルーシブ教育の原則として，通常教育を改革し，「特別な教育的ニーズ」のある子どもを含むすべての子どもを対象とした教育を実現することが明記された。

　「特別な教育的ニーズ（Special Educational Needs）」とは，障害や社会的・経済的背景によって生じている教育上の困難を軽減し，解消するための特別な支援や配慮が必要な状態のことである。すべての子どもは「教育的ニーズ」をもっている。ある子どもの「教育的ニーズ」が教師の働きかけによって満たされるならば，その子どもは学習上の困難をあまり感じずに過ごすことができるのかもしれない。他方で，子どもが「特別な教育的ニーズ」によって従来の学校生活や学習に困難を感じ参加できないのであれば，学校や教師はその子どもの学習や生活の実態に応じた教育方法で働きかけることで学習上の困難を緩和することが必要となる。つまり，子どもを学校に合わせるのではなく，学校教育を子どもの実態に応じて変革することが求められている。

　「特別な教育的ニーズ」に応じた教育を行うために，日本では2007年から特別支援教育が始まった。ただし，特別支援教育は特殊教育の延長線上に位置づけられるため対象が障害のある児童生徒に限定されている。よって日本では，「特別ニーズ教育」の対象も障害児に限定して捉える見方が強い。しかし，国際的には障害児だけでなく，英才児（ギフテッド）やマイノリティの子どもたち，人里離れた地域で暮らす子どもたち等も含めて「特別ニーズ教育（Special Needs Education：SNE）」の対象と捉えている点を認識しておく必要がある。

　たしかに，日本の教師たちは特別支援教育制度の対象ではなくとも，学習や学校生活に困難を抱えている子どもを「気になる子」として認識し，子どもの実態に応じてさまざまな教育的配慮を行ってきた。しかし，教育制度一般からどの子どもも排除しないというインクルーシブ教育の理念を尊重するならば，教師や子ども・保護者の自助努力に頼るだけではなく，必要な教育環境の制度

や設備の整備を伴う形で進めていく必要がある。

（3）合理的配慮

　日本では，2007年に国連の「障害者の権利に関する条約」（略称：障害者権利条約）に署名し，2014年に締結されるまでの間に国内の法制度の整備が進められた。その過程で文部科学省は，2012年に「共生社会の形成に向けたインクルーシブ教育システム構築のため特別支援教育の推進（報告）」を公表した。

　この報告は，障害児と定型発達児ができるだけ同じ場で共に学ぶことをめざすという方針に基づいて，障害児の「教育を受ける権利」を十分に保障するために必要な「基礎的環境整備」と「合理的配慮」の観点について明記している。「基礎的環境整備」とは，国や自治体が法令の整備や財政措置を講じて「合理的配慮」の基盤となる教育環境の整備を行うことである。「合理的配慮」とは，「障害者が他の者と平等にすべての人権及び基本的自由を享有し，又は行使することを確保するための必要かつ適当な変更及び調整」（「障害者の権利に関する条約」）のことであり，児童生徒の個々の状況に応じて学校設置者および学校が提供するものである。たとえば，視覚に障害がある児童生徒に対して音声教材や拡大教科書，点字教科書等を使用することは「合理的配慮」にあたる。他にも児童生徒の実態に応じて専門的な教育を受ける権利を保障することも，「合理的配慮」と言える。

　今日，学校では，児童生徒の個別の状況に応じてさまざまな「合理的配慮」が行われている。その際，重要なのは合意形成である。一人ひとりの児童生徒に合った「合理的配慮」のかたちは，障害や診断名から学校側が一方的に判断できるものではない。児童生徒の実態を踏まえることはもちろん，本人や保護者との合意形成を行うなかで必要な配慮が提供される必要があり，また，児童生徒の変化に合わせて適宜修正される必要がある。教師は，「合理的配慮」についての合意形成を行うことを通して，子どもが自身の特別な教育的ニーズを自覚し，生涯を通じて自ら「合理的配慮」を要求できる主体となるよう育てていくことが求められる。

（清水（田中）紀子）

（1）インクルーシブ授業の原理

　インクルーシブ教育は，文字通り「すべての子どもが共同的に学ぶことを保障する教育」という意味であるが，学校教育においてはそうした教育を可能にする授業を展開することが求められる。これは，国語や算数などの教科学習においても，単に習熟度別のグループを編成して，子どもの学習到達度に応じた授業を展開するというものではなく，可能な限り，共通した教材をもとに，共同して学ぶことを追究していく授業である。

　もちろん，こうした授業を展開するためには，障害等によって生じている学習上の困難に対して，特別な支援や手立てを提供することが認められなければならない。たとえば，視覚障害の子どもが点字教科書を用いたり，文字を書くことが苦手な学習障害の子どもがパソコンを使って板書をノートテイクすることを認めるなどといった対応は，障害者に対する合理的な配慮であるので不可欠のものであると考える。しかし，インクルーシブ授業は，こうした障害等によって生じる困難の「補償」だけではなく，教材や指導技術を駆使して，学力差や能力差のある学習集団だからこそ展開できる授業があるということを原理としている。

　本節では，こうした原理にもとづくインクルーシブ授業はどのように展開すれば実現できるのかという点について，具体的な授業実践をもとに検討していきたい。

（2）「つまずき」に配慮した学習支援を超えて

　学習上，特別な配慮を要する子どもがクラスにいたとき，心ある多くの教師は，そうした子どもが他の子どもと同じように授業に参加でき，わかるように指導したいと思うことだろう。このとき，巷にあふれているさまざまな特別支援の授業方法論を試してみると，たしかに，授業に参加できるようになっていると感じられる状況も見受けられる。

　たとえば，「おおきなかぶ」のお話しを読んだ後，視覚的に訴えかけるように小学1年生の身体よりも大きなかぶを教室に持ち込み，みんなでかぶを引っ張る動作を入れてみたとする。すると，多くの子どもが歓声を上げ，引っ張っている子どもたちを応援し，とても盛り上がる中でかぶが抜けると，子どもたちが自然と拍手をする。こんな授業を展開できれば，授業者は充実した学びになっていると感じることだろう。

　そして，こうした授業が成功する鍵となるのが，「視覚化」や「動作化」だと定式化するのが「ユニバーサルデザインの授業づくり⁽¹⁾」である。

　しかし，こうした単なる「視覚化」と「動作化」を授業に取り入れるだけで，はたして学習困難のある子どもたちは，物語を深く読み解くことができているのだろうか。たとえば，みんなで盛り上がって大きなかぶを抜く動作をやってみたとして，子どもたちはそこから何を学んでいるのだろうか。そこには，「みんなでかぶを抜いて楽しかった」と感じているだけの子どもも少なからずいるのではないだろうか。

　「おおきなかぶ」の読解は，かぶがとても大きく，そして重いので，どんなに力を入れてもかぶは抜けないから，何人もの人を呼び，それでもまだ抜けないから，何匹もの動物たちにも手伝ってもらい，「やっと抜けた」ということがわかるということである。この授業で，上記の点を本当に実感するために動作化させるのであれば，かぶを大きく見せるだけではなく，小学生の力では動かせないように重くしておくことが必要である。また，次から次へと人がやってきて，やっと抜けたときに，参加した子どもたちから「あ～やっと抜けた」（「あ～楽しかった」ではなく）というつぶやきが自然と出るような体験でなければ，本当の意味で「大きなかぶ」の物語を体験したとは言えないのではないか。⁽²⁾

　このように，一見すると学習しているように見えても，表面的な指導にとどまり，教科内容の深いところで考えることのない授業がある。そうした授業の中で，学習困難のある子どもたちが「つまずき」を示していたら，それは，単に子どもの障害や育ちにばかり要因があるのでなく，教師の授業づくりにも要因があると考えられる。

（3）インクルーシブ授業は社会の側を問い直すことから

　もちろん，「学習のつまずき」を考えるときには，教師の指導力のみに問題の所在を焦点化してはいけない。それは，教師も意識しないうちに，学習内容がわかりにくくなっていることがあるからである。その典型的な例として，教科書の作り方の問題が挙げられる。

　たとえば，前節で例に挙げた「おおきなかぶ」の物語は，外国の民話を日本語に翻訳し，教科書に掲載したものである。つまり，もともと横書きであった話を日本の教科書では縦書きにして掲載している。その一方で，教科書に掲載されているイラストはかぶを抜こうと集まってくる人や動物は，左から右に列をなしている。

　普通に考えると，そんな細かいところは物語の面白さが吹き飛ばし，多くの子どもは気にならないかもしれない。しかし，学習困難のある子どもたちは，縦書きの文章を右から左に目を流して，やっとの思いで文字を追いかけて物語の内容を理解しようとしているのに，その内容を補助するイラストを見ようと思ったら，文章を読むのと逆の動きにして見なければならない。発達障害児に対する授業づくりを，視覚化し，動作化することが大切だというのであれば，文章読解をリードする教科書の作りから「導線」を考え，構造化するべきであるだろう。

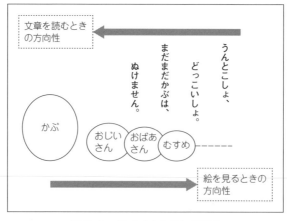

図12-2　「おおきなかぶ」の導線

　筆者が学校現場で出会った多くの優れた教師たちは，こうした物語を読む際に，まず，絵本で読み聞かせを十分にしたうえで，教科書を読んでいる。さらに，そうした指導をする際には，小学1年生の授業であるならば，幼児期からの接続を考え，幼稚園や保育園の先生が絵本を読むように，黒板の前に子どもたちを集めて，子どもたちが肩を寄せ合い，絵本を読むようにしている教師もいた。それは，こうした読み方が，小学1年生には，安心を感じ，物語に集中できるという考えからであった（新井 2016a：91-92）。

　このように，学習困難のある子どもたちの「つまずき」は，単に子どもの側に要因があると考えるのではなく，教師の教材や授業展開，あるいは教科書にさえもその要因が存在していると考えるべきであろう。この点をふまえると，インクルーシブ授業は，子どもの障害や困難に応じた「学習支援論」に終始してしまっていたのでは不十分であり，そうした「支援論」を超えて，「学校・社会が変わる」ことが求められているのだと考える。

（4）「逸脱」がインクルーシブ授業をつくる

　これは，「障害に対する合理的配慮が必要ない」という主張をしているのではない。学校施設をバリアフリーにして，障害があっても使いやすい施設・設備に改善していくことは今後もいっそう進めていかなければならない[3]。また，授業の予定をホワイトボードに書いて，次に何をすればよいかを明確にしながら学校生活を送ることができるような「特別な支援」は，見通しをもちにくい発達障害児に対して，躊躇なく提供していってほしい。

　しかし，これらは「障害者支援」の方法論であって，「授業論」ではない。すなわち，授業というものは，個別支援を提供すれば良いのではなく，もっと社会的な営みであり，「わからない」と表明する子どもをみんなの問題として捉え，共同的に解決していくプロセスを生み出していくものである。

　たとえば，小学2年生の算数の授業で「1000以上の数」を学ぶ授業を例に挙げて考えてみたい。この授業は，ちょうど国語の授業でスイミーを学習したあとだったので，スイミーの最後のシーンを取り上げ，小さな魚が集まって大きな魚に見えるように模造紙に魚のマークをたくさん書いて数えるものであった。

そして，教師は「スイミーの仲間たちは，いったい何匹いるのかな？」と子どもたちに問いかけた。

　スイミーのお話は，やはり好きな子どもが多く，子どもたちはこうした教師の問いに対してとても肯定的に受け止めていた。しかし，いざ，魚の数を数えようとすると，魚は1000匹近くいるので，子どもたちはすぐに取りかかれなかった。そこで，教師は子どもたちに「どうやって数えると良いかな？」と尋ねた。これまで，算数の授業で，「10のかたまり」「100のかたまり」をていねいに学習してきたクラスであったので，すぐに挙手して問いに反応できる子どもたちは，「10匹いたら，それを丸で囲んで，10のかたまりにして数えます（A児）」「10のかたまりが10個集まったら，それをまた丸で囲んで，100のかたまりにしていきます（B児）」というように，教師が期待する発言が数名の子ど

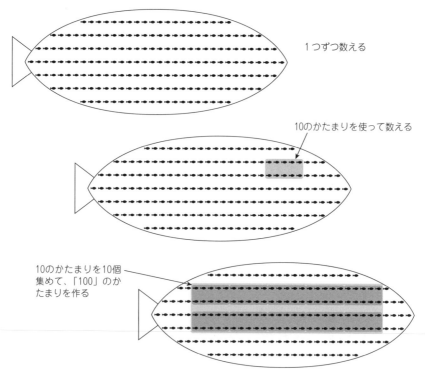

1つずつ数える

10のかたまりを使って数える

10のかたまりを10個
集めて，「100」のか
たまりを作る

図12-3　かたまりを作って数える算数の授業

もたちから出された⁽⁴⁾。

　そこで，教師は，子どもたちの意見の通り，「10のかたまり」に囲んでいこうとした。ところが，別の子どもが挙手をして，「先生，だいじょうぶです。僕は，ゆっくり数えます（C児）」と発言した。教師もせっかく発言をしたその子を無視することはせず，「こういう意見がありますが，みなさんどうしますか？」と，再び話し合いに戻した。

　この発言に対しては，「かたまり」を作って数えることを主張したA児やB児からは，「それじゃあ，時間がかかっちゃう！」という声が上がった。しかし，C児にしてみれば，「時間」は問題ないのである。たしかに，教師からはすぐに計算できる方法を知りたいとは言われていない。しかし，A児やB児は，「どれだけ時間がかかわるかわからないような数え方をこのあとさせられたらたまらない」と思ったのか，何とかC児を説得しようといろいろな意見が出された。

　たとえば，ある子どもからは，「かたまりを作って数えたほうが間違えることが少ない」という意見が出された。これに対しても，C児は「大丈夫です。一つずつ，ていねいに数えれば間違えません」と譲らなかった。それでも，C児は他の子どもから「一つずつ数えてもいいけど，かたまりで考えたほうが楽だよ」という意見には耳を傾けていた。C児は，いろいろな意見が出される中で，最終的にはみんなの勧める方法で数えていた。口には出さなかったが，おそらくC児は『そっちのやりかたのほうが楽なら，かたまりで数えても良い』という気持ちでいたように思われる。

　以上のC児の発言は教師が意図していた授業展開からは「逸脱」した発言である。しかし，そうした発言があったからこそ，多くの子どもたちがなぜ「かたまり」を使って数えるのか，という点を再認識することができた。筆者は，この子どもたちの議論を聞いていて，最初に「かたまり」で数えることを提案したA児やB児も，「算数の授業だから」「おそらく，先生がそのように解くことを期待しているから」というような雰囲気を読んで発言していただけであったのかもしれないと感じた。そうした教師への忖度を超えて，真正の理由にたどりつくには，「こんなにたくさんある魚を一つずつ，ゆっくり数える

なんてあり得ない！」という強い思いを抱かせてくれたC児の発言こそ，学びを深めるきっかけを作ったと言える。ここに，学習困難児が参加する共同的な学び（集団思考）の意味があるのだと考える。[(5)]

　この授業では，こうした息詰まる議論を経て，心から納得したかどうかは別にして，C児はこれまでやり方を変えて，友だちが提案する「10のかたまり」を作る方法で数えることに合意した。そして，授業の最後には，C児はその数え方の良さを実感したのも事実である。

（5）子どもがタクトをふる共同的な学びの創出へ

　以上のように，教師が用意した授業の流れから逸脱する意見や答えを述べる子どもは，学習困難児に多い。そして，そうした逸脱を示したときに，教師が無理に「正常」の軌道に乗せようとすると，さまざまな「（視覚化や動作化，構造化などの）技術」に頼ってしまうが，そもそも逸脱はそれほど悪いことではない。むしろ共同的な学びではすべての子どもの学びを質的に転換していくために重要なものであると捉えれば，指導者の責任感や緊張感もゆるみ，余裕のある関わりができるようになるのではないだろうか。

　こうしたゆとりのある実践は，「教えたいこと」を明確にして，授業展開を綿密に計画して取り組む授業よりも，言語活動を大切にしたアクティブ・ラーニングのほうが生まれやすいと考える。たとえば，筆者が参観した中学校の授業（社会科・地理）で，九州地方の「シラス台地」を取り上げていたが，この授業では，九州地方からシラス台地のサラサラした土を取り寄せ，生徒に水を吸収しやすい土地で，米を育てるのに不向きな場所であるということを感覚的に理解してもらえるように工夫をしていた。[(6)]

　その上で，「こういう土地では，どんな産業（農作物）を育てると良いか」という問いを生徒に投げかけていた。生徒たちは，こうした問いを受けて，各自で資料集などから調べ，シラス台地の産業の特徴をまとめていくことが課題となっていたが，このとき教師は単に「調べてまとめなさい」と課題を出すのではなく，「あなたがこのシラス台地の地方の市長になったつもりで，この地方の産物をPRしてみてください」という課題にしていた。

　こうした設定をほんの少し加えるだけで，この授業を受けている生徒は「ワークシートにまとめるだけ」の学習から，「PR しなければならない」という意識に変化し，生徒には良い意味で緊張感が高まると考える。授業では，何人かの生徒に PR をしてもらい，これをマニフェストとして市長選挙を戦うように発表させる一方で，演説を聞いている生徒には「誰に投票するか？」を考えさせていた。

　以上のような授業を展開すると，比較的，学習困難の大きい生徒でも参加することが可能になる。たとえば，シラス台地の土の特性を十分に理解できなかったとしても，その地方で取れる農作物をみて，「こんな商品を作ったら売れるのではないか」という意見を出すことはできるだろう。また，他のグループのマニフェストを聞いて「このグループの提案が良い」と思えるものがあれば，それはこの授業に一定の参加をしていると言えるのではないだろうか。

　このように，課題を与え，資料を用意するのは教師であったとしても，その授業を共同的に創るのは子どもたちである。たとえ，教師が期待している教科内容の理解にまで至らなくても，みんなで楽しく学習活動に参加しているうちに，その内容の一部を自身に取り込んでいくことができるのであれば，それは「学び」であると言える。そして，こうした「学び」については，一方的に教授を受ける形態の授業よりも，アクティブに，集団で思考する学習活動のほうが，より拡がり，そして深まっていくのだと考える。それは，自分たちが必要と感じられる知識や技術を，自分たち自身で追究し，自分のものにしようとするプロセスが創り出されるからである。これは子どもたち自身がタクトを振り，ハーモニーを奏でて，自分たちで演奏しているかのような学びである。筆者は，そうした学習活動こそアクティブ・ラーニングであり，インクルーシブ授業であると考えている。

（6）インクルーシブ授業を支える教師の質の高い指導技術

　以上のように，学習困難児を含めたクラスのみんなが「わかる」授業をもとめて，インクルーシブ授業を展開しようとしたら，授業を行っている教師に相応の専門性が必要である。具体的には，「おおきなかぶ」の教材はどの大き

さ・重さで，どのように授業で用いるかという細部にわたる検討が必要である。また，子どもの逸脱とも受け取れる発言を逃さずに授業の流れにつないでいくことも教師に求められる指導技術の一つであろう。さらには，子どもが生き生きと調べ，発表するためには，どのような課題でどのようにプレゼンさせるかについても検討が必要である。

　このとき，「～の技術（教材）を用いれば，みんなが学習に参加できる」というような定式化された指導方法や普遍的な教材というものがあるのではないということは容易に理解できることだろう。むしろ，そうした画一性を排除し，徹底して子どもたちの受け止めや反応から授業をその都度，創り上げていくことが欠かせないと考える。それは，授業というものがドラマや演劇をつくるような営みであり，しっかりとしたシナリオがあるなかで，自由にアドリブが許されている実践だからである[(7)]。

　こうした実践を展開すると学習困難のある子どもでも授業に参加するチャンスが多くなると考える。しかし，こうした授業を展開するには，相応の教師の指導技術が必要である。本章から，学習困難児の授業参加を促すためには，ユニバーサルデザインの授業づくりのように，定式化された授業のテクニックではなく，教科内容を深く理解した教師のもとで，意図的・計画的に仕組まれたシナリオの中に，「即興性（アドリブ）」を加えた実践を展開できる力が求められていることが明らかになった。今後，インクルーシブ授業を展開するために，こうした視点からの授業創造をどのように実現していくかについて詳細に検討することが必要であると考える。

注

(1)　ユニバーサルデザイン授業研究会では，国語の授業で物語を読む指導をする際に，「本文を読む」「動作化」「話し合い」「まとめ」という流れをパターン化して授業をわかりやすくする工夫をしている。また，文章の「どこに着目させるか（焦点化）」や，わかりにくい文章のときにはイラストなどを用いて「見てわかるように工夫すること（視覚化）」，「全員で共通した解き方を用いること（共有化）」で，すべての子どもが「できる・わかる」授業を展開できると考えている（桂 2010：98など）。

(2)　「おおきなかぶ」を収録している教科書の教師用指導書では，この教材の特徴は

「繰り返しの言葉やリズム感のある文章」という点だけでなく，「次々に人物が登場
してくるおもしろさもある」と指摘されている。そのため，「人物が出てくる順を
読み取る」ことも学習指導計画に位置づけられ，「ほかの人物を呼ぶときの様子」
や「かぶが抜けないときの様子」などについても想像することが課題となっている
（東京書籍『新しい国語　教師用指導書研究編一上』，188-189）。

(3)　合理的配慮とインクルーシブ授業の関係については，新井（2016b）に詳述して
いる。

(4)　数を学習する際に10のかたまりを作って数える教え方は，知的障害児に対しても
同様に重視されている。いや，むしろ知的障害児への算数教育の知見が通常学校に
も波及していったと考えることもできる。詳しくは，遠山（1972）などを参照。

(5)　この点について，吉本は「いわゆる『優児』が『劣児』に教えてやること」が集
団思考なのではなく，「いわゆる『劣児』からの抵抗，反応によって逆に，『優児』
の平板で安易な理解がくずされていったり，きれいごとのメッキがはがされたりす
る，そういう相互批判，論争，説得の過程をとおして，よりいっそう豊かで普遍的
な認識に達していくところに，集団思考組織化の目的が存在している」と述べてい
る（阿部・小野　2006：133）。

(6)　教育出版の教科書『中学社会地理・地域に学ぶ』（平成27年検定版），166-167を
参照した。

(7)　この点について，吉本は「授業の中に劇表現を持ち込むとか，授業の一部を劇化
させるとか，何か特別の授業形態や授業方法を採用するという形式的，表面的な問
題なのではな」く，「働きかける＝演じるという根源現象において授業とドラマは
共通している」と述べている（子安・権藤　2006：26）。

（新井英靖）

学習課題

（1）障害者権利条約における「合理的配慮」の定義を踏まえて，「合理的配慮」の
具体例を考えてみよう。

（2）国語の授業で子どもが物語の読解を深めるために，どのような工夫が行われ
ているか，具体例を考えてみよう。

引用・参考文献

阿部好策・小野擴男編（2006）『学級の教育力を活かす吉本均著作選集2　集団思考と学力形成』明治図書。

新井英靖（2016a）『アクション・リサーチでつくるインクルーシブ授業』ミネルヴァ書房。

新井英靖（2016b）「インクルーシブ教育の合理的配慮と実践課題」吉利宗久ほか『新しい特別支援教育のかたち　インクルーシブ教育の実現に向けて』培風館，33-40。

桂聖（2010）「国語授業における楽しさとは何か」授業のユニバーサルデザイン研究会編『授業のユニバーサルデザイン　Vol.1』東洋館出版，98。

外務省「障害者の権利に関する条約」，2014年1月30日。

国立特別支援教育総合研究所「特別支援教育法令データベース　総則／基本法令等──サラマンカ声明」，https://www.nise.go.jp/blog/2000/05/b1_h060600_01.html，情報取得日：2019年11月6日。

子安潤・権藤誠剛編（2006）『学級の教育力を活かす吉本均著作選集4　授業の演出と指導案づくり』明治図書。

遠山啓（1972）『歩きはじめの算数』国土社。

第13章

スタンダード化時代の教育評価

　今日，わが国のみならず，世界各国の教育政策において，教育の質保証の観点からのスタンダード設定に関する議論が隆盛している。現在わが国の「目標に準拠した評価」（以下，目標準拠評価）においても，こうしたスタンダードの動向の影響を少なからず受けている。

　その一方で，質保証の理念が優先されすぎた結果として，スタンダードが絶対視され，一様なスタンダードの達成によってしか教育の成否を判断しなくなるようになると，教育の創造性が失われ均一化が進むことが危惧される。一様なスタンダード達成が自己目的化してしまうと，スタンダードに直接結びつかない学習や学習成果の軽視につながりかねない。

　本章では，こうしたスタンダード化時代の教育評価のあり方について理解し，それを実践することができるようになるために，まずは教育評価に関わる必要な知識を広く獲得することを目指してほしい。そして，スタンダード化によって起こりうる教育評価の課題について，自ら考えることのできる思考力や態度を獲得することを目指してほしい。

1 教育評価とは何か

　まず，教育評価の考え方の基礎として，その目的，対象と方法，教育評価の過程について理解してほしい。

（1）教育評価の目的

　「教育評価」は何のために行うのだろうか。そのように尋ねられたら，読者の中には「成績づけ」という目的を思い浮かべる人も多いだろう。「評価」は一般用語でもあり，一般用語としての「評価」は，たしかに「成績づけ」の意味合いで用いられているように思われる。しかし，「教育評価」は教育の専門

用語である。教師には、そうした一般用語とは異なる、教育の専門用語としての「教育評価」についての理解が必要である。

　現在の教育評価の考え方に多大な影響を与えているのがブルーム（Benjamin S. Bloom）の理論である。彼は「診断的評価」「形成的評価」「総括的評価」という評価の機能に着目し、教育実践に寄与するものとしての教育評価の意義を明確にした。教育実践には、「こうなってほしい」という願いや「こういうことを身につけてほしい」という目標がある。このことに着目したブルームは、目標を評価の規準とし、すべての規準達成を実現しようとする「マスタリー・ラーニング」（完全習得学習）を提唱した。1970年代にブルームの著書が翻訳され紹介された当時、その一方でわが国では独自に教育目標を規準とする到達度評価を用いた学力保障の考え方が民間主導の研究会とその運動を通じて広まりつつあった。これらはともに今日のわが国の目標準拠評価の考え方の根幹となっている。

　教育は刹那的に学ぶ内容や方法を決めて実施するような「行き当たりばったり」の営みではない。また、成果や効果を省みない「やりっ放し」の営みではない。教育とは、「ねらい」（目標）にもとづいて、① 何をいつどのようにして学習するか計画し、② その計画にもとづいて実践し、③ その実践の結果としてどのような学びが実現されたか（学習者にどのような力が獲得されたか）について評価するという３つの行為から成る循環的な営みである。教育評価は、この営みを支える行為の一つであり、実践を振り返り次の実践に生かす役割をもつ。これこそが一般用語とは異なる「教育評価」固有の目的である。

（2）教育評価の対象と方法

　教育評価の対象は、しばしば評価しやすいものに偏重されてきたと言える。具体的には、多肢選択問題、穴埋め問題、正誤問題などのいわゆる客観テストや短めの記述式解答によって評価が可能な学習成果に偏って評価が行われてきた。

　だが、客観テストや短めの記述式解答は、暗記した知識の量や比較的単純な技能、思考力の獲得状況をみるのにはふさわしいが、学習過程で生起したこと

や既有の知識等を動員して問題解決したり創造したりする複雑な能力の獲得状況をみることはできない。客観テストや短めの記述式解答ができるようになれば，問題解決や想像力といった複雑な能力もおのずと獲得されると考えるのは確固たるエビデンスをもたない推論である。

　（1）で述べたように，実践を振り返り次の実践に生かすことが教育評価の目的である。それゆえ，教育評価の対象は特定の学習成果に偏ることなく，学習成果全体に向けられなければならない。

　また，教育評価の方法は，対象に応じたふさわしいものでなければならない。たとえば，ある曲をリコーダーで演奏できるかどうかは，リコーダーの吹き方に関する知識をペーパーテストでみようとするよりも，実際に演奏させるとい

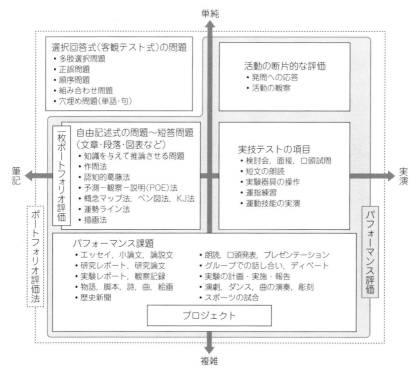

図13-1　評価方法の分類

出所　西岡（2009：9）.

う方法をとるほうが，どのように演奏したかということに関してはるかに多くの情報がもたらされるだろう。

　この教育評価の対象と方法の関連のイメージは図13-1に集約されている。この図から，教育評価でしばしば連想される「選択回答式（客観テスト式）の問題」は，「筆記かつ単純」に分類される一領域にすぎず，評価方法全体から見るとほんのわずかな部分であることがわかる。一方，それ以外の部分（着色部分）はすべて「パフォーマンス評価」とされていることがわかる。

（3）教育評価の過程

　教育評価は３つの過程から成る。その３つの過程とその活用のイメージは図13-2のとおりである。

　評価に際して，教師はまず，それぞれの子どもの実態を知らねばならない。だが，言うまでもなく，子どもの顔をただ見ているだけでは，彼がどのようなことを知っているのか，彼がどのようなことができるのかはわからない。そこで，子どもに何らかの取り組み（＝テストやパフォーマンス課題）を課して，その取り組み状況から子どもの実態を知っていくことになる。このような教育評価の第一の過程を「把握」と呼ぶこととする。先の図13-1に示されるのはすべて，「把握」の方法に関わるものである。

　把握の過程で明らかとなるのは，学習成果に関する一つの価値中立的な事実である。たとえば，「Aちゃんはこのテストで70点をとった」という事実自体

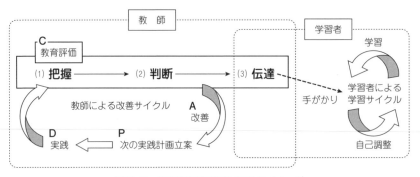

図13-2　教育評価の過程と活用のイメージ

には，それが「学習成果として十分かどうか」あるいは「どの程度十分と言えるのか」といった価値の判断は含まれない。そこで，把握した事実について価値の判断をするのが，第二の過程「判断」である。

　教師は，この第一と第二の過程（「把握→判断」）で得た情報をもとにして自らの実践の改善を行うことができるが，その情報は学習者である子どもにとっても有効な手がかりとなるだろう。そこで，続く第三の過程が「伝達」である。「伝達」の方法というと，通知表等のフォーマルなものが思い浮かべられやすいが，それだけではない。(4) たとえば，赤ペンタッチ等のインフォーマルなものも伝達の方法である。また，記述だけでなく口頭での伝達でもよいだろう。形式にこだわるのではなく，学習者にとっての手がかりとなることを第一に考えて，柔軟に多様な伝達の仕方が工夫されるべきである。

2 教育評価（把握と判断）の具体的な方法

　ここでは，把握の方法であるパフォーマンス評価と，把握された事実の判断方法である相対評価と絶対評価，そしてパフォーマンス評価のための採点指針として近年注目されているルーブリックについて，さらに具体的に理解を深めてほしい。

(1) パフォーマンス評価

　パフォーマンス評価とはパフォーマンスにもとづく評価のことで，客観テストでは見ることのできない実技能力，および，複雑な思考力や問題解決力を見るのにふさわしい方法として期待されている。

　図13-1から，パフォーマンス評価とは，客観テストを除いたあらゆる方法のことを指すことがわかる。具体的には，実演式「活動の断片的な評価」と「実技テストの項目」，筆記式の「自由記述式の問題」，そして，実演式と筆記式が併存する「パフォーマンス課題」といった方法を包括した用語であることがわかる。

　また，図13-1の下半分（「複雑」に分類される部分）をすべてパフォーマン

ス評価がカバーしていることから，パフォーマンス評価とは複雑な能力の評価を担うものであることがわかる。近年，実社会で生かすことのできる問題解決力や創造力などの複雑な能力の育成が声高に叫ばれているが，そうした能力の育成状況を把握するための方法としてパフォーマンス評価に期待が集まっている。

図13-1と同様に表13-1でもパフォーマンス評価の方法は一枚岩ではなく多様であることが示されているが，その他に表13-1から読み取れることは，パフォーマンス評価の類型に関することである。表13-1では，「パフォーマンスにもとづく評価」は「自由記述式」「完成作品の評価」「実演の評価」「プロセスに焦点を当てる評価」という四領域に整理されている。パフォーマンス評価は，「パフォーマンス」という用語の語感から「実演の評価」が連想されやす

表13-1　学力評価の方法

筆記による評価 （筆記試験，ワークシートなど）		パフォーマンスにもとづく評価		
		パフォーマンス課題による評価		観察や対話による評価
客観テスト式 （選択回答式）	自由記述式	完成作品の評価	実演の評価 （実技試験）	プロセスに焦点を当てる評価
□多肢選択問題 □正誤問題 □順序問題 □組み合わせ問題 □穴埋め問題 ・単語 ・句	□短答問題 ・文 ・段落 ・図表　など 作問の工夫 □知識を与えて推論させる方法 □作問法 □認知的葛藤法 □予測－観察－説明（POE）法 □概念地図法 □ベン図法 □KJ法 □運勢ライン法 □描画法	□エッセイ，小論文 □研究レポート，研究論文 □物語，脚本，詩 □絵，図表 □芸術作品 □実験レポート □数学原理のモデル □ソフトウェアのデザイン □ビデオ，録音テープ （■ポートフォリオ）	□朗読 □口頭発表 □ディベート □演技 □ダンス，動作 □素材の使い方 □音楽演奏 □実験器具の操作 □運動スキルの実演 □コンピュータの操作 □実習授業 □チームワーク	□活動の観察 □発問 □討論 □検討会 □面接 □口頭試問 □ノート・日誌・日記 Cf.カルテ，座席表
		□プロジェクト （■ポートフォリオ）		
■ポートフォリオの評価法				

出所　西岡（2004：65）．

いが，それのみを意味するものではないことがわかる。

（2）相対評価と絶対評価

　相対評価とは，学習成果について，「集団内の他者と比べてどうであったか」で判断する方法のことである。たとえば，5段階相対評価では，5は○％，4は○％……（以下，略）という具合に予め配分率を決めておいて，上位から順番に数値を割り振っていく。教育評価における相対評価の配分率は，しばしば正規分布をもとに決定された。正規分布を用いた場合の配分率は5と1が7％，4と2が24％，3が38％となる。相対評価の利点は，判断に評価者の恣意性が入り込みにくいこととされる。たしかに，ある子どもの学習成果を，集団内で5段階相対評価した時，評価者が異なっても必ず同じ結果になる。

　一方，相対的評価には問題がある。相対評価の背後には「学習成果には満足いくものと不十分なものが必ず一定割合で存在している」という考えがあるが，このような固定的な見方は，教育にはふさわしくない。また，そもそも学習の達成度は正規分布する事象であるという明確なエビデンスはない。

　一方，絶対評価とは，「ある規準（基準）を絶対の根拠として，その規準（基準）を越えたかどうか」で判断する方法のことである。たとえば，「跳び箱を跳ぶ技能」についての5段階絶対評価では，○段以上の跳び箱が跳べたら「5」，○段未満△段以上（○＞△）跳べたら「4」……（以下，略）という具合に予め決めておいた基準に照らして，どれくらい跳べる技能があるのかを判断することができる。

　絶対評価には，恣意的な規準（基準）を用いる恣意的な絶対評価と，規準（基準）の設定にあたってできる限り客観的であろうとする恣意的でない絶対評価がある。前者は，教師に対する従順な態度といった学習達成とは無関係の要因が，学習成果の規準の中に持ち込まれていた戦前の絶対評価のことをいう。対して，後者は，評価規準（基準）の設定において恣意的とならないような工夫をすることを前提とした1970年代半ばに隆盛した絶対評価のことを言う。この恣意的でない絶対評価は，わが国では，当初は到達度評価という名称で普及し，そして近年では目標準拠評価という名称で発展を遂げながら現在に至って

いる。

（3）ルーブリックの作成

　評価者本人である教師にとっては，判断の結果や根拠を必ずしも可視化（伝達）しなくとも，評価によって得たことを改善の手がかりとして活用することは可能である（図13-2参照）。しかし，学習改善のための手がかりを提供する目的や説明責任を果たす目的で，評価によって得た情報を子どもや保護者に伝えたり，評価の専門性を高めるために同僚教師たちと行う研修で利用しようとしたりする場合には，教師の判断の結果やその根拠を他者も共有できるように可視化する必要がある。この意味で，ルーブリックは評価者の判断の結果やその根拠を他者と共有可能なように可視化したものであると言える。

　ルーブリックとは目標への達成度に関する質的な判断基準を示したものであり，評価基準（表）の一種であると言える。客観テストで把握したことは正解か不正解かが容易に判断できるが，客観テスト以外の方法（つまりパフォーマンス評価）で把握したことについては，できた／できないが容易に判断できる単純な実技技能（図13-1の右上）を除いて，目標とされる学習成果がどの程度達成されたのかを質的に判断する必要がある。ルーブリックは，「A 十分満足できる」「B おおむね満足できる」「C 努力を要する」といった大雑把な達成度の基準を示すものではなく，対象とする認識や行為について，各基準で「何 をどのように／どこまで できるようになるか」をより具体的に書いた採点指針でなければならない。というのも，あまりに大雑把な達成度の基準であっては，評価者ごとの判断にばらつきが生じやすくなり，客観性の確保が難しくなるからである。

3　教育評価の成立過程

　教育評価はこれまでいかなる議論を経て，今日の形に至ったのであろうか。ここでは戦前から今日までの教育評価（とりわけ「判断」）論を概観し，その成立過程を捉えたい。

（1）判断方法の転換（その1）：相対評価の登場

　図13-2で示した，教育評価の第二の過程「判断」の方法をめぐっては，その主流となる考え方がこれまで大きく二度転換している（田中 2020：4-7）。一つは，第二次世界大戦終了前から戦後にかけての転換，そしてもう一つが，1960年代末の相対評価批判の盛り上がりを受けて隆盛した到達度評価運動をきっかけとした1970年代半ばの転換である。

　第二次世界大戦終了前は，教師の規準（基準）は絶対であり，それが恣意的かどうか批判的に検討されにくい社会であった。それゆえ，当時の判断方法は恣意的な絶対評価と言えるものであった。

　しかし，第二次世界大戦が終わり，わが国において戦後民主主義教育が希求される中で，恣意的な絶対評価は批判的に検討された。その結果，戦後当初より恣意的な絶対評価は否定され，代わりに評価が恣意的になることを乗り越えられる判断の方法として，相対評価が注目され，学校現場にも広く普及していった。事実として，相対評価の導入によって，当時の子どもや保護者だけでなく，教師自身にも公平感や解放感がもたらされたとされたという。

（2）判断方法の転換（その2）：絶対評価への回帰

　1960年代後半あたりから，他者との比較によって判断する相対評価の方法に対しては次のようないくつかの問題点が教師や一般市民に広く認識されるようになる。その問題点とは，第一に，子ども個人の成長・伸びしろを捉えることができにくいことである。たとえ，努力してわかることやできることが増えても，それが他者より勝っていなければ判断の結果には反映されない。

　第二に，相対評価では，配分率が決まっているので，その中には「低い評価」（5段階の場合「1」や「2」）となる子どもの存在を必ず前提としていることである。この前提では，望ましくない結果となったのは，教師の指導の問題ではなく，子どもたちの努力（不足）や能力（不足）の問題となりやすい。さらには，教育に子ども同士の排他的競争を持ち込むことにもつながる。これらは，子どもに向けて「みんなでできるようになろう」と教師が語りかけながら，全員到達をめざそうとする教育の理念と矛盾している。

第三に，相対評価では，学習成果について，集団内で比較してどうかということはわかっても，実態として何が身についたのかはわからないことである。たとえば，5段階相対評価で，集団Aでは「5」（十分な達成）だと判断された学習成果が，別の集団Bでは「3」（標準的な達成）となることもあり得る。これでは学習成果の実態（「どのようなことができるようになったのか」）がわからない。実態がわからなければ，教師が評価を改善のために生かすこともできない。これは教育評価として致命的な問題点である。

　こうした相対評価の問題点は戦後直後から教育評価論においては認識されてきたことであったが，1960年代末には教師や一般市民にも広く共通に認識されるようになり，相対評価に代わる判断方法を求める声が高まった。そうした中で，1970年代半ばには再び絶対評価への再転換が起こった。以降，絶対評価で判断する方法が教育評価論の中心となり，わが国では，当初は到達度評価という名称で，そして後に目標準拠評価という名称で発展させられてきた。

　この時代の絶対評価は，戦前の恣意的な絶対評価とは全く別物であると理解せねばならない。戦前の絶対評価では，用いる規準（基準）とその達成の判断が教師の内側に閉じられていた（説明する責任がなく，それゆえ時に恣意的であった）のに対して，1970年代半ば以降に主流となった絶対評価では，規準（基準）の設定とその達成の判断において，できる限り説明して恣意性を克服し客観的であろうとするという違いがある。

（3）1970年代半ば以降の教育評価論の発展

　この頃になっても学校現場では依然として相対評価の影響力が強く残り，絶対評価が本格的に普及するのは，2001（平成13）年改訂指導要録において相対評価が撤廃されるのを待たねばならなかったが，1970年代半ば以降の教育評価論においてはいわゆる「恣意的でない絶対評価」が主流の時代となった。この時代の初期においては，規準そのものにできるだけ恣意性が入り込まないような記述表現の工夫が取り入れられた。

　その工夫とは，規準としての教育目標が達成できたかどうかを判断するために，あらゆる目標を一目で判断できるくらいにまで，個別・具体的な下位目標

へと限りなく分解して明示しようとするものであった（石井 2010a：36-37，参
照）。個別・具体的に分解された目標は，達成したか否かが誰からも明確であ
ることから，恣意的な絶対評価を克服する工夫の一つになり得たが，次のよう
な課題も残されていた。すなわち，教育目標には個別・具体的に分解しやすい
目標とそうでない目標があることが考慮に入れられなかったことであった。た
とえば，基礎学力と言われるような暗記した知識の量や単純な技能については，
無理なく個別・具体的な形で目標を示しやすい。だが，思考力や判断力などの
いわゆる「高次の学力」や関心・意欲・態度などの情意面については，個別・
具体的な形で目標を示すことが困難なものも多い（石井 2010b：24-25，参照）。
こうした目標毎の性質を区別することなく，あらゆる目標において個別・具体
化を進めようとしたのが初期の考え方の課題であった。

　一方，近年では，恣意性を克服するための他の工夫も目標の性質に応じて検
討されるようになった。無理なく個別・具体的な形で目標を示しやすいものに
ついてはそうすることを否定しないが，思考力や判断力および意欲や態度など
のように，個別・具体的な形で達成目標を示しにくいものについては，無理に
そうすべきではないというのが基本的な考え方となっている。この背景には，
タイラー（Ralph W. Tyler）やブルームの教育目標論の影響があった。彼らは，
思考力等や情意面にかかわる目標の本質的特徴が損なわれないことを重視し，
それが損なわれない程度に目標を明確化することを主張した（石井 2010a，参
照）。このように，近年においては，あらゆる目標を一律に個別・具体的な形
で示すのではなく目標の本質的特徴を重視し，そのような目標の達成判断にお
いては別の工夫を必要に応じて用いることで恣意性の克服が図られることとな
っている。

　このように，1970年代半ば以降のいわゆる「恣意的でない絶対評価」の時代
においては，恣意性の克服の考え方をめぐって，初期と近年とで考え方が異な
ることに留意しなければならない。

（4）恣意性の克服のための考え方

　目標の達成判断における恣意性の克服に向けては，すでに述べた初期の頃の

工夫，すなわち，個別・具体的な形で目標を明示するという工夫がある（工夫①）。目標として示されていることを達成したかどうかが誰からみても明確であるということは，たしかに恣意性を克服するための重要な工夫である。個別・具体的な形で示しやすい目標についてはまずこの工夫が用いられるべきだろう。

だが，個別・具体的な形で示すことが困難な目標については，それに代わる工夫が必要となる。そこで，今日，教育評価に限らず，他の領域のさまざまな判断の場面においても普及している工夫として，次の２つを挙げることができる。一つ目は，専門家の判断をうまく取り入れることである（工夫②）。十分な訓練を積んだ専門家の判断は，たとえそれが専門家一人の判断であっても，それは社会通念において信用できるものとみなされる。そうした場面は日常においてもよくある。たとえば，演技や芸術領域における判定場面では，創造性や芸術性といった可視化しにくい対象が専門家によって判定されている。ただし，そのために専門家は，深い専門的知識と経験をもち，さらに自らの立場や専門性を過信することなく訓練等によって絶えず刷新することに努めなければならない。

二つ目は，複数人による合意や平均化の過程をうまく取り入れることである（工夫③）。バイアスをもたないよう意識していても，一人で行う判断には時としてそれが生じてしまうこともある。複数人による合意や平均化は評価者の判断バイアスを均すことができる。この工夫についても，裁判制度や芸術分野，スポーツ等のさまざまな日常の場面において取り入れられている。

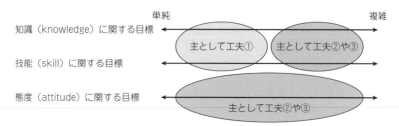

図13-3　目標の性質と恣意性克服のための工夫との対応関係

4　スタンダード化時代の教育評価の課題

　スタンダードとは「標準」のことである。教育のスタンダードでは，何を（内容スタンダード）どのようにできる（パフォーマンス・スタンダード）ようになる必要があるのかについての標準が示される。こうしたスタンダードの議論は教育の質保証と結びついて世界的な潮流となっている。

　ここまで見てきたように，わが国の目標準拠評価は戦後以降の議論を継承，発展させて今日の形に至っているが，こうしたスタンダードの動向をふまえると，特に「どのようにできる」という観点から，発展の余地を残しているように思われる。内容スタンダードに加えてパフォーマンス・スタンダードの考え方が目標に導入されると，何をどのように学ぶのかのイメージが一元化されやすくなる。しかし教育評価が，すべての子どもに対して一様な形で目標達成することを迫るものとなることは問題である。

　教育評価は，目標を明確に提示しながらも，その目標に至るまでの学習過程や，目標を乗り越えようとするさまざまな試みや，目標を創造的に乗り越えた学習成果にも積極的に目を向けるものでなければならない。

　教育の質保証という理念はたしかに重要だが，スタンダード化の動向は「何を」だけでなく，「どのようにできる」かも含めて，細部まで教育実践を管理することにもつながりかねないことには注意すべきである。

　教育実践の目的が，たんに教師の意図どおりの学習成果を一様な形で達成することに終始しないためには，スタンダードを絶対視しない教育評価の多様な形が模索される必要があるだろう（ただし，スタンダードを軽視するということでは決してない）。

　たとえば，個々の子どもたちの意思や発達のペースや学習特性を考慮に入れられるよう，目標準拠評価だけでなく個人内評価を一層重視することが重要である。加えて，子ども自身が目標達成に意識的に取り組めるよう，教師と子どもとで目標達成状況や以後の学習方略を共同で確認し決定していくような参加型の教育評価も今後さらに検討される必要があるだろう。

（1）ペーパーテストで測ることのできない複雑な思考力・判断力・表現力はどのようにして評価するか考えてみよう。

（2）スタンダードと教育評価の関係性について考えてみよう。さらに，教師として，どのようなことに留意して教育評価を実践する必要があるだろうか。

注

(1) 日常用語の「評価」のイメージに近い「成績づけ」という目的については「評定」という別の専門用語が用いられる。

(2) 規準とは，目標が達成されたと言えるかどうかを分かつ到達点を示したもののことである。

(3) このマスタリー・ラーニングとかかわって，ブルームのもう一つの多大な功績として「タキソノミー」と呼ばれる教育目標の枠組みの開発を挙げることができる。ブルーム・タキソノミーでは，教育目標全体を三領域（「認知領域」「情意領域」「精神運動領域」）に分類するとともに，領域毎の教育目標の例を示した。

(4) 通知表は原則として，子どもに開示することを目的として作成されるが，この他に，法的に作成が義務付けられた指導要録という公文書がある（学校教育法施行令第31条）。すべての子どもについて学年ごとに作成されるもので，その目的は，その後の指導や外部に対する証明等に役立たせることとされる。

(5) 規準については(2)も参照。基準とは，どの程度目標が達成されたと言えるのかについてさらに数段階に分けてそれぞれの段階を分かつ到達点を示したもののことである。たとえば，ある目標の達成を「A」「B」「C」の3段階（「B」以上で目標達成）で判断する場合，ABC それぞれの達成について記述したものを「基準」という。また，目標達成か否かを分ける「B」基準が「規準」となる。

(6) この頃の相対評価批判も，戦後直後から提起されていた論点とほぼ同じものであったが，1960年代末には広く教師や一般市民にも認識されることとなった。一方，戦後の学校現場では相対評価が広く受け入れられ普及していた。

(7) なお，選抜や順位づけの方法としては，相対評価は依然として利用価値を有しており，その方法の価値が全否定されるものではない。

引用・参考文献

石井英真（2010a）「教育目標と行動目標」田中耕治編『よくわかる教育評価第2版』
　　ミネルヴァ書房。

石井英真（2010b）「目標に準拠した評価」田中耕治編『よくわかる教育評価第2版』
　　ミネルヴァ書房。

キャロライン・V・ギップス著，鈴木秀幸訳（2001）『新しい評価を求めて──テス
　　ト教育の終焉』論創社。

田中耕治（2008）『教育評価』岩波書店。

田中耕治（2020）「教育評価とは何か」田中耕治編『2019年改訂指導要録対応　シリー
　　ズ学びを変える新しい学習評価　理論・実践編1　資質能力の育成と新しい評
　　価』ぎょうせい。

西岡加名恵（2004）『教科と総合に活かすポートフォリオ評価法──新たな評価基準
　　の創出に向けて』図書文化。

西岡加名恵（2009）「パフォーマンス課題の作り方と活かし方」西岡加名恵・田中耕
　　治編著『「活用する力」を育てる授業と評価　中学校』学事出版。

ダイアン・ハート著，田中耕治監訳（2012）『パフォーマンス評価入門──「真正の
　　評価」論からの提案』ミネルヴァ書房。

B・S・ブルーム／G・F・マドゥスほか著，梶田叡一ほか訳（1973）『教育評価法ハ
　　ンドブック──教科学習の形成的評価と総括的評価』第一法規。

（北川剛司）

第14章

エビデンス時代における教師の教育実践研究

　　教育者として子どもの前に立つ者にとって，よりよい教育実践を行いたいという願いは学校段階を問わず共通するものであるだろう。しかし，その願いの実現は決して容易いものではない。教師としてキャリアを積み上げる中で直観的にコツを獲得していくこともあるだろうが，それ以上に自分たちの教育実践を客観的に振り返り分析し，意識的に改善していく努力，すなわち「教育実践を研究する」ことが教師には求められる。本章では，教育現場をプラットフォームとして，教師が主体となって進める教育実践研究について論じていく。まずは，「研究」という言葉に対して読者が抱くであろう「堅苦しい」イメージを解きほぐしながら，教師に教育実践の研究が求められるのはなぜかについて論じていく。続いて，これまでの日本においてどのような教育実践研究が行われてきたのかについて検討するとともに，近年さまざまな領域で広がってきた「エビデンス」を求める声が，学校現場の教育実践研究にどのような影響を及ぼすかについて論じていく。

1　「研究的実践家」としての教師

　本章のテーマは，教師による教育実践研究である。「研究」という言葉を聞いたとき，どのようなイメージをもつだろうか。白衣を着て顕微鏡をのぞき込んだり，難解な外国語の文献を読んで論文を書いたりとそれぞれであろうが，いずれにしても「研究」を身近なもの，自分に関わるものとしてイメージする人は多くないだろう。新しい教育方法やカリキュラムを開発したり，理論を構築したりするのは大学の先生やどこかの研究機関に所属する研究者が行うものであって，教師はあくまで実践を担う存在であると考える人もいるだろう。

　しかしながら，（とりわけ日本においては）教師は日常の教育実践の担い手

であるとともに，そこに内在する法則や理論を探求し，新たな実践を開発していく教育研究の担い手でもある。教育基本法第九条においては，「法律に定める学校の教員は，自己の崇高な使命を深く自覚し，絶えず研究と修養に励み，その職責の遂行に努めなければならない」と規定されており，近年では，「教員が探求力をもち，学び続ける存在であることが不可欠である（学び続ける教員像）」（中央教育審議会，2012年）ことが求められるなど，専門職としての教師が研究を通じて成長し続けていくことの重要性は繰り返し指摘されてきた。

　もっとも教師が教育研究に携わり自らの専門性を高めていくことが求められるのは，法的──制度的に定められているからというだけではない。日本では1890年代頃には，教育政策に関する建議，教員講習による学習，実地授業に基づく授業批評，教育雑誌の創刊といった形で教師による教育研究が活性化し，「教師が研究すること」の重要性が教育現場からボトムアップの形でつくりだされていったとされている（白石 2019）。その中で，教育について研究することは，教師が自らのアイデンティティを形成する上で重要なものであり，教育問題の解決には理論的な研究だけでなく，教育現場に根ざした形で研究を進めていくことが重要であるという，いわば日本の教師文化や教職についてのプライドが生み出されていった。それは与えられた「研修」や「講演」の受講を通じて，政策として決められたことや何か新しい理論を受け取るというのではなく，教師たち自身が自らの学校に足場を置き，学校・学級を自主創造的に改善していくという形をとってきた。この意味で，日本の教師は「研究的実践家」として教育実践に関する研究をリードしてきた存在でもある。

　さらに言えば，教師が不断に教育実践の研究に取り組むことは，学習者としての子どもの前に立つ教育者としての責務でもある。日本の教育実践史における代表的な実践家の一人である大村はまは，「『研究』をしない教師は先生ではないと思います」と述べ，その理由を以下のように続けている。

　　子どもというのは，「身の程知らずに伸びたい人」のことだと思うからです。いくつであっても，伸びたくて伸びたくて…，学力もなくて，頭も悪くてという人も伸びたいという精神においてはみな同じだと思うんです。

一歩でも前進したくてたまらないんです。そして，力をつけたくて，希望に燃えている，その塊が子どもなんです。勉強するその苦しみと喜びのただ中に生きているのが子どもたちなんです。研究している先生はその子どもたちと同じ世界にいるのです。研究をせず，子どもと同じ世界にいない先生は，まず「先生」としては失格だと思います。　（大村　1996：27-28)

　大村は「かわいいということばをかけてやったり，いっしょにあそんでやったり」することが子どもと同じ世界に立つことなのではなく，学ぶことの苦しみと喜びとを感じ続けることこそが教師が子どもと同じ世界に立つために必要なことだと考えている。そこでは，教師が研究することの意味は，社会的に要請されているからという視点を超えて，学習者としての子どもの前に立つ教育者として必然的に求められる責務として捉えられているのである。
　このように日本においては，教師は研究的に実践を捉え，改善していく，研究的実践家の顔をもちながら，よりよい教育をつくり出すことに尽力してきた。それでは，具体的にはどのように教育実践の研究を進めてきたのだろうか。次節では，「授業研究」に着目して考えてみよう。

2 「教育実践研究」としての授業研究（Lesson Study）

（1）参観と批評による授業研究

　まず教師による教育実践研究の代表的な取り組みとして授業研究に触れないわけにはいかないだろう。一般的に授業研究は，「授業の改善に向けて，日々教師が学校現場で実践している授業実践を分析・研究の対象とし，最低限校内の同僚の教師たち――多くの場合，外部の教師や教育委員会関係者も含めて――が授業を互いに見合い，分析しあい，たとえば板書の仕方，発問の仕方，指名の仕方といった片々の指導方法からはじまって，当の授業の教育内容や教材の吟味，さらには，そのときめざされた教育目標の検討までをも射程範囲に入れて，共同で授業のカンファレンスを行うこの過程全体」（豊田 2009：11）として理解される。つまり，学校の教師たちが日々行われている日常の授業実

践を公開し，同僚（あるいは外部の共同研究者）とともに授業の分析と改善に
取り組む活動を意味している。

　授業研究のもつ特性を理解する上で，「研究授業」との区別に注目してみよ
う。伝統的に「研究授業」という場合，特定の人が（モデル的な）授業を行い，
それを他の人に見せることを通じて特定の授業方法を啓蒙するという意味合い
が強かった。それに対して，授業研究という言葉には，誰もが日常的に行って
いる授業そのものを対象とし，みんなで見合い，それを検討し合うことでより
よい授業をつくりだすことに誰もが参加していくという思想性がこめられてい
る。このような思想性は，戦後日本における授業研究の拡大に大きな役割を果
たした全国授業研究協議会による次のような表現にまとめられている。

　　授業研究は，教師の教授活動と子どもたちの学習活動とを正しく成立さ
　せるたいせつな要因を，その過程について追究していく教師たちの協力
　的・実践的な作業である。そこでは研究が実践であり，実践がそのまま研
　究である。したがって，そこで意図されるのは，少数の教師による特殊な
　実践や研究でなく，すべての教師による共通必須な実践であり研究である。
　そのことによって，すべての教師の指導性が一歩ずつ前進し，（中略）す
　べての子どもたちの認識と人格が高まっていく。授業研究は，そうした意
　味で「百人の一歩ずつの前進」をねがうものである。

　　　　　　　　　　　　　　　　　　　　（全国授業研究協議会 1965： 2 - 3 ）

　「百人の一歩ずつの前進」と端的に表現されたように，授業研究では公開さ
れた授業を改善するということにとどまらず，事後検討会での討議や批判を通
じて学校現場の教師それぞれが自らの授業を振り返ったり，授業をつくり出す
ための方法や原理について考えたりすることが求められる。こうした実践的で
協力的な作業は，一人ひとりの教師の成長とともに，同じ職場の教師が互いの
教育実践から学び合う学校づくりへと連なるものでもある。与えられた研修を
こなすだけではなく，「下の方から」みんなの力でよりよい教育方法をつくり
あげていこうとする教師文化は今日なお継承されるべき日本の教育遺産と言え

るだろう。

　実際，2000年代に入ってから日本の授業研究は国際的な関心を集めている。
1995年に行われた国際的な学力調査である TIMSS の結果を受けて，日本，ア
メリカ，ドイツの授業実践の比較調査が行われた際，日本の優れた成果には授
業研究（Lesson Study）が大きく寄与していることが指摘されたのである（スティ
ィグラー／ヒーバート 2002）。同じ学校の教員の授業を参観したり，共同で授業
づくりを進めたりする文化の乏しい欧米の教師文化から見ると，日本で展開さ
れるような授業研究は決して自明のものではない。世界各国のフィールドワー
クを行ったイギリスの教育研究者ルーシー・クレハン（Lucy Crehan）が日本の
授業研究について言及した次の一節は，他国から日本の授業研究の様子を見た
時の印象をよくあらわしている。

　　　教室のうしろの方に，一〇人ほどの教師たちが居並んでいて，一台のビ
　　デオカメラが回っていた。もし私がこんなにたくさんの教師たちに見られ
　　ていたら，緊張して冷や汗をかいてしまうことだろう。というのも，イギ
　　リスでは普通，視察は教師の能力を評価するために行われ，最後に一〜四
　　の等級がつけられるものだからだ。（中略）のちに知ったことだが，日本
　　ではイギリスとはまったく違うタイプの視察が行われていた。ここで彼ら
　　が注視しているのは，子どもたちが授業にどのような反応を示すかという
　　ことであり，その視察結果は，効果的な授業計画の作成に反映することが
　　できる。しかも授業研究は，私が思っていたより，ずっと恐ろしくはない
　　ものだった。　　　　　　　　　　　　　　　　　　　（クレハン 2017：114）

　日本の教師にとっても自らの授業を公開し，同僚からのコメントを受けるこ
とは「冷や汗」と無縁のものというわけではないが，それはお互いの能力を評
価したり，「ダメ出し」をするために行うものではない。そうではなくて，授
業研究は，教室の中で生じた子どもたちの学びの事実に注目し，教室の現実に
基づきながら明日の実践をつくり出そうとする営みであり，教師の成長にとっ
て極めて有益なものだとして世界的に広がりを見せている。

　ただし，その広がりの中で授業研究が「理想化」されている状況も否めない。実際には，近年教師の働き方改革が繰り返し問題視されているように「授業研究に取り組むどころではない」多忙な状況があり，授業の公開や参観を定期的に行うことが難しいという勤務状況の教師もいるだろう。また，「やらなければいけないから」という理由で形式的に授業を公開し，お決まりの形で協議を進めて終わる形骸化の状況もないわけではない。教育行政によって整備されてきたさまざまな研修制度の中で授業研究の積極的な実施が求められたことが，結果として本来自主創造的な運動であったはずの授業研究を義務的な研修と同化させてしまったという面もある。新しい「○○教育」（たとえば，プログラミング教育など）や教育問題が生み出されるたびに，それに対する対応や研修に終われる状況の中で，日常的な教育実践を素材とした自主創造的な教育実践研究を行っていくという文化を，いかに継承していくかは今後の重要な課題となっていくと考えられる。

（2）記録と批評による授業研究：民間教育研究団体と実践記録づくり

　日本の授業研究の特徴を捉える上でさらに注目すべきは，日本においては授業研究を行う舞台は必ずしも教師自身が所属する学校に限定されないということである。特に第二次世界大戦以後，教師たちが自らの学校という枠を超え，時には学校段階や教科という枠にもとらわれずに，教材や授業方法の開発を進める民間教育研究団体が組織されてきた。それぞれの民間教育研究団体が対象とする教科・領域や研究姿勢は極めて多様である（読者には自分の関心や専門とする教科に応じて調べていただきたい）。たとえば，遠山啓に代表される「数学教育協議会（数教協）」では，「水道方式」と呼ばれる独自の指導体系を考案し，算数・数学教育における「数え主義」を乗り越えるためにタイルを教具として用いる指導方法を提案している。また，理科教育では「仮説実験授業研究会」が仮説実験授業と呼ばれる授業方式を開発したことがよく知られている。仮説実験授業では，教科書，指導案，読み物，ノートを兼ね備えた「授業書」と呼ばれる教材を基に，授業を「問題」→「予想・仮説」→「討論」→「実験」の4つの段階を通るサイクルで進めることが提案されている。さらに

は，民間教育研究団体が対象とするのは教科の学習指導だけではない。1959年に結成された「全国生活指導研究協議会」（全生研）は，教師と子どもとの関わりから，学級づくり，さらには学校づくりや保護者・地域との関係づくりまでを視野に入れた教育実践研究運動を展開してきた。さまざまな民間教育研究団体が開発してきた教材や教育方法を見ていくと，今日われわれが当たり前に受けたり活用したりしている教材や教育方法の多くがその活動の中で生み出され，一般化してきたことを見て取ることができるだろう（たとえば，算数におけるタイルの活用や学級づくりにおける班の組織など）。

　民間教育研究団体には，主に大学に所属する実践的研究者と学校現場に軸足を置く研究的実践者（場合によっては，父母や市民）が参加し，日常的に営まれる教育実践を共通の素材としながら活発な議論を通して教育方法や教育課程の研究が進められていった。1960年代から70年代のもっとも活性化していた時期に比べれば，今日ではその活動の勢いは衰退傾向にあるとも言われるが，上記のような伝統的な研究団体はもちろんのこと，各地域において教師たちがそれぞれの関心や悩みに応じて多様な研究会や自主サークルをつくり続けていることは日本の教師文化の大きな特徴の一つである。サークルでは，必ずしも新しい教育方法の開発や共有が目指されるわけではなく，実践上の悩みを交流・共感しあうことなども含め，学校という制度的組織から離れ，メンバー相互に対等な立場で自主的に授業研究を進めていくことが可能となる。さらに今日では，SNS などを介してのサークル運営など，新しいつながり方も想定されるだろう。

　しかし，日常的に相互参観可能な校内授業研究に対して，学校を超えて教育実践研究を進めるとき，どのように互いの実践をイメージすることができるのだろうか。その際，重要な役割を果たすのが，もう一つの伝統的な教育実践研究の方法としての実践記録づくりである。実践記録は教師が自分の問題関心や解釈にもとづきながら自らの実践を文章化して記録したものである。そこには，教師の奮戦記や伝記的な記録（たとえば，小西健二郎『学級革命』など）や子どもの作品・作文に基づく記録（たとえば，無着成恭『山びこ学校』など），あるいは日常の学級づくりや授業実践を記録したものなどが含まれており，一

口に実践記録といってもその書き方や内容はさまざまである。図書として公刊
されるような大規模な実践記録は稀にしても，教育関連の月刊誌（たとえば，
雑誌『生活指導』や『教育』など）に掲載されたもの，あるいは公刊されたも
のではなくとも，自分の所属するサークルの定例会で報告するためのレポート
や個人的な振り返りの記録など，探してみると数多くの実践記録が存在してい
ることに気づくだろう。一例として，小学校教員の長谷川による実践記録の一
部を以下に示してみよう。

　　　初めて海のいのちを読み聞かせた時「ねむかった」という K くん，「長
　　くて難しい」「全く意味がよく分からなかった」という他の子どもの感想
　　文からも分かるように，海のいのちは最初，子どもにとって大した存在で
　　はなかったのである。「海のいのち」を「まじめに読む」と決めた時，漠
　　然としたことを子どもに問わないと決めた。自分が答えられないものを子
　　どもに迫ってよいのかという疑問があったからだ。「なぜ」「どうして」を
　　封印した。自分も言われて嫌なその二つを子どもに散々言ってきたこれま
　　での暴挙を反省した。
　　　　　　　　　　　　　　　　　　　　　　　　　（長谷川 2016：66-67）

　実践記録は授業中の発言を時系列に書き留める，いわゆる「べた記録」とは
区別される。上記の例からもわかるように，実践記録にとって重要なことは，
いかに客観的に事実を記述しているかという問題ではなく，授業や生活指導の
場面の中で，教師は何を感じたか，子どもの内面をどのように捉えたか，どの
ような意図でその実践を行ったかなど，実践者の内側から，実践者の意図や思
いとともに記述されることである。
　教師が実践記録を作成するということは，教育実践研究にとってどのような
意味を有するのであろうか。先ほど取り上げた長谷川は実践記録の冒頭で次の
ように書いている。

　　　忙しい日常から自分をふり返ることは，まずしないと思う。それでもふ
　　り返ることをした方がよいと思えたのは，うまくいかなったことも，それ

なりに「ここはよかったのか」と思え，反対にがんばったことは「あ
れ！？思っていたのとなんか違う」と分かるからである。

（長谷川 2016：54）

　実践記録は「教師の生活綴方」（勝田守一）とも言われたように，実践記録を
書く者にとっての意味は，自らの実践を具体的に見つめ直し，自分なりの言葉
で表現することを通して，日々の仕事に埋もれそうな自らの課題や成長を自覚
し，言語化することにある。このように言語化された実践記録は，実践者自身
の冷静なふり返りを可能にするとともに，他者と実践を共有する可能性をひら
いていく。その際，実践記録では教育の事実と実践者の意図や子ども観が混ざ
り合って書かれているがゆえに，実践記録を読む側には「読み解く」ないしは
「分析する」という作業が要請されることになる。実践記録を読み解く作業の
中で，実践者以外の教師は「他人の実践記録の中で自分の実践を読む」（大西
忠治）こと，つまり他人の実践記録の中に自分の実践に役立つものを見つけた
り，自分の実践を改めたりすることになる。実践記録を書いて公開したり，読
み解いたりすることは，時間的・空間的に離れた教室の実践から互いに学び合
おうとする教育実践研究の一つのあり方となる。

3 「エビデンスに基づく教育」と教育実践研究──その可能性と課題

　日本の学校教師たちは日常的に営まれる生きた現実の中で，自らの教育方法
を振り返り，「目の前の子ども」と向き合うなかで教育実践研究を進めてきた。
いうまでもなく，子どもを教育することは不確実性にあふれた営みである。ど
のような働きかけが適切なのか，この教材で教えるべき教科内容とは何か，子
どもとの信頼関係はどのようにつくっていけばよいのか，教師はいわば暗闇の
中を手探りで進みながら，不確かさの上に不確かさを重ねて教育実践を続けて
いるかのごとくである。その中で行われる判断は常に成功をおさめるとは限ら
ない。十分な時間と労力を割いて構想した授業がうまく振るわないこともあれ
ば，授業として手ごたえを感じていたにもかかわらず，いざ振り返りやテスト

を実施してみれば期待された成果があがっていないといったことは教室の日常としてしばしば起こりうる。

　このような不確かな状況の中で繰り返される試行錯誤に対して，より正確な情報をもとにより適切な判断をなすことはできないだろうかという期待（願望）が生まれうる。こうした期待は近年「エビデンスに基づく教育（Evidence-Based-Education）」という呼称で教育実践現場に影響を及ぼしている。ここでいうエビデンスとは「客観的根拠」を意味しており，「エビデンスに基づく教育」とは，経験則や先輩教師のやり方，学校の慣例等ではなく，データや科学的根拠に基づいて教育政策や教育実践を開発・検証していくことを意味している。教育実践においてエビデンスを用いるとはどういうことだろうか。厳密に言えば，数値化されたデータや研究論文を参照していれば何でも「エビデンス」に基づいているというわけではない。本来的には，今日の「エビデンスに基づく教育」ではランダム化比較試験（RCT）やメタ分析と呼ばれるような，厳格な手続きに沿って行われる研究から得られた知見を「より確かなエビデンス」として重視する。ただし，現実の教育現場では，たとえば一班には宿題を出して，二班には宿題を出さないで，両者の結果を比較検証するといった方法を行うことは難しい。したがって，実際には全国学力・学習状況調査の結果を分析することを通して授業や学校の課題を検討したり，子どもの生活実態や自己肯定感のアンケートを取ることで，学級の状態や子どもの声を「可視化（見える化）」し，学級経営の指針として活用していくといった形でゆるやかにエビデンスが活用されることとなる。いずれにしてもその根底にあるのは，「教師がその子どもに対してその働きかけを行うことの根拠は何か」「その働きかけの成否を判断することの根拠は何か」という問いである。

　たとえば，教育実践現場におけるエビデンスの活用場面として，森・江澤（2019）では次のような場面が紹介されている。すなわち，ある小学校教員が保護者から一方では「宿題が多すぎる」と指摘を受け，他方では別の保護者から「宿題の量は多すぎでもなく少なすぎでもない」と指摘され，宿題の実施に悩んでいる場面である。さらに，友人教員に相談すると「宿題は出さなくてよい」と言われ，他方，勤務校の教頭からは「従来通りの宿題を出してくださ

い」と要望され，決断しかねるという状況が描かれている。こうした悩ましい状況の中で，森・江澤は海外の研究成果や全国学力・学習状況調査に関わる研究成果から，宿題を出すことの効果はさほど高くないことを示しつつ，児童生徒の実態とかけられるコストとを考慮しながら合理的な決断を教師が行うことを促している。

　「エビデンスに基づく教育」時代においては，教師の直観的な把握だけではなく，学級・子どもの実態の把握や実践する上での根拠を数字とともに可視化していくことが求められる。それは必然的に学校現場をプラットフォームとした教師による教育実践研究のあり方も変化させていくことになるだろう。たとえば，校内での授業研究の実施にあたり事前のアンケートを実施し，その数値に基づいて学習指導案の児童観を記述したり，全国学力・学習状況調査の成果に基づいて授業づくりの改善方針を校内で共有したりといった形式はすでに日常化しつつある。また校内で実施する調査にとどまらず，たとえばQ-Uテスト（Questionnaire-Utilities Test）と呼ばれる学級満足度に関するアンケートを実施し，その結果に基づいて授業展開の工夫や学級経営の方針を再考する取り組みも全国的にかなりの広がりを見せている。数値的に可視化された情報に基づいて授業や学級のあり方を再考することは，それまで感覚的にしか把握できていなかった課題や気づけていなかった意外な問題を発見させてくれることもあるだろう。また，多様な教育理念やキャリアを持ち，時には専門とする教科も異なる多様な教員が集まる学校組織の中で，教師たちが学校の課題を認識したり，同じ方向を向いて学校づくりを進めていく上では客観的なデータは合意形成の一助ともなりうる。さらに言えば，コミュニティスクールや開かれた学校づくりが推進される現状の中で，保護者や地域住民に対して学校が行ってきた努力の成果や課題についてアカウンタビリティ（説明責任）を果たすことが求められており，その際の根拠としてデータが活用されることもありうる。なにより学級・子どもの現実についての冷静なアセスメントから改善の方途を探っていくことは教育実践研究の基本的な出発点である。

　ただし，他方で「エビデンスに基づく教育」の流行には気をつけておくべき点も数多くある。まず，学級や子どもの実態について数値的に示されたものが

拡大解釈されて,「正しいもの」と認識されることのリスクである。必ずしもアンケートで得られた数値が子どもの実態を疑いなく示すものであるとは限らない。しかしそれにもかかわらず,数値化されたデータが「客観的なもの」とみなされるがゆえに,教師自身が「自分の見とりは間違っていた」と思い込むことは少なくない。ジョン・デューイ (John Dewey) が指摘したように,本来エビデンスとはどのように行動すべきかについてのルールを示すものではなく,合理的な問題解決にあたっての仮説を示すものにすぎない (Dewey 1938＝デューイ 2017)。得られたデータに基づいて,「目の前の子ども」の実態と向き合いながら問題解決をしていく主体は教師であって,数値化された「エビデンス」が何か「正しい教育方法」を提示してくれるわけではないことには十分注意しておく必要がある。

また,教育の結果を数値的に測定して可視化しようとすると,短期的な成果を求めることが促進され,場合によっては,成果を出すように教育を行うという「目的—手段の逆転現象」が起きやすいことにも注意しておきたい。全国学力・学習状況調査の結果を一つのエビデンスと見るならば,そこでの得点を挙げるための手段は,「正攻法」以外にも多数ある。たとえば,全国学力・学習状況調査と同形式の問題や過去問を繰り返し行わせてみれば短期的な成果としての得点を向上させる可能性は大いにある。しかし,長期的に見たとき,それが子どもに求められる本当の意味での学力形成となっているのか,あるいは授業の質を高めているのかは別問題である。

「エビデンスに基づく教育」の時代の中で,これから学校現場でもますます自分たちの教育実践を数値的に可視化し,それに基づいて検証・改善していくことが求められていくことになる。しかし,その数値を読み解き,次の実践をつくり出していく主体は依然として教師である。筆者らが教師へのインタビューを通じて明らかにしたように,エビデンスが学校現場で機能するのは,目の前の子どもが変化したり,自分の学級が明るくなったりという教師の達成感と結びつき,授業をすることや校内研修に参加することが「面白い」「楽しい」と感じられるようになるときである (熊井・杉田 2019)。こうした点をふまえれば,得られたエビデンスを参照しながらも,実際に教室や実践記録の中で見ら

れた事実と結びつけながら，自らの教育実践を批判的にリフレクションしていくような教育実践研究がこれから求められていくことになるだろう。それを実現していくためには，一人ひとりの教師自身が，一方では，どのような子ども（学級）を育てたいのか，どのような授業を実現したいのかという教育的な価値を強くもつこととともに，他方では，数値的に示されたデータや教育に関する研究論文を（なにより批判的に）読み解くことが可能となるようなリテラシーが必要になっていくと考えられる。

> **学習課題**
>
> （１）教育関連の雑誌に収められた教育実践記録や図書として公刊された教育実践記録を取り上げ，共同で分析してみよう。
>
> （２）教育政策や教育実践をエビデンスに基づいて進めることについては，推奨する意見と批判する意見が大きく分かれています。文献を調べながら，「エビデンスに基づく教育」の功罪について考え，議論してみよう。

引用・参考文献

大村はま（1996）『新編 教えるということ』ちくま学芸文庫。

ルーシー・クレハン著，橋川史訳（2017）『日本の15歳はなぜ学力が高いのか？——５つの教育大国に学ぶ成功の秘密』早川書房。

熊井将太・杉田浩崇（2019）「『エビデンスに基づく教育』に対する教師の応答のあり方」杉田浩崇・熊井将太編著『「エビデンスに基づく教育」の閾を探る——教育学における規範と事実をめぐって』春風社。

白石崇人（2019）「明治日本における教育研究——教育に関するエビデンス追究の起源を探る」杉田浩崇・熊井将太編著『「エビデンスに基づく教育」の閾を探る——教育学における規範と事実をめぐって』春風社。

Ｊ・Ｗ・スティグラー／Ｊ・ヒーバート著，湊三郎訳（2002）『日本の算数・数学教育に学べ——米国が注目する jugyou kenkyuu』教育出版。

全国授業研究協議会（1965）『授業研究入門』明治図書。

Ｊ・デューイ著，河村望訳（2017）『行動の論理学——探求の理論』人間の科学新社（= Dewey, J. (1938) *Logic. The theory of inquiry*, Holt, Rinehart and Winston,

New York）。

豊田ひさき（2009）「戦後新教育と授業研究の起源」日本教育方法学会編『日本の授業研究（上巻）――授業研究の歴史と教師教育』学文社。

長谷川清佳（2016）「子どもたちが出会い直すための指導的評価活動――評価の再定義」深澤広明・吉田成章責任編集『学習集団研究の現在 Vol.1　いま求められる授業づくりの転換』溪水社。

森俊郎・江澤隆輔（2019）『学校の時間対効果を見直す！――エビデンスで効果が上がる16の教育事例』学事出版。

（熊井将太）

第15章

専門領域を越境する教育実践

　本章では，誰も排除しない教室を子どもとともにつくる教育実践は，
自己や専門を越境していくことを理解する。とりわけ，子ども虐待への
対応について，どのような役割が学校に求められているかを深めつつ，
これからの学校と地域の関係の在り方を学ぶ。

1　子どもとの出会い直しと教育実践

（1）困った子は，困っている子

　「困った子を困っている子」とみるとは，子どものトラブルと関わり続ける
なかで生じてくる子ども理解の転換のことである。暴力をふるったり，キレた
り，パニックを起こしたりするのは，「困っている」ことの訴えであり，言葉
にならない叫びではないか。教師がトラブルの内容や結果に目を奪われるので
はなく，子どもが示すさまざまなトラブルと関わり続けることでトラブルのひ
きがねになった根っこにあるものを掘り出そうとする。トラブルの理由をてい
ねいに探ろうとするなかで，わけもなくキレる子どもとして見られがちであっ
た発達障害の子どもたちへの見方を変えていくことが求められてきた。発達障
害の子どもたちは，「できないこと」を「できるはず」と見られ，「なぜ，あな
たはできないのか」と否定的な評価を繰り返し受けて，自尊感情や自己肯定感
を低めてしまっている。「自分なんて」「どうせダメなんだ」と，自分のことを
理解してもらえない苦しさやつらさを抱えているのではないかというのである。
　小学校教師であった大和久は，ADHDと診断されていた海田くんを3年生
で受け持つ。海田くんは，奇妙な行動をとり，指導が入らない。大和久はなか
なか実践が思うようにいかず，「困った子」という意識も出たり入ったりして
いたという。大和久の子ども理解が大きく変化したのは，海田くんが起こした

３度目のパニックのときだ。

　「キャーキャー言って暴れる子ども」と，外から子どもを捉えるのではなく，「自分で思うようにコントロールできない苦しさ」というように，子どもの身になって子どもが困っていることを理解する。こうした子どもとの「出会い直し」が実践を大きく決定づけ，そのときの「共感」の深さがその後のすべてを決めたと大和久は指摘する。子どもが示す問題の背景を一面的に，一方的に見るのではなく，複合的に見るなかで，子どもの苦悩や願いにふれる。子どもの生きづらさや苦しみ，そして生きがいや喜びにふれながら，その子をまるごと理解する。教師が子どもと出会い直し，排除してきた自分たちにある弱さを知ることで，子どもへの共感がつくられてくる。さらに，「共感」から得たものをほかの子どもたちに伝えることで，子どもとの共同が進むのであり，教師の子ども観の転換が，ほかの子どもたちにも子ども観の転換を導くのである。

　「困った子から困っている子」への子ども観の転換は，子どもとの「出会い直し」という形で現れる。そのさい，子ども側から見た「出会い直し」が重要であると大和久も指摘している。教師から見た「出会い直し」だけでなく，子ども側から見た「出会い直し」が分析されなければならない。

　子どもにとって教師が信頼できる他者として目の前にいるかどうか。「困った子を困っている子」とみることには，子どもたちにも共感的な他者や共闘的な他者への教師観の転換がある。教師という存在が子どもたちにどう見られているか，子どもたちがもっている教師観を転換していくには何が必要か。子どもたちがあらかじめもっている教師観が変わらなければ，たとえ教師が困った子を困っている子と見たとしても，子どもたちは変わるきっかけをつかめない。「困った子は困っている子」は，教師の子ども観の転換だけではなく，子どもの教師観の転換をつくり出そうとする教育実践のキーワードなのである。

（2）子ども理解と教師のクールダウン

　多くの教師が困っていることは，子どもが困っていることではない。子どもの離席や落し物の多さに困っているのは，教師自身であり，子ども自身ではない。二次障害とは，環境やかかわりの中で出てきたこじれや人への不信感がも

とになって，年齢を重ねるなかで起こるさまざまな不適応行動のことを指す。子どもの問題行動は，その子の苦しみや発達のつまずきから来る困難をまわりが理解せず，がんばりの足りなさと捉えてしまい，適切な応答をしてこなかったことから生まれてくるのではないか。さらに，「いいとこさがし」や「がんばりやさん」といった活動は，シールやハンコを集めることが目的化したり，評価する子どもと評価される子どもの関係が固定化されたりしがちである。シールやハンコを教師がしてほしいことへのご褒美として使うのではなく，評価される子どもが自分自身に対する見方や評価される子どもに対するまわりの子どもの見方を組み替えているかどうかに注意が必要となる。教師は，子どもの問題行動にどうすればよいのかとただ反応するのではなく，なぜ子どもたちはそのような言動をとるのか，子どもの言動の意味を子どもの立場に立って考え続けなければならない。子どもの問題行動に対して教師自身や子どもたちは「どうとらえているのか」を明らかにし，「なぜするのか」を分析することで，子どもの問題行動が示している学級の課題を見出さなくてはならないのである。でも，子ども理解は，子どもとの関係のあり方にも左右される。だからこそ，子どもを理解しようとする前に，教師のクールダウンが先に必要になる。

　　・パニックはいっぺんになくそうとするのではなく，減らしていくことを
　　　考える。教師自身が期待する子ども像から子どもを理解して，子どもに
　　　無理強いをしていないかを検討すること。
　　・子どもが教室を出て行くことばかりに目を奪われるのではなく，教室に
　　　帰ってくることに目を向ける。あるいは，一つ一つ言わないとできない
　　　と子どもを捉えるのではなく，一つ一つ言えばできる子どもと捉える。
　　　子どもを否定から捉えるのではなく，肯定から捉え，学校の常識にいつ
　　　の間にか囚われている自分自身に気づくこと。

　教師が「どうする」と解決を急ぐ前に，「なぜ」と子どもを理解し自分の見方を修正していくには，期待する子ども像からしか子どもを理解していない見方や，いつの間にか学校の常識に囚われている考え方に教師自身が気づくことが求められている。そのためには，教師自身に味方が生まれてくるしくみをつ

くる必要があり，子どもたちが教育実践を修正するという機能をもつ「媒介」
をみつけることが重要となる。

（3）「カナヘビが持ち込まれる教室」から「メダカのいる学級」へ （伊藤 2010）

　中学校1年生の担任である伊藤の教室では，夏休み明けから田中くんがカナ
ヘビを教室に持ち込んできた。田中くんをいくら叱っても，田中くんは何度も
何度も校庭の草むらからカナヘビをつかまえてくる。さらに，鈴木くんは，カ
ナヘビだけでなく，コウモリも持ち込んでくる。伊藤は，教師一人で田中くん
や鈴木くんを注意するのではなく，班長を集めて対策を話し合うことにする。
学級の女子が，田中くんや鈴木くんを異様な目で見始めたからだ。伊藤は，田
中くんや鈴木くんの行動そのものだけでなく，そうした行動が学級にどのよう
な関係を生み出しているかに注意を払ってきたのである。

　子どもたちがカナヘビを教室に持ち込んでくる。気になる行動ではある。し
かし，教師が困っているから，教師が気になる子どもの行動をやめさせるのは，
教育実践ではない。教師は子どもと子どもの関係に目を向けて，子どもたちに
とってどういう問題なのかという点に注意を向けることが求められる。

　伊藤は，班長会で「田中くんはなぜカナヘビを持ち込むのかなぁ」と問いか
ける。「田中くんが6回も持ち込むのは，注目してもらいたいんじゃないか」
と，田中くんの行動の理由を伊藤は班長たちと共有しようとした。それに対し
て，班長の一人である村越くんは「それもあるかもだけど，ホントに田中は生
き物が好きなんだよ，先生……」と応答する。教師が田中くんの行動の理由を
読み解いていく大切さを班長たちに伝えようとしている点を，村越くんは理解
した上で，教師と対等な目線から意見を表明したのだ。

　伊藤は，田中くんがカナヘビを何度も持ち込んできた理由を班長たちにしつ
こく問わなかった。また，伊藤は，田中くんが本当に生き物が好きである点を
学級のみんなに分かってもらおうと班長会を進めていくのでもなかった。なぜ
田中くんは生き物が好きなのかを考え合おうとするのではなく，「じゃ，金魚
でも飼うか……」と，田中くんが何を求めているのかを引き受けつつ，カナヘ
ビを持ち込むことに当事者としてどう応えていけるかを考えていこうとした。

田中くんを抜きにしてトラブルの背景を他の子どもたちと共有しようとするならば，田中くんの行動は単なる学びの素材でしかない。不用意にトラブルを読み解くことは，田中くんを見世物にしてしまいかねないのである。

　さらに，班長会が提案することになった「メダカを飼うこと」は，水飲み場で水槽を洗わないでほしいといった感覚を表明することが許されながら，学級会で可決される。だからこそ，生き物係に田中くんと鈴木くんが立候補するだけでなく，女子からメダカに名前をつけることが提案される。田中くんは，毎日の餌やりと1ヶ月に1度の水替えをいやがることもなく，欠かすことなく続けていたそうだ。何より担任や友人たちと，毎日メダカをめぐって話をすることになり，起こす問題もめっきり少なくなっていったのだ。

　伊藤は，田中くんに共感して理解するよう子どもたちに強いるのでもなかった。田中くんの行動を読み解くことで田中くんとの関係を変えようとするのでもなかった。伊藤は，田中くんがどういう場で生活していくならば，子どもたちとの関係が変わってくるのかを考えた。カナヘビが持ち込まれる教室ではなく，メダカのいる学級が，田中くんと女子の関係を変え，やがて田中くんを見る目を変えていく。伊藤は，田中くんを異様な目で見始めた女子を知らず知らずに悪者扱いしてしまわなかった点にも，注意が必要である。

　この実践は，子どもの生活を変えていくことを通して，子どもの生活が子ども自身を指導していくしくみをつくるものである。田中くんは，いつまでもカナヘビを持ち込みたかったわけではない。子どもが変わろうとするもう一人の自分への呼びかけが，この実践にはある。この実践が成立したのは，村越くんという班長が教師の見取りを修正したからである。班長会が，教師の上意下達の組織ではなく，教師の子ども理解を修正する機能をもっている。伊藤は，おそらく1学期の間，班長会を教師に対して意見を表明できる組織として育んできたのではないか。伊藤は，班長を教師に対する対等な他者として機能するように位置づけてきた。教師と子どもの間にある媒介に，自らの教育実践を修正する機能をもたせた点が重要である。

2　子ども虐待への対応と学校づくり

（1）誰もが排除されない教室をつくる（嶋田 2017）

　小学校１年生になった夏実さんは，児童相談所の観察対象児の一人である。DV 通報。妹に対する同居男性からの虐待。妹に虐待跡があると保育園からの通報。母親が子どもだけを置いて外泊。アパートの管理会社から子どもの夜間放置があるとの連絡。入学式後の下校のとき，夏実さんはランドセルや両手に持った入学用品にヨタヨタと振り回されていた。靴の脱ぎ履きもたどたどしい。それを見た男性が，「早くしろ」と言い，夏実さんの母親が「ほんっと，どんくさいよねー。パンツ見えてるし」と大笑いしている。夏実さんは，手を差し伸べられることもなく，またヨタヨタと荷物を持って立ち上がる。胸が締めつけられるような，受け入れ難く，信じられない保護者の言動がある。

　夏実さんが欠席した日に，小学校教師である嶋田は母親に連絡するが，電話はつながらない。家に手紙を持って行くと，郵便受けはテープでふさがれている。呼び鈴を押すと，遮光カーテンで光を遮った暗闇から，夏実さんと妹が出てきた。昼夜は逆転し，子どもたちは暗闇の中で黙ってじっとしていたのだ。

　しかし，子ども虐待は，信じられない保護者の言動や子どもの悲惨な状況に目を奪われたままだと，何も対応が生まれない。夏実さんは，「しぇんしぇ～，これなぁに？」と３，４歳の子どものように嶋田に聞いてくる。夏実さんにはこれまで「これ，なぁに？」と聞いても応えてくれる関係がなかった。そんな夏実にとっては，学校はわからないことだらけだ。「みなさん，立ってください」と教師が指示をしても，「みなさん」が何のことだかわからない。「みなさん」に自分も含まれているとは思わないのだ。

　嶋田は，夏実さんも含めて座ったままだった３人の子どもたちに「みなさんは，優子ちゃんも翔くんも，夏実ちゃんも，このお部屋にいる人全部を『みなさん』と言うのよ」とていねいに説明をする。「優子ちゃんも翔くんも，夏実ちゃんも，立つのよ」と指示をし直すのではなく，「座ったままだった」という子どもの行動に対して，「なぜ座ったままなのだろう」と子どもの立場に立

って考えることで、子どもが発している言葉にならない「わからないので、教えてほしい」というメッセージにきちんと応答するのだ。アサガオの観察のときには、夏実が持ってきたカードには波線がびっしり書いてあった。そのときも、「これは違うよ。もう一回」と観察をし直すように指示するのではなく、「どんどん書いていいよ」と嶋田は新しい紙を夏実さんに持たせている。夏実さんにとっては、「書いてくる」こと自体が課題であり、そのことにきちんと取り組んできたと嶋田が捉えたからであろう。学校の基準に子どもを合わせるのではなく、むしろ、学校や教師が子どもに合わせて、自らに無意識に刻まれている学校的な価値や基準を日々問い直していく。言葉にならない子どもの声を聴き子どもの意見表明権を保障する。そうした日々の積み重ねが、子どもたちの人権感覚や他者意識を育てていくのではないか。

　子どもたちがひらがなの書き取りの練習をしているとき、嶋田は夏実さんと翔くんには静かにひらがなの積み木を並べさせていた。すると、将門くんが「まさも積み木で遊びたいです。夏実ちゃんと翔くんだけ遊んでいてずるいです」と主張した。すると、武人くんが立ち上がり「夏実ちゃんと翔くんはねぇ、字読めないし、書けないんだよ。ホントにできないんだよ。でも、勉強やだって言わないで学校きて、自分でできることがんばってるんだよ！　まさくん、ホントはできるのにがんばってないじゃん！」と指摘した。将門くんもあっさり「まさは、がんばっていませんでした」と席に戻っている。取り組んでいる課題が違っても、できることをがんばっている点ではみんな同じであることを子どもたちは見つけて共有している。「みんなちがって、それでいい」で終わるのではなく、「みんなちがって、みんないい」というインクルーシブな感覚を子どもたちが共有し、誰もが排除されない教室が成立しているのである。

（2）子ども虐待と保護者への対応

　嶋田は、4月末の朝に翔くんが学校の玄関で泣き叫び、母親にしがみついていたとき、朝の会で子どもたちに「朝、お家の人とバイバイするのが寂しいな〜って気持ち、わかるよっていう人」と聞いている。確かに他の子どもたちは誰も泣きしぶりはしなかったが、みんな同じ気持ちであることを翔くんの母親

に嶋田は事実として伝えている。翔くんを嶋田に預け，猛ダッシュで離れていく母親が，翔くんがしぶったことを自分の至らなさとして責めていないかどうかに，嶋田は注意を向けているのだ。夏実さんの母親にも，夏実さんが遅刻したとき，不用意に「どうしました？」と嶋田は聞かない。どんなに優しい口調で言おうとも，「どうしました？」と問うこと自体が，母親を責めることになるからだ。そうした相手の立場から自分の言動を常に見つめ直すまなざしが，5月中頃に，翔くんの母親が玄関で嶋田を待っていて，翔くんに対する愛情を基にしたヘルプを出すことにつながっていく。

　母親が独りで抱え込んで自分を追い詰めないためにも，学校は，子どもや家庭に踏みこまれ，学校のあり方を問い直す機会を失ってはならない。というのも，嶋田が「登校できないということになったら，もう外からは手が届かない世界に閉じ込められる」と指摘するように，学校は子どもや保護者にとっては公的に相談しやすい唯一の機関であるからだ。自ら児童相談所や福祉事務所に相談する保護者は，そう多くない。子ども虐待の通告は，保護者と子どもの関係にある不自然さや違和感を表明することであり，保護者を告発することではない。保護者や子どもに学校や教師が踏みこむのではなく，保護者や子どもに学校が踏みこまれる関係をつくっていくことが求められている。

（3）支え合う関係をつくり出す

　新任教師から，学級で困っているという相談を受けることがある。「ビシッと指導した方がいいですか」と不安そうに聞いてくる。あるいは，子どもが言うことを聞かないからといって躍起になってしまう自分の弱さを彼女らはさらけだす。彼女らの話を聴いていくと，「自分が甘やかしているから，○○くんがジッとできないとまわりの先生に思われているのでは……」と，教師も自分自身をも責めていることが多いことに気づく。教師は，常に評価の目にさらされている。比較や競争という暴力的関係に，いつのまにか教師自身が巻き込まれてしまう点には注意が必要である。

　机間指導の度に，「先生，先生」と手招きされ，呼ばれた教師が「どうしたの？」とその子の席に近づくと，「来ないで！」と言われる。もうどうしてい

いかわからないと新採二年目の教師に相談を受けたことがある。筆者は，木製のバットと古タイヤを持って学校に行き，学校長の許可をもらって，彼女が毎日車を停めているところに古タイヤをくくりつけた木材を打ちつけてもらった。彼女には，木製のバットを渡し，「朝学校に来たら，この木製バットを取り出し，古タイヤに毎日10回スイングしてから教室に入ると，ストレスが解消されてにこやかに子どもに向き合えるから，だまされたと思ってやってごらん」と話した。彼女は真面目に実行してくれたので，しばらくすると，朝早くからバシンバシンと古タイヤをバットで打っている彼女に「どうしたの？」と同僚が声をかけ始めた。彼女は，「子どもに対してどうしたらいいか」という方法を知りたかったのではない。「なぜ，子どもがそういう行動をとるのか」を一緒に考えてくれる関係が学校になかったのである。

　また，ある小学校3年生の担任から，給食時間でも子どもたちが机を島渡りして，自分自身がトイレにも行けない状況だとヘルプをもらったことがある。筆者は3年生のクラスに学生を支援者として派遣するのではなく，その学校の職員会議で大胆にも「給食時間に落ちついているクラスはこの学校にありますか」と尋ねた。幸いにも，若い6年生の担任がこの挑発に乗ってくれた。しかし，その先生は，自分のクラスを空にしてまでも，3年生のクラスに支援に行くことはできないと言う。そこで，筆者は学生が6年生のクラスに支援に入るので，その先生には，3年生のクラスに入ってもらうよう頼んだ。学生は，250円にも満たない金額でお昼ご飯を食べることができる。たくさんの学生が支援に参加し，毎日支援に入ることができた。すると，その6年生の担任が1週間もしないうちに，気づく。職員室で暇そうに給食を食べている人たちがいることに。そうして，学生たちは泣く泣く6年生の子どもたちと給食を食べるという支援に入ることを断念したということがあった。

　学校は，互いに支え合う関係を失いつつある。子どもや保護者に踏む込まれる教師であればこそ，学校に支え合う関係そのものをつくる必要がある。

3　子ども虐待への対応から学んできたこと

（1）学校教育における子ども虐待の発見

　もう10年以上も前になるが，中学2年生の男の子が餓死寸前で発見される事件があった。学校は不登校として児童相談所に相談していたので，48時間ルールは適用されず本人の状況確認が行われていなかった。また，担任や養護教諭が気づいていても虐待の通告には至らなかった。この事件をきっかけに，早期発見の努力義務と通告義務が教職員個人ではなく，学校組織そのものに課せられることになり，虐待かどうかの最終的な判断は，学校の責任でないことが法律に明示された。学校には，虐待を早期発見し，疑わしきは通告することが期待されるようになったのである。

　この事件で筆者も注目したのは，生徒会長の生徒が24回も家庭訪問をしていたこと，彼女が家庭訪問をしていたことを学校が知らなかったという点である。子どもにとって学校や教師は，悩みを相談する場として位置づいておらず，でも，子どもは学校以外の機関との馴染みはないので，ほかの相談者を見つける可能性は低い。この事件は，子どもが本当に困ったときに助けを求めることのできる大人がいないことを示したのではないか。

　学校において子ども虐待を発見していく方法の一つに，「しみじみ担任する運動」と呼ぶ実践がある。この実践は，帰りの会後担任がすぐに職員室には戻らずに，教室で暇そうにしているというものである。運動場をボーッとながめていたり，いすに座ってぶらぶらしていたり，答案の採点など仕事は一切しないことがポイントだ。すると，たいてい男の子がアニメの話やテレビの話など話かけてくるという。学校に欠けているのは，教師が子どもに話しかける時間というより，子どもが教師に話しかける機会である。

　あるいは，子どもがトラブルを通して，自分の苦しさを安心して出せるような学級は，他の子どもも安心して自分を出せることにつながる。事実を聴き，気持ちを聴き，つもりを読み解き，可能性を聴きながら，トラブルにつき合うことを，当事者だけでなく，学級の子どもたちに見せていく。そうすることで，

子どもたちには，何かトラブルがあっても頭ごなしに否定されることなく，自分の立場に立って聴いてもらえることが伝わっていく。すると，それまでトラブルを見ていた子どもたちが，誰にも言えなかった SOS をさまざまなサインで示してくる。

　子ども虐待の対応において，学校が家庭や子どもに踏み込むのではなく，子どもや家庭に教師が踏み込まれていく関係こそが発見と支援につながっていく。子どもたちは困っていることを表現できないでいるばかりか，困っている事態を受け入れてしまっていることもある。子ども虐待の発見とは，アンケート調査のように子どもに一方的にはたらきかけることではなくて，日々の学校生活の営みの中で子どもが教師に語りかける信頼関係を構築していくことである。

（2）子ども虐待には，二人の犠牲者がいる

　子ども虐待において，学校として対応に苦慮する場合が多いのは，ネグレクトである。「不適切な行為がなされる」というより，「必要なことがされない」というネグレクトでは，保護者には「殴ったりしてはいない」という言い分があったり，虚偽の申告をしたりすることもあったり，保護者に援助者が関わる糸口が見つけにくい。たとえば，「何度言っても消しゴムを買ってくれない家庭があるけれど，どうしたらいいか」とある教師に相談されたことがある。経済的な問題では，単に家庭の収入が多いか少ないかということではなく，家庭内でどのようにお金が使われているか，家庭の収入に応じて，子どもが適切な世話を受けているかどうかに注目する。消しゴムを買ってくれないという家庭の母親が学校からの呼び出しに応じて学校に来られたときには，タクシーで学校の中まで入ってきた。

　子ども虐待は，親の信じられない言動や悲惨な子どもの状況に目を奪われないことが重要である。子ども虐待に対応するには，子ども虐待を「親と子どもの〈距離〉や〈関係性〉の歪み」であると理解する。しかも，親子関係一つで，虐待の原因とすることは誤りであるとも言われている。親と子どもの〈距離〉や〈関係性〉の歪みは，なぜ生じているのかを考えることが重要となる。タクシーで学校の中に入ってきたこと自体，母親が教師たちに見られていることを

想定していて何らかのサインを発している捉えることもできる。たとえタクシーで来たとしても，たいていの方は，学校の門の前でタクシーをとめて，歩いて学校の中に入ってくるのではないかと考えるのである。

　子ども虐待は，「愛情ボタンのかけちがい」であるとも言われている。子ども虐待には，「虐待を受ける子どもと虐待をしてしまう保護者」，子どもと保護者，二人の犠牲者がいることを認識した上で，親子へのケアが必要となる。校長室で母親の話をていねいに聴いていくと，母親は突然「先生は，料理酒を飲まれますか」と始まり，夫に買い物のレシートをすべてチェックされていることを告白した。消しゴムを買わないという背景には，経済的なDVがあった。むしろ，そのことを誰にも言えなかったからこそ，「消しゴムを買わない」というサインを通して，SOSを発していたのである。虐待をしてしまう母親の背景には夫から妻への暴力であるDVが隠れていたり，家庭自体が地域から孤立していたり，子ども虐待への対応には，子どもだけでなく保護者へのケアが必要になる。教師の目の前で起きていることだけが問題のすべてではない。ネグレクトは，保護者が子どもの養育を放棄していることだけでなく，地域社会と家庭とのつながりが放棄されていることに目を向ける必要がある。

（3）子ども虐待への対応に必要なのは，問題を共有するしくみである

　子どもたちが抱えている生きづらさは，教師が自分一人でなんとかしようと解決できるものではなく，むしろ，自分独りのちからではどうしようもできないものであるという教師の無力さの自覚が求められてくる。独りで抱えこまないことが，実践を切りひらいていく出発点である。自分ですべてを解決しようとするのではなく，まずは，教師自身がヘルプを求めることのできる誰かと出会えるかどうか，誰かが自らの実践のパートナーになっていくように，実践が子どもたちや同僚にひらかれていくしくみをもつことが必要となる。

　学校現場にとって困難なケースとは，子どもの言動が激しく逸脱していることではなくて，家庭や同僚と連携の基盤がつくれずに，学校や担任が孤立した対応を余儀なくされている事例である。子ども虐待の発見には，複眼的視点を機能させて，断片的な情報が集まることで疑わしきになるしくみも必要になる。

子ども虐待は，一人の教師や一機関が解決できるものではない。でも，問題が起こってから協働するのではなく，問題を共有するための関係性が学校にあるかどうか。子ども虐待を発見してから別の機関と連携を構築するのではなくて，虐待事例にある問題を共有していくためにも，機関間連携は問題が起こる前に必要となる。学校は，児童相談所やスクールソーシャルワーカーへの連絡係ではなく，学校にとって子ども虐待の通告は，ゴールではない。単に必要な専門的対応に結びつけるだけでなく，用意される対応のあり方を協議することも含まれる。学校が問題を抱え込んでしまうのでもなく，問題を放棄してしまうのでもなく，学校が抱えている問題を他機関と共有できるのか。

　教師が福祉に学びつつ，学校を問い直すことができるのか。他文化を理解することを通して，自文化を問い直すことが教育実践に求められている。学校のケース会議も，「私が見ているのは，その家庭のほんの一部にしかすぎない」というように，子ども理解や保護者理解に学びがもてることを期待して臨みたい。「自分こそが，いちばんよく知っている」という気持ちに立って，ケース会議に参加すると，違う立場からの情報を受け止めきれないことも起こってしまう。ケース会議には，役割分担だけでなく，問題を捉え直す学びがあるかどうかにも注意を向ける必要がある。問題を解決しようとするだけでなく，常に問題を発見しようとしているか。子どもや保護者を多角的に理解しようとするような学びが他機関との連携にあるのかどうか。子ども虐待で問われているのは，子どもや保護者を取り巻く大人の関係性である。

学習課題

（1）教師として子ども虐待にどう対応するか。あなたが考えたところをできるだけ具体的に説明してみよう。

（2）誰もが排除されない教室を，あなたは子どもたちとどのようにつくりますか。できるだけ具体的に説明してみよう。

引用・参考文献

伊藤洋（2010）「メダカのいる学級」全国生活指導研究協議会編『生活指導』680：
　　27-33。

嶋田真木子（2017）「子どもたちとの出会いをどうつくるか」全国生活指導研究協議
　　会編『生活指導』733：6 -13。

大和久勝編著（2006）『困った子は困っている子　発達障害の子どもと学級・学校づ
　　くり』クリエイツかもがわ。

竹内元（2010）「教師として信じられるものは何か」全国生活指導研究協議会編『生
　　活指導』680：70-75。

竹内常一・佐藤洋作（2012）『教育と福祉の出会うところ──子ども・若者としあわ
　　せをひらく』山吹書店。

　[付記]　本章の一部は，拙稿「教師自身が他者にヘルプを求め，応答関係を築いて
　　いく」全国生活指導研究協議会編『生活指導』680．2010年 7 月号，明治図書，
　　42-49頁と拙稿「誰もがひとりで抱え込まずに困難を共有するために」全国生活
　　指導研究協議会編『生活指導』№733．2017年 8 ・ 9 月号，高文研，30-35頁に加
　　筆修正したものである。

（竹内　元）

あ と が き

　『子どもとつくる教育方法の展開』という題名には，教育方法学という学問
に生きることを選びとったわたしたちの生き方が反映している。わたしたちが
学び続けている教育方法学は，子どもを「対象」や「客体」として扱うことは
しない。大人の働きかけ次第で如何様にも変容可能であるかのように謳う者や，
特定の価値観に方向づけられた社会を担う「人材」として育てようとする者，
さらには個々の子どもの興味関心に応じた学習内容や学習方法を提供しようと
申し出る者たちは，さまざまに姿形を変えながら，くり返し子どもたちの前に
現れる。こうした者たちがいくら「主体性」「自主性」という言葉を連呼しな
がら教育を語ったところで，その背後にあるのはどこまでも子どもたちを受け
身の存在に据え置く思想であり，子どもは大人に隷属して然るべきという思想
である。この本を手にしてくださったあなたに届けたい教育方法学は，こうし
た思想に与しない。
　『子どもとつくる教育方法の展開』と名づけられた本書の企画そのものは
2018年初夏に始まり，2019年秋の刊行をめざしていた。言うまでもなく，子ど
もの権利条約が国連総会において採択されて30年の記念すべき年に，わたした
ちが学んできた教育方法学の在り様を世に問おうとしていたのである。にもか
かわらず，刊行がおよそ2年も遅れてしまったのは，ひとえに編者の一人であ
るわたしの不徳の致すところに他ならない。だが，2年遅れでの刊行となるこ
とによって，本書はさらに2つの使命を背負うこととなった。そのひとつは，
コロナ禍のなかでの教育方法の在り様の提起である。もうひとつは，阪神淡路
大震災から四半世紀を越え，東日本大震災からちょうど10年経った時点での教
育方法の在り様の提起である。
　コロナ禍は，感染対策の名の下に教育実践への統制の度合いを強化し，授業
時数の確保を大義名分として，子どもたちからも教師たちからも自由と余裕を
奪ってきた。こうした状況のなかで種々の繊細さを抱える子どもたちへの配慮

と寛容さが失われていった。このことが子どもたちの問題行動を煽ることとなり，結果として抑圧と排除を呼び込むといった悪循環が，さまざまに報告されるようになってきている。子どもたちが生きるこうした困難な状況を摑んではいたが，本書においてはコロナ禍にあることを直接的に言及することはあえて控えた。コロナ禍は特別な教育を要求しているのではなく，子どもと共に生きることは如何なることであるかを根源的に問うことをわたしたちに求めていると考えたからである。「子どもとつくる教育方法」として描きだした本書の内容は，コロナ禍が浮かび上がらせた根源的な問いかけへのわたしたちなりのひとつの「答え」である。本書で示した教育方法の原理原則は，コロナ禍においてもコロナ禍が一定の収束を見せた後でも，実践を創りだす道標となりうると考えている。

　東日本大震災以降の10年は，わたしたちが多様であることを今まで以上に深く認識し，実感してきた10年でもある。被災した当事者にも多様なニーズがあり，当事者の声を統一させようとする試みは暴力ですらあることが明らかになってきた10年でもある。同様のことは，「子ども」という存在にも当てはまる。LGBTQ をめぐる種々の議論は，個々の多様性ばかりではなく，固有名詞を備えた一人ひとりの子どももまた多層的で複数的な存在であることを浮かび上らせてきた。こうした多様性や多層性に由来する苦悩や葛藤に応答する教育は，子どもたちが通いたいと願う学校とは如何なる存在であるか，子どもたちが学びたいと願う学校とは如何なる場であるかを必然的に問うことになる。この問いへの「答え」についても，「子どもとつくる教育方法」を描くことを通してわたしたちなりに提起したつもりである。

　このような問題意識の下に「子どもとつくる」ことを強く意識して編まれた本書においては，多少の濃淡はあるものの，いずれの論考も「子どもを信頼する」教師であろうと呼びかけている。とはいえ，「子どもを信頼する」ことは口で言うほど容易なことではない。コロナ禍のなかで本音を押し殺し，作り笑いを浮かべて形だけの友だち関係を維持することに心を奪われることでかえって他者や自分を傷つけてしまったり，押し寄せる不安に押しつぶされて問題行動を頻発させたりするような子どもたちと向かい合えば向い合うほど，「子ど

もを信頼する」ことなど不可能であると思わずにはいられないであろう。

　しかしながら，「わたしなんて生まれてこなければよかった」「わたしを産んだばっかりに，あの人は不幸になった」と，自らの存在を呪う子どもたちは，コロナ禍の以前にも震災の以前にもいた。そうした子どもたちの「本当はわたしも幸せに生きたい」という言葉にならない声を聞き取り，そう願う「もう一人の自分」に寄り添い，励ましながら，この国の教師たちは子どもたちと共に生きるに値する学校を創りだそうとする努力を積み重ねてきた。本書は，そうした教師たちが歩んできた系譜に位置づくものである。

　震災以後，コロナ禍以後，子どもたちの声はますますか細くなり，「もう一人の自分」の存在を見いだすことが著しく困難となりつつあることは承知している。そうした状況に対峙しながら，子どもたちと共に歩もうとする教師の方々や子どもたちと共に歩む教師として生きることを選び取ろうとしている学習者の方々に，たとえ僅かであったとしても何かしらの手がかりを届けたいと願い，本書は編まれた。その願いが達成されているか否か，読者諸氏のご批正をお願いしたい。また，子どもたち自身が自分たちの実践でもって教師の指導を問い直し，本書の内容を刷新していっていただければ，わたしたちとしても望外の喜びである。『子どもとつくる教育方法の展開』のその先を改めて描く機会が到来することを，待ち望んでいる。そして，これから教職を目指し，21世紀の教育を担う学生のみなさんが，本書を手にしてこれからの教育を展望する視点を見つけていただければ幸いである。

　先にもふれたように，本書は本来であるならば，2019年には刊行されるべきものであった。そこでの刊行を果たし得なかったのは，わたしの未熟さのゆえである。にもかかわらず，厳しくも温かい集団で在り続けてくれた執筆者の仲間と共に，いま本書をみなさんのもとにお届けする。

　この一連の営みは，ミネルヴァ書房および編集担当者である浅井久仁人さんのご配慮とご尽力の賜物であります。この場を借りて，心からのお礼を申し上げます。

　　2021年7月

福田敦志

索　引（＊は人名）

〈執筆者紹介〉 (執筆順, 執筆担当)

湯浅恭正 (ゆあさ・たかまさ, 編著者, 広島都市学園大学子ども教育学部) まえがき,
序章

今井理恵 (いまい・りえ, 日本福祉大学教育・心理学部) 第1章

上森さくら (うえもり・さくら, 金沢大学大学院人間社会環境研究科) 第2章

福田敦志 (ふくだ・あつし, 編著者, 大阪教育大学教育学部) 第3章, あとがき

星川佳加 (ほしかわ・よしか, 大阪健康福祉短期大学子ども福祉学科) 第4章

宮原順寛 (みやはら・のりひろ, 北海道教育大学大学院教育学研究科) 第5章

樋口裕介 (ひぐち・ゆうすけ, 福岡教育大学教育学部) 第6章

谷口知美 (たにぐち・ともみ, 和歌山大学教育学部) 第7章

黒谷和志 (くろたに・かずし, 北海道教育大学旭川校) 第8章

高橋英児 (たかはし・えいじ, 山梨大学大学院総合研究部教育学域) 第9章

髙木　啓 (たかき・あきら, 千葉大学教育学部) 第10章

吉田茂孝 (よしだ・しげたか, 大阪教育大学教育学部) 第11章

清水 (田中) 紀子 (しみず (たなか)・のりこ, 元・岐阜経済大学経営学部) 第12章1

新井英靖 (あらい・ひでやす, 茨城大学教育学部) 第12章2

北川剛司 (きたがわ・たけし, 奈良教育大学教育学部) 第13章

熊井将太 (くまい・しょうた, 山口大学教育学部) 第14章

竹内　元 (たけうち・げん, 宮崎大学大学院教育学研究科) 第15章

子どもとつくる教育方法の展開

2021年11月10日　初版第1刷発行　　　　　　　　　〈検印省略〉

定価はカバーに
表示しています

編著者　　湯　浅　恭　正
　　　　　福　田　敦　志
発行者　　杉　田　啓　三
印刷者　　中　村　勝　弘

発行所　株式会社　ミネルヴァ書房
607-8494　京都市山科区日ノ岡堤谷町1
電話(075)581-5191／振替01020-0-8076

ISBN978-4-623-08804-1

Printed in Japan

小学校教育用語辞典

——— 細尾萌子・柏木智子 編集代表　四六判　408頁　本体2400円＋税

●小学校教育に関わる1179項目を分野別に分け，内容に即して体系的に配列。初学者にもわかりやすく解説した「読む」辞典。新学習指導要領と教職課程コアカリキュラムに準拠し，大学の各教職科目の授業で活用できる。教育実習，介護等体験の手引きにもなるほか，小学校教員として知っておくべき幼稚園教育や校種間の連携・接続に関する事項もカバーした。教師を目指す学生，現役の教師の座右の書となる一冊。

わかる！　小学校の先生のための統計教育入門

——— 坂谷内勝 著　B5判　144頁　本体2200円＋税

●学習指導要領に沿った，分かりやすい指導を目指す小学校の先生のための「統計教育の教科書」。算数をはじめ他教科との連携を重視しながら，表やグラフの作り方・見せ方を実践。統計の基本をしっかり理解する。算数が苦手な先生のために，難しい公式・数式・記号は使用せず，間違いやすいところを詳しく説明。小学生にとって身近なデータや Excel の使い方を初歩から学ぶ。明日からの授業づくりに活かせるポイントがつまった1冊。

探究の過程における　すぐ実践できる情報活用スキル55
——単元シートを活用した授業づくり

——— 塩谷京子 著　B5判　210頁　本体2400円＋税

●小学校1年生から中学校3年生まで，学年ごとに配列し，情報活用スキル55を習得・活用している子どもの姿をレポート。教師をめざす人，小・中・高の教諭，学校司書，司書教諭にすぐに役立つ書。

——— ミネルヴァ書房 ———

https://www.minervashobo.co.jp/